CNB
530
갈라디아서의 구속사적 강해
성경신학 관점의 본문 해설

갈라디아서

이 광 호

2016년

교회와성경

지은이 | 이광호

영남대학교와 경북대학교대학원에서 법학과 서양사학을 공부했으며, 고려신학대학원
(M.Div.)과 ACTS(Th.M.)에서 신학일반 및 조직신학을 공부한 후 대구 가톨릭대학교
(Ph.D.)에서 선교학을 위한 비교종교학을 연구하였다. '홍은개혁신학연구원'에서 성경신
학 담당교수를 비롯해 고신대학교, 고려신학대학원, 영남신학대학교, 브니엘신학교, 대구
가톨릭대학교, 숭실대학교 등에서 학생들을 가르쳤으며, 이슬람 전문선교단체인 국제
WIN선교회 한국대표를 지냈다. 현재는 실로암교회에서 담임목회를 하면서 한국개혁장
로회신학교 교장을 맡고 있으며 부경신학연구원에서 강의하고 있다.

저서

- 성경에 나타난 성도의 사회참여(1990)
- 갈라디아서 강해(1990)
- 더불어 나누는 즐거움(1995)
- 기독교관점에서 본 세계문화사(1998)
- 세계 선교의 새로운 과제들(1998)
- 이슬람과 한국의 민간신앙(1998)
- 아빠, 교회 그만하고 슈퍼하자요(1995)
- 교회와 신앙(2002)
- 한국교회 무엇을 개혁할 것인가(2004)
- 한의 학제적 연구(공저)(2004)
- 세상속의 교회(2005)
- 한국교회의 문제점과 극복방안(공저)(2005)
- 교회, 변화인가 변질인가(2015)
- CNB 501 에세이 산상수훈(2005)
- CNB 502 예수님 생애 마지막 7일(2006)
- CNB 503 구약신학의 구속사적 이해(2006)
- CNB 504 신약신학의 구속사적 이해(2006)
- CNB 505 창세기(2007)
- CNB 506 바울의 생애와 바울서신(2007)
- CNB 507 손에 잡히는 신앙생활(2007)
- CNB 508 아름다운 신앙생활(2007)
- CNB 509 열매 맺는 신앙생활(2007)
- CNB 510 웨스트민스터 신앙고백(2008)
- CNB 511 사무엘서(2010)
- CNB 512 요한복음(2009)
- CNB 513 요한계시록(2009)
- CNB 514 로마서(2010)
- CNB 515 야고보서(2010)
- CNB 516 다니엘서(2011)
- CNB 517 열왕기상하(2011)
- CNB 518 고린도전후서(2012)
- CNB 519 개혁조직신학(2012)
- CNB 520 마태복음(2013)
- CNB 521 히브리서(2013)
- CNB 522 출애굽기(2013)
- CNB 523 목회서신(2014)
- CNB 524 사사기, 룻기(2014)
- CNB 525 옥중서신(2014)
- CNB 526 요한 1, 2, 3서, 유다서(2014)
- CNB 527 레위기(2015)
- CNB 528 스코틀랜드 신앙고백서(2015)
- CNB 529 이사야(2016)

역서

- 모슬렘 세계에 예수 그리스도를 심자(Charles R. Marsh, 1985년, CLC)
  - 예수님의 수제자들(F. F. Bruce, 1988년, CLC)
  - 치유함을 받으라(Colin Urquhart, 1988년, CLC)

홈페이지 http://siloam-church.org

갈라디아서

CNB 530
갈라디아서

A Study on the Book of Galatians
by Kwangho Lee
Copyright ⓒ 2016 by Kwangho Lee

Published by the Church & Bible Publishing House

초판 인쇄 | 2016년 6월 25일
초판 발행 | 2016년 6월 30일

발행처 | 교회와성경
주소 | 평택시 특구로 43번길 90 (서정동)
전화 | 031-662-4742
등록번호 | 제2012-03호
등록일자 | 2012년 7월 12일

발행인 | 문민규
지은이 | 이광호
편집주간 | 송영찬
편집 | 신명기
디자인 | 조혜진

총판 | (주) 비전북출판유통
주소 | 경기도 고양시 일산구 장항동 568-17호 (우) 411-834
전화 | 031-907-3927(대) 팩스 031-905-3927

CNB 시리즈
서 문

CNB The Church and The Bible 시리즈는 개혁신앙의 교회관과 성경신학적 구속사 해석에 근거한 신·구약 성경 연구 시리즈이다.

이 시리즈는 보다 정확한 성경 본문 해석을 바탕으로 역사적 개혁 교회의 면모를 조명하고 우리 시대의 교회가 마땅히 추구해야 할 방향을 제시함으로써 교회의 삶과 문화를 창달하는 것을 그 목적으로 하고 있다.

따라서 이 시리즈는 진지하게 성경을 연구하며 본문이 제시하는 메시지에 충실하고 있다. 그렇다고 이 시리즈가 다분히 학문적이거나 또는 적용이라는 의미에 국한되지 않는다. 학구적인 자세는 변함 없지만 궁극적으로 하나님의 나라를 지향함에 있어 개혁주의 교회관을 분명히 하기 위해 보다 더 관심을 가진다는 의미이다.

본 시리즈의 집필자들은 이미 신·구약 계시로써 말씀하셨던 하나님께서 지금도 말씀하고 계시며, 몸된 교회의 머리이자 영원한 왕이신 그리스도께서 지금도 통치하시며, 태초부터 모든 성도들을 부르시어 복음으로 성장하게 하시는 성령께서 지금도 구원 사역을 성취하심으로써 창세로부터 종말에 이르기까지 거룩한 나라로서 교회가 여전히 존재하고 있음을 그 무엇보다도 중요하게 여기고 있다.

아무쪼록 이 시리즈를 통해 계시에 근거한 바른 교회관과 성경관을 가지고 이 땅에 진정한 그리스도인의 삶과 문화가 확장되기를 바라는 바이다.

시리즈 편집인

김영철 목사, 미문(美聞)교회 목사, Th.M.
송영찬 목사, 기독교개혁신보 편집국장, M.Div.
오광만 목사, 대한신학대학원대학교 교수, Ph.D.
이광호 목사, 실로암교회 목사, Ph.D.

갈라디아서

A Study on the Book of Galatians

2016년

교회와성경

머 리 말

우리 시대는 말씀의 원리가 사라져가고 있는 시대라 해도 과언이 아니다. 물량화 된 현대사회에서는 교회와 성도들마저 그에 심각한 영향을 받게 된다. 그것은 결국 교회의 세속화와 물량화를 가져올 수밖에 없다. 이러한 때 오직 믿음을 강조한 갈라디아서를 올바르게 이해하는 것은 매우 중요하다.

또한 우리가 살고 있는 시대는 온갖 지식주의가 난무하고 있다. 일반적인 경우에도 그렇지만 하나님의 말씀인 성경 앞에서도 그런 경향성을 띠고 있다. 성경은 교회와 그에 속한 성도들이 읽고 묵상하며 하나님의 뜻을 알아가기 위한 소중한 진리의 방편이다. 즉 성경은 경청의 대상이며 인간들의 연구의 대상에 머물러서는 안 된다. 물론 성경을 올바르게 이해하기 위하여 정확한 해석을 향해 나아가도록 해야 한다.

따라서 우리는 성경을 윤리 교과서로 둔갑시키는 자들을 경계해야 한다. 나아가 인간의 이성과 경험을 배경으로 성경을 지나치게 구조적으로 분석하려는 학자들의 노력 또한 조심해야 한다. 하나님께서 계시하신 말씀을 타락한 인간들이 자신의 잣대를 동원하여 필요이상으로 분석하려고 해서는 안 된다.

또한 우리 시대에 난무하는 율법주의와 반 율법주의적 경향에 대해서도 주의를 기울여야 한다. 우리 시대에는 온갖 이단과 불건전한 신학사상이 난무하고 있다. 신학적 자유주의, 세속주의, 신비주의, 은사주의, 기복주의 등이 교회를 위협하고 있다. 뿐만 아니라 온갖 다양한 형태의 거짓 교사들이 어린 교인들을 미혹하며 교회를 위협하고 있다.

이러한 시대에 처한 현대 교회와 성도들은 하나님의 말씀에 온전히 귀

기울여야 한다. 특히 하나님의 말씀을 선포하며 가르치는 목사들은 더욱 그래야만 한다. 위험한 형편에 처한 교회를 향해 진리의 말씀을 전하는 것은 교사들에게 맡겨진 직무이다.

세상을 올바르게 분별하고 옳고 그름에 대한 분명한 교훈을 주지 않으면 교회는 금방 타락의 길로 들어설 수밖에 없다. 그러므로 현대 교회와 교사들은 특히 정신을 바짝 차려야 한다. 그것이 현재의 교회를 지키는 길이며 그것을 통해 다음 세대에 건강한 교회를 상속해 줄 수 있기 때문이다.

이 책이 말세에 처한 한국 교회와 여러 성도들에게 자그만 유익이 되길 바란다. 지금껏 삶을 나누어온 실로암교회와 항상 가까이에서 지켜보며 기도해온 아내 정정희 성도를 비롯한 가족, 특별후원자이신 송재균, 남윤선 선생님, 그리고 출판을 위해 각별한 신경을 써주신 기독교개혁신보사의 송영찬 목사님과 출판사의 모든 관계 직원들에게 깊은 감사의 마음을 전한다.

soli deo gloria!!

2016년 6월
실로암교회 서재에서
이 광 호 목사

차 례

갈라디아서 _ 2장

갈라디아서 _ 3장

갈라디아서_4장

서 론

[갈라디아서 배경 및 특징]

갈라디아서는 복음의 진리를 변호하는 일종의 변증서라 할 수 있다. 바울이 이 서신을 기록하여 보내기 전, 갈라디아 지역을 방문하여 복음을 전했을 때 많은 사람들이 그 내용을 믿고 받아들였다. 하지만 점차 그들은 바울의 가르침과 하나님의 구원의 방편에 대해서 오해하기 시작했다.

왜냐하면 유대주의에 빠진 거짓 교사들이 들어와서 바울의 사도성을 부인했기 때문이다. 그들은 이방인들도 유대인들처럼 할례를 받아야 하며 모세의 율법을 지켜야만 구원을 받을 수 있다고 주장했다. 그와 같은 일로 말미암아 복음을 받아들인 어린 성도들이 혼란을 겪지 않을 수 없게 되었다.

그러므로 바울은 서신을 통해 자기의 사도적 권위의 출처가 하나님이라는 사실을 자세히 밝혔다. 이를 통해 성도들의 구원은 율법을 지킴으로써가 아니라 하나님의 은혜에 근거한다는 것은 사도적 교훈이라는 사실을 분명히 했다. 따라서 갈라디아서에서는 믿음으로 말미암아 구원을 얻게 된다는 점을 논증하고 있다.

바울은 이러한 이신칭의以信稱義의 교리와 함께 하나님의 은혜로 말미암아 의로운 자로 인정받게 된 성도로서 삶의 원리를 제시하고 있다. 즉 하나님의 은혜로써 그의 자녀가 된 자들은 하나님 안에서 율법으로부터 자유롭게 되었으므로 성령의 열매를 맺어 실천적인 신앙생활을 할 것을 권면했다.

갈라디아서는 흔히 종교개혁을 낳은 서신으로서 '종교개혁의 모퉁이돌' 이라 불리기도 한다. 종교개혁자 마르틴 루터(M. Luther)가 본 서신을 통해 올바른 신앙원리를 체득했기 때문이다. 또한 본 서신은 기독교의 자유("진리를 알지니 진리가 너희를 자유케 하리라"-요8:32)의 대헌장으로서 독보적인 위치를 차지하고 있다.

바울 사도는 본 서신에서 역사적인 논증과 자신의 과거 간증을 통해 복음을 설명하고 있다. 그리고 율법과 믿음의 관계를 여러 모양으로 설명하면서 신학적인 논증을 하고 있다. 이를 통해 교회와 그에 속한 성도들을 굳건히 하고자 했던 것이다.

[기록자 및 수신자]

신약성경의 서책들 가운데 약 절반(분량으로는 1/3 가량)을 사도 바울이 기록했다.[1] 바울은 예수님과 비슷한 연령이었을 것으로 추정된다. 다소에서 출생한 그는 예루살렘으로 유학을 가 당대 최고의 율법학자로 알려진 가말리엘의 문하생으로서 신학을 공부한 인물이었다. 외형상 그와 같은 훌륭한 배경을 가지고 있었으므로 그는 젊은 나이에 산헤드린 공회원이 되어 공권력을 동원해 하나님의 교회를 조직적으로 박해했다.

다메섹 도상에서 하나님의 은혜로 인해 회심한 바울은 그 전과는 정반대의 인물로 바뀌게 된다. 그리하여 많은 서신들을 계시 받아 교회에 전달했다. 그는 자기가 기록한 성경 중 상당히 많은 서신들을 다른 믿음의 형제들과 공동으로 집필한 것으로 언급하고 있다(롬16:22; 고전1:1; 16:21; 고후1:1; 살전1:1; 살후1:1; 3:17; 빌1:1 등).

이에 반해 갈라디아서는 바울이 단독으로 기록한 서신이다(갈1:1; 5:2). 그가 '함께 있는 모든 형제로 더불어'(1:2) 갈라디아 교회에 문안한 것은, 갈

---

1) 여기서 신약 성경책 가운데 약 절반가량을 바울이 기록했다고 한 것은 히브리서의 기록자 문제 때문이다. 신학자들 가운데는 히브리서가 바울의 기록이라는 견해를 가진 자들이 있는가 하면 그렇지 않은 자들도 있다. 바울이 히브리서를 기록했다면 신약성경 가운데 반이 넘는 14권을 기록한 것이 되고 아니라면 13권을 기록한 것이 된다.

라디아서의 내용이 바울 자신의 개인적인 주장에 그치는 것이 아니라 모든 신실한 형제들도 인정하는 바임을 밝힘으로써 그 서신의 권위를 뒷받침하기 위한 의도의 다른 표현으로 이해할 수 있다.

갈라디아서의 저자가 바울이라는 사실에 대해서는 분명한 성경 내중이 있으므로 이견이 없으나 수신자 혹은 수신지역에 대해서는 서로 다른 견해가 존재한다. 바울은 서신의 초두에 수신자를 '갈라디아의 여러 교회들'(1:2)이라 하여, 그들에게 편지한다고 밝혔으므로 그 자체로 보아서는 논란의 여지가 없다.

그러나 그 갈라디아서에서 수신자와 연관되어 언급된 지명이 구체적으로 어느 지역을 가리키느냐 하는 문제에 대해서는 두 가지 다른 견해들이 있다. 그것은 곧 '남 갈라디아설'과 '북 갈라디아설'이다. 갈라디아는 흑해연안 가까운 지역에서 남쪽 지중해에 이르는 지금의 터키 중앙부의 산지와 평지를 포함하는 광대한 로마의 한 주(province)로서 이고니온, 루스드라, 더베 등은 남부에 속하며, 일반적으로 갈라디아라 칭할 때는 북부지방이 포함된 지역을 통칭한다.

'남 갈라디아설'이란, 바울이 제1차 전도여행(구브로 섬과 밤빌리아 지방을 거쳐 비시디아 안디옥, 이고니온, 루스드라, 더베를 경유함; 행13,14장)을 마치고 얼마 지나지 않아 그때 복음을 접했던 지역의 교회들에게 편지했다고 보는 견해이다. 이에 반해 '북 갈라디아설'은 초대교회 때부터 일반적으로 취한 것으로 알려진 견해로써 북쪽의 훨씬 광범한 지역을 포함하고 있다. 바울이 처음 전도했던 지역 가운데는 비시디아, 루가오니아, 밤빌리아, 브루기아 등 남부 갈라디아 인근 지역에 속한 여러 지명들이 나타나는데, 만일 바울이 행정구역상의 실제적 갈라디아 지역과 거리가 있는 그 지방에 편지를 보냈다면 굳이 갈라디아의 교회들에게 편지한다고 언급할 이유가 없으리라는 것이었다.

우리가 '남 갈라디아설'을 취하든 '북 갈라디아설'을 취하든 그 서신의 가르침 자체에는 전혀 문제될 것이 없다. 하지만 서신이 기록된 연대나 신약성경이 기록된 순서 등 신약의 역사에는 큰 영향을 미친다. 즉 '남 갈라디아설'을 취할 경우 갈라디아서는 신약성경 가운데 가장 먼저 기록된 책으로서 AD49-50년경에 기록된 것으로 보게 된다. 그 때는 바울과 바나바가 예루살렘을 방문해 공의회에 참석한 전후시기로 볼 수 있다.

그러나 '북 갈라디아설'을 취할 경우는 그 기록연대가 약 10년 정도 후인 AD57-58년경에 기록된 것이 된다. 바울이 제2차와 제3차 전도여행을 하면서 북 갈라디아 지역을 방문한 후 갈라디아서를 기록한 것으로 이해할 수 있기 때문이다. 뿐만 아니라 그 서신이 기록된 장소도 전혀 다른 곳으로 추정할 수밖에 없게 된다.

하여튼 갈라디아서의 기록 장소와 연대를 확정지어 밝힐 수는 없다하더라도 갈라디아 지역의 여러 교회들(갈1:2)에 이 서신을 보낸 것은 틀림없다. 따라서 그 정확한 수신지역을 명확히 알지 못한다고 해서 갈라디아서 자체를 이해하는 데 직접적인 어려움을 주지는 않는다.

하지만 성경에 나타난 직접적인 배경과 여러 상황을 고려해 볼 때 바울이 갈라디아서를 보낸 그 지역은 남 갈라디아로 보는 것이 자연스럽다. 따라서 필자는 바울의 첫 번째 전도여행을 마친 후 남 갈라디아 지역에 흩어진 교회들에 쓴 편지로 이해하고 있다. 그 서신을 쓴 시기와 장소는 아마도 첫 번째 예루살렘 공의회에 참가할 무렵 안디옥과 예루살렘 사이의 어느 곳에서 하나님의 계시를 받아 기록했을 것으로 본다.

[갈라디아서의 기록 목적]

다른 성경과 마찬가지로 갈라디아서의 기록 목적은 사도 바울 한 사람에게 맞추어서는 안 된다. 이는 갈라디아서를 전체적인 구속사의 맥락에서 이해해야 한다는 사실을 의미한다. 물론 그 가운데는 갈라디아 지역 교회들을 향한 바울의 간절한 여망이 담겨 있다. 하나님께서는 특별히 선택하여 부르신 사도를 통해 자신의 뜻을 드러내셨던 것이다.

사탄은 사도들이 살아 활동하던 시대부터 지상 교회를 어지럽히고자 발악을 하며, 그 가운데 살아가는 성도들을 끊임없이 미혹하고자 했다. 이는 타락한 세상을 심판하시고자 하는 하나님의 공의가 임하게 되자 사탄의 저항이 구체적으로 시작된 것을 드러내 보여주고 있다. 그와 같은 상황에서 하나님께서는 바울을 통해 기록된 말씀을 허락하셨던 것이다.

갈라디아서가 신약성경 가운데 맨 처음 기록된 성경이라면 그것은 하나님께서 앞으로 역사 가운데 존재하게 될 모든 지상 교회를 위해 주신 책이다. 즉 갈라디아서는 당시 갈라디아 지역에 있던 교회들뿐 아니라 1세기 사도교회 시대에 세상에 흩어져 있는 모든 교회들을 위한 것이었으며, 장차 지상에 존재할 미래의 교회들을 위한 것이다.

사도 바울이 갈라디아서를 기록할 당시 그 지역 교회들이 당면한 문제는 앞으로도 지상 교회 가운데서 끊임없이 발생하게 될 문제였다. 사도들이 하나님의 진리를 증거하면 그것을 방해하는 악한 세력들이 등장하게 된다. 바울이 갈라디아 지역의 교회에서 복음으로 말미암은 참된 자유와 은혜를 전파하자, 거짓 교사들은 율법을 지켜야만 구원을 받을 수 있는 것처럼 정반대의 교설을 펼쳤다. 그들은 성경을 왜곡하여 하나님의 자녀들을 가르침으로써 속박하고자 했던 것이다.

바울은 갈라디아 교회를 향해 사도들이 가르치는 진리의 말씀을 절대 신뢰해야 한다는 사실을 강조했다. 그것은 하나님께 순종하는 유일한 방편이 된다. 이는 그 후 시대에도 지속되어야 할 불변의 진리였다. 따라서 오늘날 현대 교회 가운데도 오직 사도들이 전하는 말씀만이 참된 진리를 위한 근거가 된다. 그에 반하여 가르치는 자들이 있다면, 누구라 할지라도 거짓 교사이므로 교회가 강력하게 경계하지 않으면 안 된다.

갈라디아서 _ 1장

제1장

교회를 위한 바울의 인사
(갈1:1-5)

⑴사람들에게서 난 것도 아니요 사람으로 말미암은 것도 아니요 오직 예수 그리스도와 및 죽은 자 가운데서 그리스도를 살리신 하나님 아버지로 말미암아 사도된 바울은 ⑵함께 있는 모든 형제로 더불어 갈라디아 여러 교회들에게 ⑶우리 하나님 아버지와 주 예수 그리스도로 좇아 은혜와 평강이 있기를 원하노라 ⑷그리스도께서 하나님 곧 우리 아버지의 뜻을 따라 이 악한 세대에서 우리를 건지시려고 우리 죄를 위하여 자기 몸을 드리셨으니 ⑸영광이 저에게 세세토록 있을찌어다 아멘

1. 바울이 가진 사도직의 근거(갈1:1)

바울은 갈라디아서를 쓰면서 사도로서 전하는 실제적이자 통상적인 인사에 앞서 가장 먼저 자기의 사도직에 대한 입장을 명확하게 밝혔다. 이는 사도로서 자신의 정체성에 대한 강력한 변호의 성격을 지니고 있다. 당시 갈라디아 지역에 잠입해 들어온 유대교 출신 거짓 교사들은 바울의 가르침에 비판을 가했다. 그들은 아마도 교사로서 그의 권위 자체에 대해 문제를 삼았을 것으로 보인다.[2] 그렇게 되면 신앙이 어린 자들은 의구심이 생

---

2) 이에 대해서는 오늘날 우리시대의 교회뿐 아니라 역사상 배도에 빠진 자들에 의해 끊임없이 도전이 되어 왔다. 바울 당시 사도교회 시대에 그랬듯이 현재도 바울의 사도적 권위를 무시하는 자들이 상당수 있다. 그런 자들은 바울이 전한 복음을 하나님으로부터 계시된 완벽한 하나님의 말씀으로 받아들이지 않는다. 우리는 지상 교회를 어지럽히는 그런 자들을 정신차려 경계하지 않으면 안 된다.

길 수밖에 없다.

그러므로 바울은 사도로서 자기의 직분이 전적으로 하나님으로부터 부여된 사실을 강조해 언급하고 있다. 그는 특정한 사람들에 의해 복음을 증거할 수 있는 권한을 위임받은 것이 아니며, 사람들을 통해서 종교적인 교리와 의례를 배워서 그렇게 한 것이 아니라고 말했다.[3] 그가 사도가 된 것은 오직 예수 그리스도와 십자가에 달려 죽은 그를 살리신 성부 하나님으로 말미암은 것이었다.

이는 그가 사도가 되기 위해 스스로 자원하지 않았으며 전적으로 하나님의 부르심에 의해 사도 직분을 맡게 되었음을 말해준다. 바울은 또한 편지의 서두에서 삼위일체 하나님에 관한 의미를 내비치고 있다. 성부 하나님을 언급하면서, 구속사역을 완성하신 성자 하나님이신 예수님을 동시에 나란히 말하고 있기 때문이다.

우리는 여기서 사도권이 개별 성도들의 자발적인 선택에 의하여 주어진 것이 아님을 알 수 있다. 그것은 전적으로 하나님의 뜻에 의한 것이었다. 이 말은 사도교회 시대의 사도직뿐 아니라 보편교회 시대의 직분에 대해서도 그 원리가 어느 정도 적용되어야 하는 것으로 받아들여야 한다. 따라서 지상 교회의 목사, 장로, 집사 직분은 개인의 자원이나 열망에 따라 취할 수 있는 것이 아니다.[4] 그 직분들은 교회의 필요에 따라 교회가 공적으로 선출해 그 직무를 맡겨야 하는 것이다.

---

3) AD70년 예루살렘 성전이 파괴되고 구약의 모든 언약이 완성된 후부터 따라온 보편교회 시대에는 사정이 그와 달랐다. 즉 사도교회 시대에는 하나님께서 사도들을 직접 부르시고 예루살렘 공의회가 그에 대한 확증을 했지만, 보편교회 시대에는 하나님께서 직접 불러 임명하시는 것이 아니라 지교회의 신앙공동체가 목사, 장로, 집사 등의 직분자들을 선출하게 되는 것이다.

4) 신약시대의 보편교회에 존재하는 항존 직분인 목사, 장로, 집사는 외적 소명과 내적 소명에 의하여 부여된다. 그것들은 당사자가 자의적으로 결정하는 것이 아니라 교회의 총회가 확인하게 된다.

2. 바울 일행과 갈라디아 지역의 여러 교회들(갈1:2)

사도 바울은 갈라디아 지역에 있는 하나의 교회이면서 여러 곳에 흩어져 존재하는 교회들에게 편지하면서 자기와 함께 있는 모든 형제들과 더불어 문안을 전하고 있다. 여기서 바울은 자신의 독단적 태도를 강조하지 않고 공동체적 관점에 서있음을 보인다. 저들의 문안은 단순한 겉치레 인사에 지나는 것이 아니다. 바울이 언급한 이 말 가운데는 매우 중요한 교회론적 의미가 내포되어 있다.

갈라디아 교회는 하나의 교회이면서 동시에 여러 지교회들을 포함하고 있었다. 이는 오늘날 우리의 교회론적 용어를 빈다면 갈라디아 교회를 하나의 노회로 이해하는 것이 바람직하다. 즉 갈라디아 교회에 속한 지교회들이 여러 곳에 흩어져 있었던 것이다. 물론 그 교회들은 하나인 보편교회에 속해 있어야만 한다.

우리는 여기서 사도 직분을 소유한 바울이었지만 항상 특정한 지교회에 속한 성도였다는 사실을 기억하지 않을 수 없다. 바울은 당시 로마제국에 흩어진 수많은 교회들을 방문하면서 항상 지교회에 소속된 성도로서 맡은 직무를 감당한 사실을 이해해야 한다.[5] 즉 그는 자신을 파송한 안디옥 교회에 속해 있으면서 원천적으로는 모든 교회의 모체가 되는 예루살렘 교회에 소속되어 있었던 것이다. 이 세상에 존재하는 모든 교회와 성도들은 자신이 예루살렘 교회에 속해 있다는 사실을 기억하는 것은 매우 중요하다.

---

5) 물론 우리는 사도교회 시대와 사도적 특성을 염두에 두게 된다. 그러할지라도 당시 모든 성도들은 특정 교회 공동체에 소속되어 있어야 한다는 사실을 기억하지 않으면 안 된다. 또한 우리가 특별히 이해해야 할 바는 경우에 따라 모교회와 특정 지교회 양쪽에 이중으로 소속(dual membership)될 수 있다는 사실이다. 그것은 물론 개인이 판단하고 결정할 수 있는 문제가 아니라 각 교회들에 위임되어 있는 사항이다.

그러므로 우리가 분명히 이해해야 할 바는 세상에 존재하는 모든 참된 교회들은 예루살렘 교회에 속해 있다는 사실이다. 이에 대해서는 오늘날 우리 시대 역시 동일한 의미를 지니고 있다. 21세기 한반도에 존재하는 교회들이라 할지라도 역사적 과거로 돌아가면 예루살렘 교회에 닿게 되어 있다. 동시에 예수 그리스도께 속한 교회들은 공간적으로 천상의 나라에 연결되어 있다. 이는 지구상에 흩어져 존재하는 모든 교회들에 해당되는 원리적인 의미로 받아들여야 한다.

따라서 사도 바울은 갈라디아서를 써 보내면서 함께 있는 성도들을 언급하며 갈라디아 지역에 있는 여러 교회들에 문안을 전했다. 이 말은 갈라디아 지역에 흩어져 있는 교회들 역시 하나의 보편교회에 속한 동일한 성격의 지교회라는 사실을 확증하고 있는 것이다. 나아가 우리는 이를 통해 멀리 떨어져 있고, 모든 교인들 사이에 개별적인 교류가 있지 않다고 할지라도 결국 모두가 한 형제라는 사실을 알게 된다.

3. 교회를 위한 공적인 기원(갈1:3)

앞에서도 이미 언급한 것처럼 바울은 편지의 서두에서부터 기원을 비는 인사와 더불어 성부 하나님과 성자이신 예수 그리스도에 관련된 선언적인 내용을 기록하고 있다. 그의 말 가운데는 성부 하나님과 주 예수 그리스도가 동등하다는 사실이 드러나고 있다. 눈에 보이지 않는 전능자 성부 하나님과 인간의 몸을 입고 이 세상에 오셨던 예수님을 대등한 위치에 둔다는 것은 당시 유대주의적 사고를 지닌 자들로서는 결코 받아들일 수 없는 문제였다.

그럼에도 불구하고 바울은 먼저 그점을 분명히 언급했다. 이 표현 가운데는 삼위일체 하나님에 관한 의미가 드러나고 있다. 바울은 그 성부와 성자 하나님으로 말미암아 갈라디아 지역의 여러 교회들과 모든 성도들에게 '은혜와 평강'이 임하기를 기원했다. 그가 언급한 은혜와 평강은 타락한 세상에는 아예 존재하지 않는다.

타락한 세상에서 인간들이 일반적으로 경험하는 것은 영원한 것에 대한 희미한 그림자적인 성격을 지니고 있다. 우리는 바울이 기원한 이 내용이 사람들이 듣기 좋도록 말하는 인사치레의 관념적인 표현에 지나는 것이 아님을 이해해야 한다. 거기에는 상징이 아니라 구체적이며 실질적인 의미가 담겨 있는 것이다.

사도 바울이 전하는 하나님의 말씀을 심중에 진정으로 받아들이는 성도들에게는 그 은혜와 평강이 실체적으로 임하게 된다. 이는 오늘날 우리에게도 그대로 적용되며 하나님을 의지하는 모든 성도들은 그것들을 소유하고 있다. 예수님께서도 자기를 따르는 자들에게 은혜로 말미암은 평안을 주시겠다는 말씀을 하신 적이 있다. 물론 그것은 인간들이 일반적으로 생각하는 것과는 전혀 다른 성격을 지니고 있다.

"평안을 너희에게 끼치노니 곧 나의 평안을 너희에게 주노라 내가 너희에게 주는 것은 세상이 주는 것과 같지 아니하니라 너희는 마음에 근심하지도 말고 두려워하지도 말라"(요14:27)

우리가 여기서 기억해야 할 바는, 지상 교회에 속한 참된 성도들은 하나님의 은혜로 말미암아 허락된 진정한 평안을 이미 소유하고 있는 자들이라는 사실이다. 그것은 인간들의 일상적인 삶 가운데서 결코 경험할 수 없는 성격을 지니고 있다. 따라서 지상 교회에 속한 성도들은 세상이 말하는 식의 아무런 문제가 없는 상태의 평안을 기대해서는 안 된다. 그것은 세상에서 발생할 수 있는 일종의 현상에 지나지 않는다. 그 대신 우리는 그보다 훨씬 수준 높은 차원에서 허락되는 평화를 소유할 수 있어야 한다.

하늘나라의 시민권을 가진 성도들은 이 세상에 살아가면서 세상적인 만족을 얻게 되는 것이 아니라 도리어 세상으로부터 핍박과 위협을 당하게 된다. 그것은 기쁘고 즐거운 것이 아니라 오히려 고통스러운 일이다. 그와 같은 상황을 잘 아시는 주님은 참된 평안을 약속한 제자들에게 근심하지도 말고 두려워하지도 말라는 요구를 하셨다. 사도 바울이 본문 가운데서 언급한 '은혜와 평강' 도 이와 동일한 관점에서 이해되어야 한다.

4. '악한 세대' 와 예수 그리스도의 십자가 사역(갈1:4)

첫 사람 아담이 사탄의 유혹을 받아 범죄한 이래 이 세상은 한 순간에 악한 영역으로 바뀌어 버렸다. 그 상태에서 지구 위에 존재하는 모든 인간들은 예외 없이 죄의 굴레에 갇힐 수밖에 없었다. 따라서 성경이 말하는 원래의 죄란 타락한 인간들이 저지르는 특별한 행위의 결과 자체를 지칭하지 않는다.

죄는 거룩한 하나님이 보시기에 의롭지 않은 상태를 의미하고 있다. 다시 말해 인간의 타락으로 인하여 하나님께서 더 이상 의로운 대상으로 인정하지 않는 상태가 곧 죄이다. 그러므로 지각과 인식능력을 갖춘 성인들뿐 아니라 영아와 태아까지도 말씀으로 거듭 태어나지 않는다면 세상의 죄 가운데 살아가야만 한다.

우리는 죄에 빠진 아담의 자손으로 출생한 모든 인간들은 사탄의 지배 아래 살아가는 불쌍한 존재들이라는 사실을 기억해야 한다. 하나님의 자녀들도 부르심을 받기 전에는 죄악 상태에 머물면서 타락한 세상의 가치를 추종하며 살아갈 수밖에 없었다. 바울은 에베소 교회에 보내는 편지에서 그점을 분명히 언급하고 있다.

"그 때에 너희가 그 가운데서 행하여 이 세상 풍속을 좇고 공중의 권세 잡

은 자를 따랐으니 곧 지금 불순종의 아들들 가운데서 역사하는 영이라 전에
는 우리도 다 그 가운데서 우리 육체의 욕심을 따라 지내며 육체와 마음의
원하는 것을 하여 다른 이들과 같이 본질상 진노의 자녀이었더니"(엡2:2,3)

이와 같은 형편에서 하나님께서는 창세전에 세워진 언약에 따라 선택하
신 자기 자녀들을 위한 구원 계획을 세워두고 계셨다. 그것은 전적으로 하
나님의 신실하신 성품에 근거한다. 하지만 그 방법은 타락한 인간들이 상
상하거나 기대하는 방법과는 전혀 다른 차원의 것이었다. 영원한 구원을
위한 선행조건先行條件으로서 죄의 문제를 해결하기 위해서는 그 원인을
뿌리까지 완전히 제거하지 않으면 안 된다.

그 일을 위해 성부 하나님께서는 자신의 독생자 예수 그리스도를 이땅
에 보내셨다. 그것은 창세기 3장 15절에 기록된 '여자의 후손'에 연관되어
있으며, 구약성경 전체를 통해 지속적으로 예언되어 왔다. 즉 여호와 하나
님의 뜻에 따라 성자 하나님께서 '임마누엘'[6]로서 인간이 되어 이땅에 오
시게 된 것이다. 그가 완벽한 인간으로 오셨기 때문에 은혜를 입은 자들은
그분이 하나님이란 사실을 깨달을 수 있었다. 하지만 그렇지 않은 자들은
그 하나님을 자기와 동등한 인간으로만 생각했다.

성자 하나님께서 피조물인 인간의 몸을 입고 이땅에 오신 것은 전적으
로 하나님의 섭리와 작정에 따른 것이었다. 공의의 하나님은 반드시 그 과
정을 거쳐야만 자기에게 속한 백성들을 죄 가운데서 건져낼 수 있었다. 그
방법 외에는 약속된 자녀들을 죄악으로부터 구출해 낼 수 있는 다른 어떤
방편도 존재할 수 없었다.

그러므로 인간의 몸을 입은 하나님의 아들이 감내하기 어려운 모진 고

---

6) '임마누엘'이란 용어는 '하나님이 우리와 함께 계시다'는 뜻을 지니고 있으며
하나님의 지상 강림과 연관되어 있다(마1:23;사7:14). 이는 영적인 묘사가 아니라
역사 가운데 발생하는 구체적이며 실체적인 의미를 지니고 있다.

통을 당하시면서 자신의 거룩한 몸을 십자가 위에서 거룩한 제물로 바치
셨다. 그것은 이미 오래전, 아브라함에게 약속의 자녀인 독자 이삭을 모리
아 산 위에서 제물로 바치도록 명하셨을 때 가시화되어 요구된 사항이었
다. 그것은 하나님이 원하신 매우 독특한 인신제사人身祭祀였다. 구약성경에
기록된 그 특별한 예언에 따라 흠 없는 어린 양이신 예수님께서 하나님을
위한 속죄제물과 화목제물이 될 수 있었던 것이다.

　우리는 그것이 선택받은 성도들에게 베풀어진 하나님의 극진한 사랑이
란 사실을 잘 알고 있다. 하나님께서는 배신자가 되어 죄의 수렁에 빠진 더
럽고 추악한 인간들을 구원하시기 위해, 아무런 죄가 없는 거룩한 자기 친
아들을 인간으로서의 일반적인 고난뿐 아니라 십자가 위에서 모진 고통을
겪도록 하셨다. 하나님께서 그런 끔찍한 사역을 거치도록 하신 것은 우리
의 구원과 직접 연관되어 있는 것이었다.

　그러므로 하나님의 자녀들은 항상 하나님께서 베푸신 은혜에 관한 의미
를 마음속 깊이 새겨야만 한다. 하지만 그 은혜란 하나님께서 그냥 사람의
손에 쥐어주듯이 간단하게 허락하신 것이 아니었다. 우리가 이미 잘 알고
있는 것처럼 하나님은 자기 백성들을 구원하시기 위해 엄청난 대가를 지
불하셨다. 원수의 편에 서서 자신을 능욕하며 괴롭히던 자들을 구원하실
목적으로 자신의 사랑하는 독생자를 모진 고통의 자리에 두셨던 것이다.
지상 교회에 속한 성숙한 성도들은 그에 대한 분명한 깨달음을 가지지 않
으면 안 된다.

5. 세세토록 영광을 받으실 분(갈1:5)

　창세전부터 확정된 자기 백성들을 위하여 십자가 위에서 거룩한 몸을
제물로 드리신 하나님의 아들은 천상의 영광을 받으시기에 합당한 분이시
다. 이 영광은 타락한 인간들이 세상에서 경험하는 것과는 전혀 다른 성격

을 지니고 있다. 즉 그것은 인간들의 사고로부터 초월하는 개념으로 이해
하는 것이 바람직하다. 사도 바울이 갈라디아 교회에 편지하면서 맨 앞부
분에서 그리스도께서 받으시는 특별한 영광에 대한 언급을 한 것은 매우
자연스럽다.

　여기서 우리가 이와 더불어 반드시 기억해야 할 점은, 오직 죄에 빠진
인간들을 구원하기 위해 이루어진 예수님의 십자가 사역에 대한 성취의
결과로서, 바울이 그리스도께 그 영광이 세세토록 있기를 기원한 것이 아
니란 사실이다. 물론 그와 밀접하게 연관되어 있기는 하지만 그것이 십자
가를 지신 예수 그리스도의 사역으로 말미암아 발생한 결과론적인 반응
이상의 의미를 지닌다는 사실을 깨달아야 한다.

　다시 말해 인간의 몸을 입은 하나님께서 십자가에 달려 돌아가신 것은
일차적으로 하나님 곧 예수 그리스도 자신을 위한 것이었다. 즉 인간들을
위해서는 부차적인 것이라 말할 수 있다. 십자가 사역을 통해 우선적으로
영광을 받아야 할 분은 예수님이었던 것이다. 따라서 하나님의 자녀들이
그 놀라운 영광과 은혜에 참여할 수 있게 된 것은 바로 그 십자가 사역의
결과로 말미암은 것이다. 지상 교회에 속해 살아가는 우리는 이에 관한 올
바른 개념을 정립하지 않으면 안 된다.

제2장

하나님의 사역과 사탄의 역사

(갈1:6-9)

(6)그리스도의 은혜로 너희를 부르신 이를 이같이 속히 떠나 다른 복음 좇는 것을 내가 이상히 여기노라 (7)다른 복음은 없나니 다만 어떤 사람들이 너희를 요란케 하여 그리스도의 복음을 변하려 함이라 (8)그러나 우리나 혹 하늘로부터 온 천사라도 우리가 너희에게 전한 복음 외에 다른 복음을 전하면 저주를 받을찌어다 (9)우리가 전에 말하였거니와 내가 지금 다시 말하노니 만일 누구든지 너희의 받은 것 외에 다른 복음을 전하면 저주를 받을찌어다

1. 하나님의 부르심(갈1:6)

교회에 속한 참된 성도들 가운데 하나님의 부르심 없이 순전한 자발적 결단만으로 신앙을 가지게 된 자는 아무도 없다. 설령 개인적인 판단에 따라 교회로 나아온 것처럼 보이는 경우가 있다고 할지라도 그것은 보이지 않는 하나님의 인도하심에 의한 것이다. 사람들이 미처 인식하지 못하는 사이, 창세전에 택한 자들을 위한 성령 하나님의 역사하심이 그 가운데 일어나고 있었기 때문이다. 사도 바울은 디모데에게 보낸 편지에서 하나님의 부르심에 대한 분명한 기록을 남기고 있다.

"하나님이 우리를 구원하사 거룩하신 부르심으로 부르심은 우리의 행위대로 하심이 아니요 오직 자기 뜻과 영원한 때 전부터 그리스도 예수 안에서 우리에게 주신 은혜대로 하심이라"(딤후1:9)

하나님의 교회는 창세전에 예수 그리스도 안에서 선택받은 성도들이 부르심을 받아 모인 특별한 공동체이다. 그와 상관없는 교회는 참된 교회가 아니라 기독교를 앞세운 거짓 종교단체에 지나지 않는다. 따라서 지상 교회가 타락하고 세속화되는 근본적인 원인 가운데 하나는 하나님의 부르심과는 무관한 개인의 자발적인 종교 선택에 기인한다.

나아가 하나님의 뜻과 상관없는 자들을 억지로 교회 안으로 끌어들여 인본적인 종교 활성화를 꾀하는 것은 심각한 문제가 된다. 그와 같은 세상의 풍조들을 통해 집단화가 이루어지면 교회는 급속하게 타락할 수밖에 없다. 성경 말씀에 순수하게 순종하고자 하는 마음이 없는 자들은 교회 안에서 하나님의 진리가 아니라 자신의 종교적인 욕망을 드러내고자 할 따름이기 때문이다.

사도 바울은 갈라디아 교회 성도들에게 예수 그리스도의 은혜로 말미암아 저들이 특별한 부르심을 입었다는 사실을 강조하고 있다. 이 은혜는 죄에 빠진 인간들로서는 도저히 상상할 수 없는 것으로서, 하나님께서 자신의 사랑하는 독생자를 죽음에 내어준 엄청난 대가를 치른 결과로서 주어졌다. 지상의 건전한 교회에 속한 참된 성도들은 예외 없이 모두가 동일한 은혜를 입은 자들이다. 따라서 하나님의 자녀가 된 성도들은 항상 그의 놀라운 은혜 안에 거하게 된다.

우리가 여기서 반드시 기억해야 할 바는, 하나님께서 예수 그리스도의 십자가 사역을 통해 우리를 자신의 몸된 교회로 부르셨다면 그렇게 하신 근거와 의도가 존재한다는 사실이다. 하나님께서 아무런 이유 없이 사람들을 자기에게로 부르지는 않으실 것이기 때문이다. 지상 교회에 속한 모든 성도들은 이에 대한 분명한 깨달음을 가지지 않으면 안 된다.

그러므로 교회는 이와 더불어 성도들을 위한 하나님의 구원 사역에 연관하여 먼저 몇 가지 사실을 명확하게 기억해야만 한다. 첫째, 하나님의 구원사역은 먼저 하나님 자신의 영광에 우선적으로 관련되어 있다는 점이다. 둘째, 하나님께서 자기 자녀들을 죄악으로부터 구원하시기 위해 자기에게로 불러내셨다는 사실이다. 이는 창세전에 하나님 스스로 자신의 이름을 두고 맺은 언약의 성취와 직접 연관되어 있다. 셋째, 부르심을 받은 백성들에게 영원한 나라를 상속해 주시기 위해서였다는 점이다. 이와 같은 모든 사실은 하나님의 은혜를 입지 않고는 결단코 소유할 수 없는 놀라운 선물이다.

2. 복음의 유일성과 유사 복음의 속임수(갈1:6,7)

아담이 범죄한 후부터 세상은 사탄의 통제 아래 놓이게 되었다. 사탄이 인간을 유혹해 하나님의 피조세계를 자기의 소유로 만들어 더럽혀 버렸다. 하나님께서는 그런 식으로 오염된 세계에 메시아를 보내고자 스스로 약속하셨으며, 때가 되어 예수 그리스도를 보내 자신의 교회를 세우셨다. 지상에 하나님의 왕국으로서 교회가 세워진다는 것은 사탄의 세력에 대한 응징이 구체화 되었다는 의미를 지니고 있다.[7]

이와 같은 상황에서 사탄은 지상 교회 가운데 거짓 교사들을 가만히 들여보내고자 한다. 그는 알곡들이 건강하게 자라나는 것을 방해하기 위해 다양한 형태의 가라지들을 뿌리게 된다. 그렇게 되면 튼실한 알곡으로 자라나야 할 성도들이 가라지에게 좋은 영양가를 빼앗겨 성장이 크게 둔화된다. 뿐만 아니라 그로 말미암아 교회와 그에 속한 신앙이 어린 성도들에게 심각한 혼란이 일어나기도 한다.

갈라디아 지역에 흩어져 있던 교회들 가운데도 그와 같은 현상이 일어

---

7) 예수님의 공사역에 앞서 세례요한과 예수님께서는 이스라엘 민족을 향해, "회개하라 천국이 가까웠느니라"(마3:2; 4:17)라는 선포를 했다. 이 말씀은 세상을 심판하실 메시아 곧 영원한 왕의 도래를 의미하고 있다. 이는 나중에 세워질 지상교회와 직접 연관되어 있다.

났다. 여전히 유대주의를 신봉하는 거짓 기독교 교사들이 몰래 교회 내부로 들어와 율법적인 잘못된 교훈을 흩뿌려 성도들을 혼란에 빠뜨렸다. 그렇게 되자 신앙이 어리거나 어리석은 자들은 하나님과 그의 참된 교훈을 떠나는 일이 발생했다.

사도 바울이 계시받아 전한 '올바른 복음'을 떠나 '다른 복음'을 추종하여 따르는 자들이 생겨나게 된 것이다. 그것은 하나님의 복음을 따르는 자들로 하여금 구약의 율법으로 회기시키는 나쁜 역할을 했다. 바울은 갈라디아 교회 성도들에게 어떻게 하여 그런 지경에까지 이르렀는지 도저히 이해하기 어렵다는 사실을 말했다.

바울이 여기서 언급한 '다른 복음'이란 참된 복음이 아닌 '유사 복음'과 동일한 의미를 지니고 있다. 즉 그것은 참된 복음이 아닌 인간들이 고안해 낸 거짓 복음에 지나지 않는다. 그것은 겉보기에 비슷하게 보이지만 그 속에는 사람을 죽이는 무서운 독성이 들어있다. 그럼에도 불구하고 성경 말씀에 대한 이해가 부족한 사람이나 신앙이 어린 교인들은 그 차이를 크게 느끼지 못할 수 있다.

이는 우리가 일반적으로 이해하는 이단異端과도 같은 말이다. 우리 언어에서 이단이란 말은 겉보기에는 전체적으로 비슷해 보이지만, 성경의 가르침을 벗어난 채 이방종교나 인본주의적인 주장들이 중요한 종교적인 교리로 자리잡고 있음을 의미한다. 그들은 우리처럼 성경책을 가지고 있고 입술로 찬송가를 부르지만 복음의 본질을 훼손하는 악한 자들이다. 사탄은 '거짓'에 유사 복음의 색깔을 입혀 끊임없이 성도들을 미혹하고자 하는 것이다.

사도 바울은 갈라디아서 본문 가운데서 자기가 증거한 복음 이외에 다른 복음은 아예 존재하지 않는다는 사실을 분명히 밝혔다. 교회를 어지럽히고 연약한 성도들을 미혹하는 악한 자들은 하나님의 자녀들을 혼란스럽게 만들기 위하여 그리스도의 복음을 변질시키려고 모든 노력을 기울였

다. 물론 그렇게 한다고 해서 복음 자체가 변질되는 것은 아니지만 교회와
성도들은 혼란스러운 상황에 직면하지 않을 수 없었다.

그런데 우리가 여기서 신중하게 생각해 보아야 할 사실은, 주님의 은혜
를 입은 자들 가운데 과연 하나님의 진리를 완전히 포기한 채 거짓 복음을
끝까지 추종한 자들이 있는가 하는 점이다. 만일 그런 자들이 있다면 그들
은 원래부터 하나님의 교회 안으로 들어올 사람들이 아니었던 것으로 이
해해야 한다. 하지만 참 하나님의 자녀라면 결코 그런 끔찍한 심판의 자리
에 놓이게 되지 않는다.

만일 그들이 하나님의 선택을 받은 자들이라면 거짓 교사들에 의해 일
시적으로 속고 있는 것일 뿐 영원히 위장된 거짓 복음을 따라가지는 않는
다. 하지만 그런 자들은 하나님을 경배하며 진리 가운데 감사하는 마음으
로 살아야 할 시간을 많이 허비하게 된다. 나아가 자기가 속고 있는 기간
동안에는 의도적이지 않지만 하나님께 저항하며 다른 사람들에게 악한 거
짓을 가르치는 자리에 서게 된다.

우리가 거짓 교사의 속임수에 빠지지 말아야 하는 중요한 이유는 바로
거기에 있다. 성도들이 성숙하게 자라 자신의 신앙을 온전히 지켜야만 자기
뿐 아니라 신앙이 어린 성도들을 적극적으로 도우며 보호할 수 있게 된다.
따라서 모든 성도들은 이땅에 세워진 하나님의 몸된 교회를 온전히 지키
며 보존하는 선한 삶을 살기 위해서는 계시된 하나님의 말씀에 대한 올바
른 지식과 깨달음이 있어야만 한다.

3. 복음의 변조 : 저주받을 행위(갈1:8,9)

하나님의 진리를 임의로 변조함으로써 거짓을 유포하는 행위는 하나님
을 향해 직접 대항하는 것과 같은 악행이다. 그것은 지상의 교회를 훼방하
는 일과 동일하기 때문이다. 이에 대해서는 확연히 배도에 빠진 자들뿐 아

니라 올바른 신앙을 소유한 성도들도 항상 마음속 깊이 새겨 두어야 할 내용이다. 설령 외관상 건전해 보이는 교회의 교사라 할지라도 개인적인 욕망을 추구할 목적으로 진리를 왜곡하여 가르친다면 그것은 하나님께 대항하는 악한 행위가 되기 때문이다.

그러므로 사도 바울은 갈라디아 지역에 흩어진 여러 교회들을 향해 그에 대한 엄중한 경고의 말을 전했다. 그것은 자기 자신이나 자기와 함께 있는 자들뿐 아니라 설령 하늘로부터 내려온 천사들이라 할지라도 사도가 전한 복음 이외에 다른 복음을 전하면 무서운 저주를 받게 되리라는 것이었다. 이는 실제로 그런 천사들이 존재한다는 것이 아니라 절대로 그래서는 안 된다는 사실을 강조하고 있다.

계시된 말씀과 하나님의 몸된 교회를 통해 참된 신앙을 상속받은 성도들은 저들이 사도들로부터 상속받은 신앙을 다음 세대에 그대로 전수해주어야 한다. 진리를 왜곡하거나 임의로 변조한 채 교인들을 가르친다면 그것은 결코 올바른 신앙인의 자세가 될 수 없다. 참된 복음은 오직 위로부터 오는 것이며 유능해 보이는 인간들과 특정 종교 집단이 창출해 낼 수 있는 것이 아니다. 따라서 누구든지 사도들로부터 받은 교훈 이외에 변조된 다른 복음을 전하면 무서운 저주를 피할 수 없게 된다.

제3장

신앙인의 근본 자세
(갈1:10-15)

(10)이제 내가 사람들에게 좋게 하랴 하나님께 좋게 하랴 사람들에게 기쁨을 구하랴 내가 지금까지 사람의 기쁨을 구하는 것이었더면 그리스도의 종이 아니니라 (11)형제들아 내가 너희에게 알게 하노니 내가 전한 복음이 사람의 뜻을 따라 된 것이 아니라 (12)이는 내가 사람에게서 받은 것도 아니요 배운 것도 아니요 오직 예수 그리스도의 계시로 말미암은 것이라 (13)내가 이전에 유대교에 있을 때에 행한 일을 너희가 들었거니와 하나님의 교회를 심히 핍박하여 잔해하고 (14)내가 내 동족 중 여러 연갑자보다 유대교를 지나치게 믿어 내 조상의 유전에 대하여 더욱 열심이 있었으나 (15)그러나 내 어머니의 태로부터 나를 택정하시고 은혜로 나를 부르신 이가...

1. 오직 그리스도의 종(갈1:10)

여러 서신들을 통해 본인이 직접 밝힌 것처럼, 사도 바울은 하나님과 예수 그리스도의 신실한 종이다(롬1:1; 빌1:1 참조).[8] 그는 당연히 개인의 사사로운 판단이나 종교적인 목적을 이루기 위해 이 세상을 살아가는 사람이 아니라 오직 하나님을 위해 살아가는 신앙인이었다. 이에 대해서는 바울 뿐

---

8) 바울이 여기서 지신을 '종'으로 밝힌 것은 그 의미상 단순한 하인이 아니라 노예(slave)로 이해하는 것이 바람직하다. 당시 로마제국에서 노예는 전적인 주인의 소유로서 어떤 명령도 거부할 수 없는 신분을 지니고 있었다. 바울은 자기를 '그리스도의 종'으로 묘사하면서 자신의 노예 신분을 설명하고 있었던 것이다.

아니라 여러 사도들은 물론 예수 그리스도께서 자기 피로 값 주고 사신바 된 모든 성도들은 그와 동일한 자세를 취하고 있어야 한다.

바울은 갈라디아 교회를 향해, '이제 내가 사람들에게 좋게 하랴 하나님께 좋게 하랴' 는 말을 했다. 이는 하나님을 진정으로 경외하는 성도라면 마땅히 사람들이 원하는 대로가 아니라 하나님께서 원하시는 삶을 살아야 한다는 사실을 말해주고 있다. 따라서 그는 하나님의 복음을 알고 난 후부터 지금까지 살아오면서 사람들로부터 어떤 기쁨을 구하지 않았다는 사실을 언급했다.

바울은 이를 통해, 자기가 예수 그리스도의 종이기 때문에 마땅히 그 주인의 뜻에 순종하며 살아가지 않으면 안 된다는 사실을 강조하고 있다. 그것은 하나님의 특별한 사명을 부여받은 성도로서 마땅히 소유해야만 할 자세이다. 따라서 그는 지금도 하나님이 아닌 인간들에게서 인정받고 싶은 마음은 추호도 없다는 사실을 분명히 밝혔다.

바울이 악한 세력에 맞서 싸우면서 하나님의 진리를 담대하게 선포할 수 있었던 것도 그와 같은 자세를 가지고 있었기 때문에 가능한 일이었다. 배도자들은 신실한 성도들에게 때로 위협적인 태도를 보이기도 하고 때로 유화적인 몸짓을 해가면서 미혹의 손길을 뻗쳐왔다. 따라서 오늘날 우리 역시 바울과 같은 선배들의 담대한 신앙을 본받아 거짓에 대항해 싸우면서 자신의 삶 가운데 복음의 진리를 적용해야만 한다.

그러나 타락한 인간들은 본성상 자기중심적인 동시에 이기적인 성향을 지니고 있다. 이에 대해서는 여전히 죄인의 상태를 벗어나지 못한 지상 교회에 속한 성도들도 예외가 아니다. 우리가 주의를 기울여야 할 바는, 신앙이 어린 상태라면 아무리 대단한 종교적인 열정을 가지고 오랜 경륜을 쌓았다고 할지라도 그 미성숙한 성향으로부터 벗어나기 어렵다는 사실이다.

종교적인 타성에 젖어들게 되면 스스로 자기는 하나님께 좋게 하는 자라 여기게 된다. 하지만 그것은 아무런 보장성이 없다. 하나님께 좋게 하는 것은 개인적인 판단과 행동에 달려 있는 것이 아니라 교회와 성숙한 성도들의 관계를 통해 드러나게 된다.

따라서 올바른 신앙을 소유한 성도들이라면 하나님께 좋게 하는 신실한 이웃을 찾아 기꺼이 받아들이고자 하는 열린 신앙자세를 소유하는 것이 매우 중요하다. 본성적으로 악한 인간들은 하나님께 좋게 하는 자를 기꺼이 용납하는 것이 아니라 자기에게 좋게 하는 자를 기쁘게 여긴다. 즉 하나님을 진정으로 경외하는 이웃보다 자기의 종교적인 욕망과 정서적으로 통하는 자들을 좋아한다.

그렇지만 하나님께 좋게 하는 것은, 종교적인 감성을 배경으로 표출하는 행위 자체가 아니다. 중요한 점은 신앙이 성숙해 갈수록 하나님의 말씀에 순종하는 자를 높일 수 있는 마음을 가지게 된다는 사실이다. 따라서 지혜로운 성도들은 자기를 인정하는 자가 아니라 하나님을 진정으로 경외하는 자를 가까이 두기를 기뻐한다. 즉 하나님께서 기뻐하시는 자를 찾아 함께 기뻐하는 자가 하나님을 좋게 하는 사람인 것이다.[9] 겸손한 자세로 항상 하나님을 바라보며 온전히 섬기는 자를 이웃으로 둔 자들이 진정으로 복된 자들이다.

그러므로 하나님을 진정으로 경외하는 성도들은 다른 사람들의 눈을 지나치게 의식해서는 안 된다. 하나님 앞에서 흔들림 없이 계시된 말씀과 성령의 도우심에 따라 소신껏 판단하며 살아가는 것이 최선의 삶이다. 윤리적인 차원에서는 이웃에 대한 배려의 자세로 주변상황을 살펴 관대한 자세를 가져야 하지만, 진리에 연관된 문제에 대해서는 단호한 자세를 취해야 한다. 잘못된 포용과 타협은 지상 교회를 어지럽히게 될 따름이다.

---

9) 이와 대비되는 측면에서 볼 때, 하나님이 좋아하는 것을 나도 좋아한다고 주장하는 것은 주관성이 강하게 드러나기 때문에 객관성을 띠기 매우 어렵다. 즉 죄에 빠진 인간들은 제각각 자기가 좋아하는 것을 하나님께서도 좋아할 것이란 막연한 착각을 하기 쉽기 때문이다.

현대 교회와 성도들 가운데는 하나님보다 사람들을 더 의식하고 저들의 눈치를 살피며 몸을 도사리는 경우를 종종 본다. 그런 태도를 가지게 되면 복음의 본질을 양보하거나 거짓과 타협하는 자리에 앉기 십상이다. 영원한 진리를 선포해야 할 사람들이 인간들로부터 이루어지는 일시적인 평가에 연연해 한다는 것은 하나님을 섬기는 종으로서 기본적인 자격이 없다. 원리적인 측면에서 볼 때 우리는 바울을 비롯한 사도들의 말과 행동을 삶의 본으로 삼을 수 있어야 한다.

2. 복음의 근원: 하나님의 계시(갈1:11,12)

사도 바울은 이제 자기가 전한 복음의 원천적인 출처에 대해 밝히고 있다. 그것은 하나님의 복음이 종교적인 목적을 위해 인간들의 지식과 별도의 논의에 의하여 고안된 종교이론이 아니라는 것이었다. 나아가 바울은 자기가 특정한 사람들로부터 진리를 전해 받은 것이 아닐 뿐더러 저들에게서 교육을 받아 배운 것도 아니라고 했다. 그는 사도로서 소유하게 된 복음이 오직 예수 그리스도의 계시로 말미암은 것이라는 사실을 강조하고 있다.

지상 교회는 여기서 사도 바울의 고백을 통해 많은 교훈을 깨달을 수 있어야 한다. 우선 하나님의 복음이 타락한 인간들의 두뇌에서 나온 것이 아니라는 사실을 분명히 알아야 할 필요가 있다. 또한 사람들의 종교적인 명상이나 수행, 혹은 신적인 존재에 대한 연구를 통해 참된 복음을 알아갈 수 없다는 사실을 알아야 한다.

이에 대해서는 하나님의 자녀가 된 우리 역시 정확하게 잘 받아들여야 할 내용이다. 인간들은 성령 하나님의 도우심을 배제한 채 신학적인 연구만을 통해서 하나님을 더 잘 알아갈 수 있는 것이 아니며, 종교적인 수양이 신앙을 더욱 돈독하게 만들지 않는다는 사실을 기억해야 한다. 나아가 자연 과학의 다양한 원리를 부지런히 찾아감으로써 하나님의 세계를 더욱 깊이 알아갈 수 있는 것이 아니다.

우리는 오직 계시된 성경과 성령의 도우심을 통해 우주만물과 여호와 하나님에 대하여 알아 갈 수 있다. 그러므로 인간의 이성과 경험이 하나님의 말씀을 해석하는 절대적 주체가 되도록 해서는 안 된다. 단지 성령 하나님께서 허락하시는 지혜로 말미암아 하나님의 진리를 깨달아 갈 수 있을 따름이다.

따라서 아무리 신학적인 지식이 많고 유식한 사람이라 할지라도 성령의 도우심이 없이는 하나님의 말씀을 제대로 깨닫지 못한다. 나아가 세상에서 아무리 탁월한 업적을 남긴 유명한 학자들이라 할지라도 여호와 하나님을 알지 못한다면 교회의 관점에서 볼 때는 본질을 놓친 지극히 무지한 자에 지나지 않는다. 성경이 하나님으로부터 계시된 진리라는 사실을 깨닫지 못하는 자들이라면 결코 참된 지식을 소유할 수 없기 때문이다.

이에 반해 성경을 정확무오한 진리의 말씀으로 알고 하나님을 진정으로 섬기는 성도라면 세속학교를 통한 교육을 전혀 받지 못했다 할지라도 그는 세상에서의 최고 학자들보다 나은 지식을 소유하고 있다. 나아가 어린이들도 성경과 하나님을 알고 믿는다면 세상의 유식한 자들보다 훨씬 나은 지식을 소유하고 있는 것이다. 바울이 언급한 것처럼 우리는 사도들이 전한 계시를 통해서만 참된 진리를 알게 된다. 그것이 성도들 가운데 풍성히 드러날 때 그 무리는 성숙한 교회로 자라갈 수 있게 되는 것이다.

3. 바울의 과거 악행에 대한 고백(갈1:13,14)

모든 인간들은 예외 없이 천성적으로 타고난 죄인들이다. 나중에 성장해서 범죄를 저지르기 때문에 죄인으로 변하는 것이 아니라 원래부터 사악한 죄인이었다. 그것은 인간의 처음 조상 아담이 하나님을 배반함으로써 그 모든 후손들에게 발생하게 된 문제였다. 그럼에도 불구하고 어리석은 인간들은 세상에서 형성된 윤리적인 잣대를 기준으로 삼아 자신이 마치 어느 정도 의인이라도 되는 양 착각하며 살아가고 있다.

교회에 속한 거듭난 성도들은 자신을 포함한 모든 인간들이 사악한 죄인으로서 하나님을 배신했던 동일한 과거를 가지고 있다는 사실을 분명히 깨달아야 한다. 이에 대해서는 구약시대의 선지자들이나 신약시대의 사도들도 예외가 아니었다. 바울 역시 하나님을 올바르게 알기 전에는 하나님 앞에서 사악한 죄인의 모습 그대로 행했었다. 보통 사람들은 아담으로 말미암은 죄성으로 인해 일반적인 죄를 저지르게 되는데 반해, 바울은 그 도를 지나쳐 하나님의 교회를 박해함으로써 여호와 하나님께 직접 대항하는 적극적인 악행을 저질렀다.

우리는 여기서 매우 주의 깊은 생각을 해볼 수 있어야 한다. 그것은 하나님을 믿고 사랑한다고 주장하는 교인들조차도 숱하게 많은 경우 자기도 인식하지 못한 채 하나님의 교회에 위해를 가하고 있다는 사실이다. 죄로 물든 채 종교적으로 미화된 자신의 주관적인 사고와 언행과는 달리, 현실적으로는 하나님의 말씀의 실행을 가로막으며 성령의 사역을 거부하고 있는 것이다.

사도 바울은 갈라디아서 본문 가운데서 자기는 과거 유대교[10]에 속해 있을 때 다른 사람들보다 훨씬 더 악한 자였다는 사실을 고백하고 있다. 주

---

10) 우리는 유대교에 대해서 올바른 이해를 할 필요가 있다. 다수의 사람들은 구약시대 이스라엘 민족의 종교가 유대교였던 것처럼 여긴다. 그런 생각을 하는 자들은 구약의 유대교가 신약시대에 와서 기독교로 바뀐 것으로 믿는다. 그러나 그것은 완전히 잘못된 주장이다. 구약시대 믿음의 선배들은 유대교인들이 아니라 구약의 기독교인들이었다. 그들은 장차 오시게 될 그리스도를 신앙하는 자들이었던 것이다. 이는 신약시대의 기독교인들이 이땅에 인간의 몸을 입고 오신 예수 그리스도를 신앙하는 것과 대비되는 개념이다. 따라서 구약시대의 유대교란 구약의 기독교에 대한 유대인들의 민족주의적 성향을 지닌 이단이었던 것으로 이해해야 한다. 그 이단은 신약시대에도 여전히 존재해 왔다.

님을 알기 전의 그는 나이가 비슷한 동년배들에 비해 유대교를 더욱 열정적으로 신봉하고 믿으면서 그에 대한 커다란 자부심을 가지고 있었다. 그리하여 이단 사상에 빠진 조상들의 종교적인 전통과 관행을 철저히 지키며 추종하는 모습을 보였다.

따라서 급속한 출셋길에 올라 산헤드린 공회원으로서 힘 있는 권력자들의 편에 서 있던 바울은 유대교의 주장에 반하는 자들에 대해서는 무자비한 태도로 칼을 휘둘렀다. 그리하여 하나님의 아들 예수 그리스도의 복음을 믿는다는 이유 하나만으로 사람들을 심하게 박해했으며 감옥 안으로 잡아들였다.

심지어는 예수를 구약성경에 예언된 메시아로 믿는 그 성도들을 잔인하게 죽이기까지 했다. 이 모든 것들은 단순히 개인적인 사상과 종교 취향에 근거한 행위가 아니라 공권력을 동원한 조직적인 범죄행위였다. 사도행전에는 스데반의 죽음과 그에 연관된 바울의 행적들이 소상하게 기록되어 있다.

"사울이 그의 죽임 당함을 마땅히 여기더라 그 날에 예루살렘에 있는 교회에 큰 핍박이 나서 사도 외에는 다 유대와 사마리아 모든 땅으로 흩어지니라"(행8:1); "내가 이 도를 핍박하여 사람들을 죽이기까지 하고 남녀를 결박하여 옥에 넘겼노니"(행22:4)

이와 같은 무자비한 악행을 저지르고 있었음에도 불구하고 바울은 하나님에 대하여 충성을 다하는 것인 양 스스로 믿고 있었다. 거룩한 하나님을 욕되게 하며 그에게 적극적으로 대항하면서도 자기는 하나님을 위하는 사람인 양 착각하고 있었던 것이다. 바울의 열정적인 충성심에 대해서는 예루살렘의 모든 기득권자들이 인정하고 있는 바였다.

바울은 갈라디아서 본문에서, 율법주의자들에 연관된 언급을 하면서 자기도 옛날에 그러했음을 밝혔다. 즉 자기도 과거에 갈라디아 교회에 잠입해 들어온 거짓 교사들보다 훨씬 더 심하게 행동한 적이 있었음을 고백했다. 이는 자기가 유대교의 교리와 저들의 행태에 대해서 어느 누구보다도 잘 알고 있다는 사실을 암시하고 있다.

율법주의를 퍼뜨리는 거짓 교사들은 하나님께 대항하고 있는 것과 마찬가지였다. 그것은 예수 그리스도의 사역을 멸시하는 것과 동일한 성격을 지니고 있었다. 바울은 그런 자들의 거짓 가르침에 동조하는 행위는 여호와 하나님을 욕되게 하는 자의 편에 선 것과 동일하다는 사실을 암묵적으로 강조하고 있다.

4. 하나님의 직분에 대한 작정(갈1:15)

사도 바울은 하나님의 절대적인 주권을 받아들이고 있었다. 여기서 말하고자 하는 그 의미는 특별히 사도 직분에 연관된 것이다. 하지만 사도 직분은 한정된 시기 동안 하나님께서 불러 지명하신 자들에게 허락된 독특한 직분적 의미를 지니고 있으므로 보편교회 시대를 비롯한 다른 시대의 일반적인 직분들과는 달리 이해되어야 한다.[11] 이에 대해서는 바울뿐 아니라 모든 성도들이 알고 있어야 할 내용이다.

보편교회 시대의 직분자들은 하나님께서 직접 지명하여 부르시는 것이 아니라 교회 공동체에 의해 선출된다. 따라서 사도들이 절대성을 지니는 데 반해 일반 직분자들의 경우는 그렇지 않다. 거기에는 하나님의 선한 간섭이 따르지만 그것을 오래 전부터 작정된 하나님의 섭리의 결과로 받아들이기는 어렵다. 즉 목사, 장로, 집사 직분자는 각 지교회의 공적인 의사에 따라 세워지는 것이다.

---

11) 구약시대의 선지자들은 하나님께서 특별히 불러 계시를 맡긴 자들로서 신약시대의 사도들과 유사한 성격을 지니고 있다.

이처럼 구속사 가운데 특수한 지위를 차지했던 사도 직분자들에 대해서는 좀 더 특별한 설명이 요구된다. 사도직을 받게 되는 것은 바울의 말대로 오래 전에 작정된 하나님의 섭리적인 뜻에 따른 결과로 보아야 한다. 물론 그것이 인간의 이성으로 쉽게 판단할 수 있는 문제가 아닌 것은 분명하다. 단지 전체적인 하나님의 큰 섭리를 염두에 둘 때 그 의미에 대하여 접근할 수 있는 것이다.

사도 바울은 본문 중에서 자기가 어머니의 태중에 있을 때부터, 하나님께서 특별히 따로 구별하여 택정하셨다는 사실을 언급하고 있다.[12] 갈라디아서 본문에서 하나님이 택정하셨다고 말한 것은 구원에 연관되어 있을 뿐 아니라 직분에 관한 언급으로 이해하는 것이 자연스럽다. 바울 자신은 하나님께서 자기를 사도로 부르실 것이라는 사실을 과거에는 전혀 알지 못했다. 그러나 그가 사도가 된 후, 은혜로 자기를 부르신 분이 이미 오래 전에 작정하신 대로 그 일을 진행시키신 사실을 깨달을 수 있게 되었다.

---

12) "But when it pleased God, who separated me from my mother's womb, and called me by his grace" (Gal.1:15, KJV).

제4장

복음을 깨달은 후 바울이 방문한 특별한 지역
(갈1:16-21)

(16)그 아들을 이방에 전하기 위하여 그를 내 속에 나타내시기를 기뻐하실 때에 내가 곧 혈육과 의논하지 아니하고 (17)또 나보다 먼저 사도 된 자들을 만나려고 예루살렘으로 가지 아니하고 오직 아라비아로 갔다가 다시 다메섹으로 돌아갔노라 (18)그 후 삼 년 만에 내가 게바를 심방하려고 예루살렘에 올라가서 저와 함께 십 오일을 유할쌔 (19)주의 형제 야고보 외에 다른 사도들을 보지 못하였노라 (20)보라 내가 너희에게 쓰는 것은 하나님 앞에서 거짓말이 아니로라 (21)그 후에 내가 수리아와 길리기아 지방에 이르렀으나...

1. 바울의 회심과 아라비아의 시내산 방문(갈1:16,17)

수리아 지방의 다메섹으로 피신하여 그곳에 거주하고 있던 유대인 출신 그리스도인들을 박해하기 위해 예루살렘에서 출발한 바울은 기세등등해 있었다. 그는 산헤드린 공회의 공권력을 힘입어 자기를 지원할 장정들을 대동하고 교회를 핍박하고자 해외까지 진출하기를 서슴지 않았다. 당시 그리스도인들은 유대교의 입장에서 볼 때 일종의 배도자로 간주되고 있었다.

따라서 바울은 유다 왕국에 원래의 국적을 두고 있으면서 복음으로 인한 핍박 때문에 외국으로 피신한 자들을 본국으로 잡아들이기 위해 먼 길을 떠났다. 박해자의 관점에서는 그것이 이스라엘 민족의 정체성을 지키

기 위한 불가피한 정책이었다. 사도행전에는 그에 관한 구체적인 사실이
기록되어 나타난다.

> "사울이 주의 제자들을 대하여 여전히 위협과 살기가 등등하여 대제사장
> 에게 가서 다메섹 여러 회당에 갈 공문을 청하니 이는 만일 그 도를 좇는 사
> 람을 만나면 무론 남녀하고 결박하여 예루살렘으로 잡아오려 함이라"(행
> 9:1,2); "이에 대제사장과 모든 장로들이 내 증인이라 또 내가 저희에게서 다
> 메섹 형제들에게 가는 공문을 받아 가지고 거기 있는 자들도 결박하여 예루
> 살렘으로 끌어다가 형벌 받게 하려고 가더니"(행22:5)

우리는 여기서 유대교에 빠져 왜곡된 신앙을 가진 바울의 종교적인 열
정을 충분히 엿볼 수 있다. 바울은 다메섹에 거주하는 그리스도인들을 범
죄자로 간주하여 체포하기 위해 산헤드린 공회로부터 정식으로 발급받은
영장令狀을 소지하고 그곳으로 갔다. 그는 그렇게 하는 것이 유대교의 하
나님을 기쁘게 하는 것이라 굳게 믿고 있었다. 이에 대해서는 그와 함께 동
행하던 사람들도 동일한 신앙을 가지고 있었을 것이 분명하다.

하지만 바울과 그의 일행은 여행 도중 전혀 예기치 못한 놀라운 사건을
만나게 되었다. 예루살렘을 출발하여 다메섹에 거의 도착해갈 무렵 예수
그리스도께서 바울을 불러 세우셨기 때문이다. 천상에 계신 예수님께서
직접 나타나 자기를 보여주시며 장차 그에게 사도로서 특별한 사명을 맡
기고자 하셨던 것이다.

거기에는 이방인들에게 진리의 복음을 전파하고자 하는 하나님의 특별
한 뜻이 담겨 있었다. 바울은 예수님의 음성을 듣는 그 과정에서 일시적이
긴 했지만, 시각과 청각에 심각한 문제가 발생하게 되었다. 이에 대해서는
바울의 일행에게도 유사한 현상이 일어났다. 누가는 사도행전에서 그에
관한 기록을 남기고 있다.

"사울이 행하여 다메섹에 가까이 가더니 홀연히 하늘로서 빛이 저를 둘러 비추는지라 땅에 엎드려져 들으매 소리 있어 가라사대 사울아 사울아 네가 어찌하여 나를 핍박하느냐 하시거늘 대답하되 주여 뉘시오니이까 가라사대 나는 네가 핍박하는 예수라 네가 일어나 성으로 들어가라 행할 것을 네게 이를 자가 있느니라 하시니 같이 가던 사람들은 소리만 듣고 아무도 보지 못하여 말을 못하고 섰더라"(행9:3-7)

이 본문 가운데는 우리가 반드시 기억해야만 할 매우 중요한 사실이 드러나고 있다. 그것은 지상 교회에 속한 성도들을 핍박하는 것이 곧 예수 그리스도를 직접 핍박하는 것과 동일하다는 사실이다. 예수님께서는 자기 백성들에 대한 바울의 사악한 태도가 자신을 겨냥하고 있다는 점을 분명히 말씀하셨다.

교회와 성도들을 미워하거나 사랑하는 것은 예수 그리스도와 직접 연결되어 있다. 즉 우리가 하나님과 예수 그리스도를 사랑한다는 것은 개인의 종교적인 사고에서 발생하지 않는다. 그것은 종교적인 관념에 지날 뿐 참사랑과는 별 상관이 없다. 하나님에 대한 참사랑은 다른 성도들을 진심으로 사랑하는 데서 기인하게 되는 것이다.

참된 교회일 경우, 자기가 속한 교회와 성도들을 진심으로 사랑하고 신뢰하는 것이 곧 하나님을 사랑하고 신뢰하는 방편이 된다. 또한 다른 성도들을 불신하고 미워한다면 아무리 종교적으로 그럴듯한 행동을 한다고 할지라도 그것은 예수 그리스도에 대한 사랑을 증거하지 못한다. 그것은 자신의 의를 드러내고자 하는 외적인 수단에 지나지 않는다.

그리고 예수님께서 성경에 기록된 대로 다메섹으로 가는 도상에서 바울을 불러 세우셨는데 과연 어떤 방식으로 그렇게 하셨는지 궁금하다. 우리는 여기서 천상에 계신 예수님께서 다시 육신의 몸으로 이 세상에 내려 오셨는지, 아니면 하나님께서 바울을 천상의 나라로 불러 올리셨는지 생각해 볼 필요가 있다. 적어도 사람들이 흔히 상상하는 것처럼 예수님이 신비스러운 모습으로 바울 앞을 가로막고 나타나신 것은 아니었을 것으로 보인다.

우선 여기서 우리는 십자가를 지시기 전의 예수님과 바울의 관계에 대하여 생각해 볼 필요가 있다. 공사역 기간 중의 예수님은, 산헤드린 공회에 속한 이스라엘 민족 지도자들의 눈에는 요주의 인물이었다. 따라서 산헤드린에서는 그의 모든 동향을 눈여겨보지 않을 수 없었을 것이다.

당시 산헤드린의 열성적 공회원이었던 바울이 예수님의 얼굴을 몰랐을 리 없다. 일반 민중들을 의식하여 그에게 직접적인 위해를 가할 수 없었지만, 적당한 거리를 두고 그를 자주 주시했을 것이 틀림없다. 나아가 예수님이 마지막 고난을 당하고 십자가를 지실 때 바울은 그 광경을 지켜보았을 것으로 보인다. 많은 백성들이 그 사건에 관심을 가지는 터에, 바울은 더욱 깊은 관심을 가지지 않았을 리 만무하다.

복음을 깨닫기 전의 바울은 예수님의 부활을 믿지 않았을 것이 분명하다. 예수님을 구주로 믿고 따르는 자들이 그가 사흘 만에 부활하여 무덤에서 나왔다는 주장을 하며 믿었지만, 유대인들은 그 사실을 받아들이지 않았다. 바울이 교회를 핍박하기 위해 일행과 함께 다메섹으로 갈 때도 그 사실을 믿는 자들은 아무도 없었다.

성경은 부활하신 예수님의 얼굴이 그 전의 얼굴과 동일한 것이 아니라 새로운 모습으로 변화한 사실을 기록하고 있다. 엠마오로 가는 두 제자들이 예수님과 함께 길을 걸어갔지만 그들은 그의 얼굴을 알아보지 못했다. 나아가 갈릴리 호숫가에 나타나신 예수님을 여러 제자들이 함께 보았지만 그를 즉시 알아보는 자는 없었다.

그와 같은 상황에서 바울은 예수님을 만나게 되는데 그의 눈앞에 나타난 부활하신 예수님은 자기가 알고 있던 그 얼굴이 아니었다. 그런데 예수님은 자기가 곧 바울이 핍박하고 있는 그 예수라는 사실을 밝히셨다. 당시 하나님의 은혜를 입은 바울은 자기에게 말씀하고 계시는 분이 부활하신 예수님이란 사실을 즉각 알아차렸을 것이다.

이렇듯이 예수님께서는 바울을 불러 자신의 모습을 보여주셨다. 성경의 전체적인 문맥을 통해 생각해 본다면, 하나님께서는 그때 빛 가운데 바울의 영혼을 일시적으로 천상으로 불러 올리신 것으로 보는 것이 자연스럽다.[13] 승천하신 예수님께서 재림하지 않은 상태에서 부활하신 몸으로 지상에 내려오시지는 않았을 것이기 때문이다. 이처럼 천상의 특별한 상황을 경험한 바울은 놀라지 않을 수 없었을 것이다.

바울에게는 예수 그리스도와 연관된 실제적인 그 체험이 두려운 일이 아닐 수 없었다. 그리하여 사기가 충만해 있던 바울의 모든 기세는 일순간에 완전히 꺾여버렸다. 그것은 바울이 사전에 전혀 예기하지 못했던 일이다. 그와 같은 위급한 형편 가운데서도 그는 다메섹에 들어가지 않을 수 없었다. 하나님께서 그를 다메섹으로 인도하셨기 때문이다. 따라서 자신의 종교적인 판단이 아니라 하나님의 강권적인 사역으로 말미암아 복음을 영접하게 된 바울은 그곳에서 믿는 형제들의 도움을 받게 되었다.

다메섹 성읍으로 들어간 바울은 그곳의 그리스도인 형제들을 만나 교제를 나누며 예수가 하나님의 아들이라는 사실을 증거했다. 하지만 마음 편안히 지낼 수 있었던 것은 아니다. 왜냐하면 그곳의 유대주의자들이 바울을 체포하기 위해 혈안이 되어 있었기 때문이다. 뿐만 아니라 당시 나바티안(Nabatean)의 아레다(Aretas) 왕이 관리들을 보내 그를 납치하고자 했기 때문이다.

---

13) 이에 대해서는 오늘날 우리가 매주일 공예배시 하나님을 경배할 때, 성도들의 영혼이 천상의 나라로 들려 올라가는 것(sursum corda)과 관련지어 생각해 볼 수 있다. 그것은 단순한 상징이 아니라 실제적인 의미를 지니고 있으며 선포되는 말씀과 더불어 행해지는 성찬의 나눔은 그와 밀접하게 연관된 것으로 이해해야 한다. 한편 고린도후서 12:2에서 바울이 언급한 셋째 하늘에 올라간 사건은 이보다 후에 일어난 사건으로 보인다.

"여러 날이 지나매 유대인들이 사울 죽이기를 공모하더니 그 계교가 사울에게 알려지니라 저희가 그를 죽이려고 밤낮으로 성문까지 지키거늘 그의 제자들이 밤에 광주리에 사울을 담아 성에서 달아 내리니라"(행9:23-25); "다메섹에서 아레다왕의 방백이 나를 잡으려고 다메섹 성을 지킬째 내가 광주리를 타고 들창문으로 성벽을 내려가 그 손에서 벗어났노라" (고후 11:31,32)

위에 언급된 사도행전의 기록과 고린도후서에 기록된 내용은 동일한 사건으로 보는 것이 자연스럽다. 바울은 당시 다메섹에 머물면서 하나님의 진리를 증거했다(행9:19,20). 하지만 그는 유대주의자들의 위협을 피할 수 없었다. 그들은 유대교를 버리고 기독교인이 된 바울을 죽이기 위해 밤낮으로 성문을 지키고 있었다.

그리고 당시 세속국가의 권력자인 아레다 왕은 관리들을 보내 바울을 체포하려고 했다. 그들이 출동했던 것은 종교적인 문제 때문이 아니었다. 당시 정부에서는 바울이라는 한 유대인으로 인해 사회질서가 흔들리는 것을 마냥 두고 볼 수 없었다. 따라서 당국은 그를 체포하여 질서를 굳건히 하고자 했던 것이다.

이처럼 바울은 예수 그리스도의 종이 됨으로써 유대교도들과 세속 권력으로부터 동시에 공격을 받는 처지에 놓이게 되었다. 과거에 가졌던 그의 서슬 퍼런 권력이 하루아침에 기능을 완전히 상실해 버린 것이다. 이제 그는 스스로 자기의 목숨을 보존할 수 있는 모든 능력을 잃어버리게 되었다.

하지만 이제는 하나님께서 그를 도와 보호해 주셨다. 따라서 그가 다메섹에서 유대교와 세속 국가 당국으로부터 이중적인 위협을 당했지만 하나님의 자녀들의 도움을 받을 수 있었다. 그는 밤중에 주의 제자들이 성문에서 달아내린 광주리를 타고 그 위기를 벗어나게 되었던 것이다.

한편 급작스럽게 발생한 그 사건으로 말미암아 예루살렘에서는 난리가 났을 것이 틀림없다. 산헤드린 공회로부터 특별한 임무를 부여받아, 배도 자들로 간주된 교회에 속한 자들을 체포하기 위해 출동한 이스라엘 민족 의 핵심 지도자가 변심하여 도리어 그 이단에 빠져버렸기 때문이다. 그렇 게 되자 예루살렘의 권력자들은 도리어 바울을 잡아오라는 지령을 내렸을 것이며 그의 생명이 위태로워졌다.

이처럼 유대교로부터 세뇌받은 바울의 종교적인 삶이 인간으로서는 도 저히 예기할 수 없는 방법으로 한순간에 뒤바뀌게 되었다. 그것은 바울이 스스로 시도한 것이 아니라 전적으로 하나님께서 행하신 일이다. 우리는 하나님께서 다메섹 도상에서 바울을 부르신 사건은 우연히 일어난 일이 아니라 하나님의 작정과 경륜 가운데서 발생한 은혜의 사건이라는 사실 을 기억해야 한다. 따라서 어느 누구도 그것을 거부하거나 가로막을 수 없 었다.

그렇게 하여 하나님의 복음과 더불어 참된 진리를 깨닫게 된 바울은 이 제 어떻게 처신해야할지 막막했을 것으로 보인다. 그가 당장 예루살렘으 로 되돌아간다는 것은 불가능한 일이었다. 유대인들이 가장 민감하게 여 기는 종교적인 변심을 한 바울을 그냥 둘리 없었기 때문이다. 아마도 당시 예루살렘에는 바울이 현상수배 대상이 되어 곳곳에 방문榜文이 붙여져 있 었을 것이다.

바울은 이스라엘 백성 가운데 평범한 일반 시민이 아니라 산헤드린 공 회원으로서 극렬 유대주의자로 평가받고 있던 중요한 인물이었다. 바울이 당시에 성행하기 시작하여 유대교에 위협적인 존재가 된 교회를 박멸하기 위한 최고의 권력 실무자의 자리에 앉게 된 것은 그의 능력과 더불어 두드 러진 유대교 신앙 때문이었다. 그런 그가 천상에 계시는 예수님을 만나 회 심했으니 그것은 결코 예사로운 일이 아니었다.

특별한 계시를 통한 방법으로 예수 그리스도를 영접하고 하나님의 복음 을 깨닫게 된 바울은 자기에게 발생한 사건과 문제를 두고 혈육이나 친척

과 의논하려고 하지 않았다. 또한 복음을 알기 위하여 자기보다 먼저 사도
가 된 여러 형제들을 만나고자 하지도 않았다. 구약성경에 기록된 율법을
비롯한 모든 내용에 관하여 풍부한 지식을 가지고 있던 바울은 그 말씀 안
에 모든 답이 들어있을 것이란 사실에 대해 확신을 가지고 있었다.

그리하여 다메섹 성에서 극적인 방법으로 탈출하게 된 바울은 하나님의
인도하심에 따라 아라비아에 있는 시내산으로 갔다. 본문 가운데 기록된
아라비아는 시내산을 가리키고 있다(갈4:25 참조). 바울이 예루살렘을 뒤로
하고 시내산으로 걸음을 옮겼던 것은 외견상 그의 개인적인 판단 때문이
었다. 하지만 이는 바울의 순전한 자발적인 선택이기에 앞서 하나님의 섭
리적 인도하심이 있었던 것으로 이해해야 한다.

바울이 예루살렘으로 가지 않고 시내산으로 갔던 가장 중요한 이유들
가운데 하나는 그곳이 구약성경에 계시된 언약의 중심지 역할을 한 곳이
었기 때문이다.[14] 즉 그곳은 상징적인 의미상 구약성경에 기록된 율법적
언약의 중심적인 위치에 놓여 있었다. 시내산은 하나님께서 모세를 불러
하나님의 말씀을 계시하신 특별한 장소였던 것이다.

모세는 그 산에 있던 떨기나무의 불꽃 가운데서 여호와 하나님을 만났
으며 나중 그 산꼭대기에서 십계명을 비롯한 하나님의 율법을 계시받기도
했다. 또한 그곳은 모든 선지자들의 대표격인 엘리야가 특별히 방문하여
일정기간 머물며 하나님을 대면했던 중요한 곳이었다. 구약성경에는 그에
관한 여러 증거들이 나타나고 있다.

"모세가 하나님을 맞으려고 백성을 거느리고 진에서 나오매 그들이 산 기
슭에 섰더니 시내 산에 연기가 자욱하니 여호와께서 불 가운데서 거기 강림

---

14) 당시 시내산 지역은 나바티안 왕국이 통치하던 영역이었다. 그가 시내산으
로 간 것은, 그곳이 로마제국의 관할이 아니었으므로 피신처로서 어느 정도 관
련이 있는 것으로 보인다. 나바티안은 AD106년 로마의 아라비아 지역 관할구가
되었다.

하심이라 그 연기가 옹기점 연기같이 떠오르고 온 산이 크게 진동하며 나팔 소리가 점점 커질 때에 모세가 말한즉 하나님이 음성으로 대답하시더라"(출 19:17-19); "이에 일어나 먹고 마시고 그 식물의 힘을 의지하여 사십 주 사십 야를 행하여 하나님의 산 호렙에 이르니라 엘리야가 그 곳 굴에 들어가 거기서 유하더니 여호와의 말씀이 저에게 임하여 이르시되 엘리야야 네가 어찌하여 여기 있느냐"(왕상19:8,9)

다메섹 도상에서 예수님을 만난 바울이 다른 곳으로 가지 않고 굳이 시내산을 찾았던 까닭은 거기에서 모세와 엘리야가 그러했던 것처럼 하나님의 특별한 계시를 받기 위해서였다. 모세와 엘리야는 구약성경에 나타난 율법과 선지자들의 예언을 대표하는 인물들이다. 복음서에는, 예수님께서 베드로와 야고보와 요한을 데리고 변화산에 올라가 하나님의 아들로서 인치심을 받을 때도 모세와 엘리야가 저들 앞에 나타나 예수님과 대화한 장면이 그대로 기록되어 있다(마17:1-5; 막9:2-7; 눅9:28-36 참조).

우리가 기억해야 할 바는, 바울이 특별히 시내산으로 간 것이 그의 종교적인 사사로운 의도와 욕망에 근거하지 않는다는 사실이다. 하나님의 복음을 영접함으로써 새로운 사람이 된 바울에게는 이제 더 이상 그와 같은 이기적인 주장이 존재하지 않았던 것으로 보아야 한다. 이 모든 일들은 어머니의 태중에서부터 사도로 부르기로 작정하신 하나님으로 말미암아 진행되어 갔다.

어쩌면 당시 바울의 손에는 양피지나 파피루스로 된 구약의 두루마리 성경이 들려져 있었을지도 모른다. 혹 그렇지 않았다 할지라도 그의 머릿속에는 구약성경의 내용 전체가 체계적으로 정리되어 자리잡고 있었을 것이 분명하다. 따라서 그는 다메섹으로 다시 돌아가기 전까지 시내산에 일정기간 머물면서 구약성경을 묵상하는 가운데 하나님의 특별한 계시를 받았을 것으로 보인다.

바울은 다메섹을 탈출한 후 시내산에 머물 때 복음전파를 주목적으로 삼지 않았던 것 같다. 학자들 가운데는 바울의 아라비아 삼년 간 나바티안 왕국의 영역에서 복음을 전파한 것으로 생각하고 있으나 그렇게 보이지 않는다. 바울에게는 장차 사도가 될 성도로서 자신의 성경적인 정체성을 굳건히 하는 것이 더욱 중요했던 것이다.

그리고 그가 나중 시내산에서 다시금 예루살렘이 아닌 다메섹으로 간 까닭은 그곳에 자기를 인정하는 교회와 그리스도인 친구들이 있었기 때문이다. 당시에는 아직 예루살렘 교회에 그를 받아줄 만한 교회와 성도들이 없었다. 후에 그가 다메섹을 거쳐 예루살렘으로 갔던 것은 다메섹 교회의 추천서를 가지고 가야만 그곳 형제들이 마음 놓고 그를 받아 줄 것이었기 때문이다. 즉 그에게는 다메섹 교회의 확실한 보증서가 필요했던 것이다.

2. 예루살렘 방문(갈1:18-20)

이처럼 사도 바울은 아라비아에 위치하고 있는 시내산을 방문했다가 우선 다메섹의 형제들에게로 갔다. 그는 다메섹 지역의 교회와 여러 성도들을 만나 교제하면서 시내산에서 받은 계시에 대한 언급을 했을 것이 틀림없다. 그후 그는 다메섹 교회의 보증과 더불어 삼년 만에 예루살렘을 방문하게 되었다.

그때 바울은 과거 교회를 핍박하던 사울과는 전혀 다른 정반대의 신앙을 지닌 인물이 되어 있었다. 당시는 몇 년의 세월이 흐르면서 바울을 체포하고자 하던 산헤드린 공회의 열의도 다소 식었을 것으로 보인다. 유대인 당국은 행방불명이 된 바울을 추적하는 일이 별 소득 없는 것이라 판단했을 것이기 때문이다.

하지만 여전히 상당한 위험 요소가 남아있는 예루살렘을 바울이 굳이 방문하고자 했던 주된 이유는 게바 즉 베드로를 만나기 위해서였다. 그는 예수님의 제자들 가운데 가장 두드러진 인물이었던 그를 통해 주님의 지

상 사역에 대해 좀 더 많은 이야기를 듣고 싶었을 것이다. 예수님의 구체적
인 가르침과 다양한 이적들을 확인하고자 하는 마음을 가지는 것은 자연
스러웠다. 그가 삼년 동안 예수님을 직접 따라다닌 베드로를 만나 교제하
고자 하는 마음이 간절했던 것은 지극히 당연한 일이었다.

바울은 그 때 예루살렘에서 베드로를 만나 십오(15) 일 동안을 그와 함께
머물렀다. 그는 또한 거기서 예수님의 동생 야고보를 만나 교제할 수 있었
다. 바울은 그 방문 때 베드로와 야고보 이외에 다른 사도들을 만나지 않았
다고 했다. 이는 당시 바울의 예루살렘 방문 목적이 공적인 것이 아니라 사
적인 이유 때문이었음을 말해주고 있다.[15] 나아가 사도행전 8장에 기록된
예루살렘에 임했던 유대인들의 심각한 박해 이후 많은 제자들이 당시 로
마제국의 전 지역으로 뿔뿔이 흩어졌을 것으로 여겨진다.

바울은 본문에서 자기가 말하고 있는 모든 내용들이 사실이라는 점을
강조했다. 그가 굳이 베드로와 야고보 외에 다른 사도들은 만나지 않았다
는 점을 강조했던 것은 자기가 하나님으로부터 부여받은 사도직이 예수님
을 직접 따라다니던 다른 제자들의 사도적 권위와 아무런 차이가 나지 않
는다는 사실을 말하기 위해서였다. 즉 바울의 사도 직분은 다른 사도들로
부터 계승받거나 인정받은 결과가 아니라는 것이었다.

3. 수리아를 거쳐 길리기아 지방에 도착한 바울(갈1:21)

사도 바울은 길리기아 다소(Tarsus) 출신이었다. 바울은 그곳에서 어린

---

15) 우리는 바울의 사도권이 언제 주어졌는가 하는 문제를 주의깊게 생각해보아
야 한다. 하나님께서는 시내산에 머물고 있던 바울을 이미 사도로 부르신 것으로
보인다. 그러나 사도권이 공적으로 인정된 것은 예루살렘 공의회에 의한 것으로
보아야 한다. 바울이 다메섹에서 시내산을 방문했다가 다시금 다메섹을 거쳐 회
심 후 처음 예루살렘을 방문했을 때 바울에게 사적인 목적이었지만, 예루살렘 공
의회는 공적인 입장에서 바울을 만나 사도권을 인정했던 것으로 볼 수도 있다.

시절을 보냈으며, 아직도 그의 가족과 가까운 친척들은 그 지역에 살고 있었다.[16] 그는 시내산과 다메섹을 거쳐 예루살렘에 들어가서 베드로와 야고보를 만났다. 그는 예루살렘에서 담대한 마음으로 유대인들에게 복음을 전하고자 했다.

바울의 입장에서는 하나님의 진리를 왜곡하는 유대주의자들이 안타깝게 여겨졌을 것이 틀림없다. 그렇게 되자 바울이 예루살렘에 도착하여 나사렛 예수의 이단사상을 전파한다는 소문이 돌게 되었다. 그 정보를 입수한 극렬 유대교 신봉자들과 산헤드린 공회 및 유대 당국이 가만히 있을 리 없었다. 그래서 예수님의 제자들은 바울을 해안 도시인 가이사랴로 데리고 가서 배편을 이용하여 다소로 보내게 되었다.

> "사울이 제자들과 함께 있어 예루살렘에 출입하며 또 주 예수의 이름으로 담대히 말하고 헬라파 유대인들과 함께 말하며 변론하니 그 사람들이 죽이려고 힘쓰거늘 형제들이 알고 가이사랴로 데리고 내려가서 다소로 보내니라"(행9:28,30)

이렇게 하여 바울은 오랜 세월이 지나 자신의 고향인 길리기아 다소로 돌아가게 되었다. 그는 지나는 길에 수리아의 몇몇 지역에 있는 교회와 성도들을 방문하기도 했다. 바울이 고향 다소에 도착했을 때 크고 작은 문제들이 발생했을 것으로 보인다.

바울의 가족들은 바리새파에 속한 사람들로서 구약의 율법을 지키는 일에 철저한 사람들이었다. 그들은 바울이 예루살렘에서 인정받는 율법주의자이자 민족주의자로서 산헤드린 공회원으로서 활발하게 활동하는 것을

---

16) 바울의 양친 모두가 그때까지 살아 있었는지에 대해서는 정확하게 알기 어렵다. 하지만 부모 혹은 두 분 가운데 한쪽이 생존해 있었을 가능성은 얼마든지 있다. 분명한 사실은 바울의 다른 가족과 가까운 친척들이 그곳에 살고 있었으리란 점이다.

두고 상당한 자부심을 가지고 있었을 것이 분명하다. 그것은 충분히 그럴 만한 일이었다.

그런 와중에 예루살렘에서 공부를 마치고 산헤드린 공회원이 되어 출세 가도를 달리던 바울이 갑자기 사라짐으로 인해 그의 가족들은 마음이 상하지 않을 수 없었다. 더욱이 유대교를 배신하고 기독교로 개종했다는 바울의 소식은 청천벽력靑天霹靂 같은 소리였을 것이다. 그로 인해 그들은 심한 괴로움을 겪지 않을 수 없었다. 유대교의 입장에서 볼 때 기독교로 개종한 그는 배도자가 되어 있었기 때문이다.

아마도 바울의 가족들은 그의 문제로 말미암아 다소 지역의 유대인 사회에서 고립될 위기에 처했을 것이다. 예루살렘으로 유학하여 출세 가도를 달리던 잘난 자식으로 인해 주변 사람들의 부러움을 사던 그 집안이 하루아침에 엉망진창이 되어 버렸기 때문이다. 그런 상황중에 바울이 갑자기 나타났으니 놀라지 않을 수 없었을 것이다.

그와 같은 불안한 형편 가운데서도 바울은 별 무리 없이 다소에 정착했을 것으로 이해된다. 즉 배도자의 집안으로 낙인찍히게 한 당사자인 바울이 가족과 주변의 이웃으로부터 곧 받아들여졌던 것으로 보는 것이 자연스럽다. 이는 그 지역이 헬라파 유대인들이 살고 있던 곳으로서 바울의 설득이 통했기 때문이었을 것이다. 그리하여 바울은 그곳에 거주하면서 자기가 깨달은 하나님의 말씀과 예수 그리스도의 복음을 전했을 것으로 여겨진다.

제5장

바울과 교회
(갈1:22-24)

(22)유대에 그리스도 안에 있는 교회들이 나를 얼굴로 알지 못하고 (23)다만 우리를 핍박하던 자가 전에 잔해하던 그 믿음을 지금 전한다 함을 듣고 (24)나로 말미암아 영광을 하나님께 돌리니라

1. 유대교에서의 위상과 그리스도의 사도가 된 바울(갈1:22,23)

바울은 하나님을 올바르게 알기 전 유대교와 산헤드린 공회에서 매우 중요한 지위를 차지하고 있었다. 그는 고위 공직자로서 공권력을 힘입어, 유대주의에 반하는 신흥 종교라 판단된 이단자들의 모임인 기독교를 박멸하기 위해 모든 노력을 기울였다. 유대인들의 입장에서는 그런 일에 앞장서는 바울이 유능한 인물로 인정된 반면, 기독교인들에게는 공포의 대상이 되었던 것이 틀림없다.

예루살렘에는 바울의 그런 행동에 대해서 익히 잘 알고 있는 자들이 많이 있었다. 그것은 급기야 다른 지역에까지 소문으로 퍼져나갔다. 나아가 외국에 살고 있던 사람들에게도 그의 존재가 알려졌다.

바울이 회심을 하고 난 후 그로부터 상당한 세월이 흘러갔음에도 불구하고 바울의 악명을 기억하는 자들이 곳곳에 흩어져 있었다. 그와 같은 바

울의 과거 행적은 스스로 매우 부끄러운 일이었다.[16] 바울은 디모데에게
보낸 편지에서 그에 연관된 자신의 입장을 밝히고 있다.

> "미쁘다 모든 사람이 받을 만한 이 말이여 그리스도 예수께서 죄인을 구
> 원하시려고 세상에 임하셨다 하였도다 죄인 중에 내가 괴수니라"(딤전1:15)

예수 그리스도께서 죄에 빠진 인간들을 구원하시기 위해 이땅에 오셨지
만 복음을 알지 못하던 바울은 오히려 그를 훼방하기에 열중했다. 어떤 의
미에서 볼 때 바울 자신도 유대교로부터 속은 것으로 말할 수 있다. 하나님
께서 자기 아들을 이 세상에 보내신 사건은 구약성경에 약속되어 온 것으
로 충분히 믿을 만한 일이었다.

하지만 하나님에 대하여 잘못 알고 있던 바울은 하나님의 거룩한 사역
과 뜻에 현저히 반하는 삶을 살았었다. 그러므로 그는 자기가 '죄인 중에
괴수'라는 말로 과거의 삶을 고백하고 있다. 여기서 바울이 자기를 죄인의
괴수로 묘사한 것은 극도로 악하게 행동했던 자신의 과거에 대한 솔직한
노출이었다.

하나님의 사도로 부르심을 받아 말씀을 증거하던 바울의 과거 행적은
전 세계에 흩어진 지상 교회들 가운데도 소문으로 퍼져나갔다. 당시 로마
제국에 흩어져 있던 대다수 교회와 성도들은 그의 얼굴을 알지 못했다.
그때는 사람들이 멀리 떨어져 있거나 개인적으로 모르는 사이라면 얼굴
을 알지 못하는 것이 지극히 자연스러웠다. 즉 오늘날 우리 시대와는 달

---

16) 바울은 교회를 핍박하던 자신의 과거를 결코 자랑거리로 삼지 않았다. 그것은
부끄러운 일이었기 때문이다. 그럼에도 불구하고 그가 다른 사람들에게 자신의
악행을 고백했던 까닭은 오직 하나님의 복음을 분명히 선포하기 위해서였다. 이
와 달리 오늘날 우리 시대에는 자신의 잘못된 과거를 영웅담을 늘어놓듯이 자랑
삼아 이야기하는 자들이 있다. 그런 사람들은 자기가 하나님으로부터 다른 사람
들보다 더 큰 사랑을 받은 것인 양 주장하기 위해 그렇게 한다. 하지만 그런 태도
는 진정으로 성숙한 성도의 자세라 할 수 없다.

리 옛날에는 텔레비전이나 영상을 통해 다른 사람들의 얼굴을 인식할 수 없었다.

사도시대 교회에 속한 성도들은, 그전에 하나님의 자녀들을 핍박하던 사람이 과거에 자기가 죄목을 붙여 잔해했던 바로 그 믿음을 소유했다는 사실을 듣게 되었다. 그것은 놀라운 일이 아닐 수 없었다. 그 사람들은 사도 바울의 얼굴을 알지 못했지만 악명 높았던 그의 이름과 더불어 사도적인 활동 소식을 접할 수 있었다. 이제 그는 예전에 자기가 박해했던 성도들이 가진 그 신앙을 다른 사람들에게 전하고 있었던 것이다. 유대교 신봉자가 율법주의를 버리고 복음을 받아들였을 뿐 아니라 그것을 많은 사람들에게 증거하는 자가 된 것은 기적과 같은 일이 아닐 수 없었다.

2. 하나님께 영광(갈1:24)

하나님의 영원한 작정과 이행은 인간들의 이성에 따른 판정과 무관하다. 하나님께서는 불가능해 보이는 일들을 행하시는 분이다. 지상 교회를 박멸하기 위해 모든 열정을 쏟아 붓던 유대교 신봉자 바울이 오히려 지상에 하나님의 몸된 교회를 세우기 위한 사도로 부르심을 받은 것은 그 자체로서 놀라운 기적이었다.

그러므로 바울은 그로 말미암아 하나님께 영광을 돌린 사실을 증거하고 있다(갈1:23,24). 우리는 여기서 우선 유대주의자로서 교회를 박해하던 인물이 도리어 동일한 유대교로부터 박해를 당하는 처지에 놓이게 된 것이 하나님께 영광을 돌리는 방편이 된 사실을 기억해야 한다. 이는 박해 자체를 두고 하는 말이 아니라 사도로 부르심을 받은 한 사람의 인생이 본질상 송두리째 바뀐 사실에 연관되어 있다.

하나님의 백성이 된다는 것은 사탄이 통치하는 세상에서 박해를 받는다는 의미와도 같다. 물론 그것은 육체적인 환난을 동반하지만 정신적이며 영적인 문제를 내포하고 있다. 그와 같은 상황은 신약시대뿐 아니라 구약 시대부터 줄곧 있어온 일이었다. 예수님께서는 산상수훈에서 의를 위하여 핍박을 받고 예수 그리스도 때문에 고통을 받는 것이 진정한 복이 된다는 사실을 강조해 말씀하셨다.

> "의를 위하여 핍박을 받은 자는 복이 있나니 천국이 저희 것임이라 나를 인하여 너희를 욕하고 핍박하고 거짓으로 너희를 거스려 모든 악한 말을 할 때에는 너희에게 복이 있나니 기뻐하고 즐거워하라 하늘에서 너희의 상이 큼이라 너희 전에 있던 선지자들을 이같이 핍박하였느니라"(마5:10-12)

하나님의 백성들은 사탄이 지배하는 세상에 대하여 강력하게 저항하며 살아갈 수밖에 없다. 우리가 이와 더불어 생각해 보아야 할 점은, 모든 성도들은 진리를 증거하는 사도들의 계시를 통해 세상의 박해와 더불어 하나님께 영광을 돌리는 것이 중요하다는 사실이다. 이는 성도들이 아무런 계시 없이 직접 하나님께 영광을 돌리는 것이 아니라 사도들의 말씀을 통해 세상에 저항하는 가운데 하나님께 영광을 돌려야 하는 것과 연관되어 있다. 인간들은 계시된 말씀에서 요구된 내용을 떠난 상태에서는 어떤 종교적인 행동을 취한다고 할지라도 그것 자체로는 결코 여호와 하나님을 영화롭게 하지 못한다.

하나님께 영광을 돌리는 신앙인의 삶은 지상 교회에 맡겨진 소중한 사명이자 교회에 속한 모든 성도들에게 맡겨진 의무이다. 하나님께서 자기 자녀들로부터 진정한 영광을 받을 수 있는 조건은, 교회와 성도들이 계시된 성경 말씀과 예수 그리스도 안에 존재할 때 비로소 가능하다. 이는 하나님의 영광은 계시를 전한 사도들과 저들의 사역에 근거한다는 사실을 분명히 말해주고 있다.

갈라디아서 _ 2장

제1장

예루살렘 방문

(갈2:1,2)

⑴십사 년 후에 내가 바나바와 함께 디도를 데리고 다시 예루살렘에 올라갔노니 ⑵계시를 인하여 올라가 내가 이방 가운데서 전파하는 복음을 저희에게 제출하되 유명한 자들에게 사사로이 한 것은 내가 달음질하는 것이나 달음질한 것이 헛되지 않게 하려 함이라

1. 재방문(갈2:1)

성경은 사도 바울이 십사(14) 년이 지난 후 다시금 예루살렘을 방문한 사실을 기록하고 있다. 여기서 언급된 기간은 앞서 다메섹에서 돌아와 첫 번째 예루살렘을 방문하고 난 후부터의 기간을 일컫는 것으로 보인다. 바울은 첫 번째 예루살렘을 방문한 후 이번 방문 전에 그 도성을 한 번 더 방문한 적이 있었다. 하지만 여기서 십사 년 후라고 한 것은 갈라디아서 1장 18,19절을 염두에 둔 언급이다.

이번에는 바울이 혼자 그곳으로 간 것이 아니라 바나바와 함께 디도를 데리고 갔다. 우리는 여기서 바울이 디도를 데리고 간 사실을 공언한 사실에 주목할 필요가 있다. 할례받지 않은 이방인 출신의 디도를 공적인 대열에 합류시켜 예루살렘을 방문한 것은 상당한 문제를 야기시킬 수 있다. 물론 사도들과 성숙한 성도들에게는 하등의 문제가 될 것이 없었지만 유대주의자들과 신앙이 어린 교인들에게는 상당한 걸림이 될 우려가 따

른다.

바울은 안디옥 교회의 파송을 받아 첫 번째 전도여행을 마치고 나서 특별히 예루살렘을 방문하게 되었다. 이번에는 단순히 개인적인 판단이나 용무를 위한 방문이 아니었다. 안디옥 교회의 파송을 받아 예루살렘 공의회를 방문하는 매우 중요한 임무를 띠고 있었다. 사도행전에는 그에 관한 분명한 기록이 나타나고 있다.

> "어떤 사람들이 유대로부터 내려와서 형제들을 가르치되 너희가 모세의 법대로 할례를 받지 아니하면 능히 구원을 얻지 못하리라 하니 바울과 바나바와 저희 사이에 적지 아니한 다툼과 변론이 일어난지라 형제들이 이 문제에 대하여 바울과 바나바와 및 그 중에 몇 사람을 예루살렘에 있는 사도와 장로들에게 보내기로 작정하니라"(행15:1,2)

우리는 바울의 이번 방문이 매우 중요한 목적과 더불어 특별한 의미를 지니고 있다는 사실을 기억해야만 한다. 그것은 중요한 신학적인 문제와 밀접하게 결부되어 있었다. 참복음을 알지 못하는 자들이 이방 지역에 있는 교회에 율법과 구원에 대하여 잘못된 교훈을 퍼뜨리는 것은 신앙이 어린 성도들을 혼란스럽게 만들 수밖에 없다. 물론 바울은 그에 대한 명확한 성경적인 교훈을 알고 있었지만 흩어져 존재하는 여러 교회들을 위해 공적인 확인을 할 필요가 있었던 것이다.

또한 이와 더불어, 이번 방문길에는 바울의 사도권에 관하여 다시금 확증받아야 하는 문제가 걸려 있었다. 그는 지난번 방문에서 예루살렘의 지도자들로부터 신실한 신앙인으로 사도적 권위를 소유한 자로 인정받았던 것으로 보인다.[17] 그런데 이번에는 이방인을 위한 그의 사역과 함께 예루

---

17) 바울은 회심한 직후부터 예수 그리스도의 복음을 선포했다. 하지만 다메섹 도

살렘 공의회로부터 다시금 사도 직분을 공적으로 확인받음으로써 일부 불신하는 자들의 의심을 불식시키게 되었다.

이는 물론 예루살렘 공의회가 바울에게 사도권을 주어 임명했다는 의미가 아니다. 그 말은 하나님께서 직접 바울을 사도로 세우신 사실을 예루살렘 공의회가 확인했다는 의미를 지니고 있다. 따라서 당시 기독교 내부로 들어온 율법주의자들이 잘못된 신학을 앞세워 바울을 공격하는 일들이 발생했을 때 바울은 사도로서 교회를 위한 사역을 감당했던 것이다.

물론 이번의 경우에도 공의회 회원들의 일반적인 논의가 아니라 하나님의 특별한 계시와 더불어 모든 절차가 진행되었다. 아직 로마제국에 의해 파괴되기 전의 예루살렘 성전을 중심에 두고 모이는 예루살렘 공의회는 초기 기독교 지도자들의 일반적이거나 임의적 회합이 아니었다. 사도행전에는 사도교회 시대 성도들의 삶의 중심에는 여전히 예루살렘 성전이 자리잡고 있었다는 사실이 기록되어 있다(행2:46).

그것은 구약성경의 모든 예언을 성취한 언약적인 의미를 담고 있다. 즉 예수 그리스도의 십자가 사역 및 부활 승천과 더불어 예루살렘 성전이 보유한 하나님의 언약이 거기서 드러나고 있었던 것이다. 그러므로 나중 바울은 성전을 찾아가 정결례를 행했으며 사도들도 직접 그에 관여했다(행 21:17-26). 우리는 이와 더불어 예루살렘 공의회를 일반적인 권위를 지닌 종교적인 회합이 아니라 사도적인 권위를 위임받은 신령한 기관이었던 것으로 이해하는 것이 매우 중요하다.[18]

상에서 회심후 초기에는 아직 사도의 신분이 아니라 신실한 믿음을 소유한 성도로서 그렇게 했다. 올바른 신앙인으로서 복음을 선포하는 일과 사도직분과는 별개의 것으로서, 사도는 반드시 예루살렘 공의회의 계시를 통한 직접적인 승인을 받아야만 했다.

18) 신약성경 신학을 이해함에 있어서, 사도적인 기관으로서 '예루살렘 공의회' 가 차지하는 위치를 이해하지 못하면 안 된다. 성전을 배경으로 한 예루살렘 공의회가 신약교회를 위한 절대적인 기초가 되기 때문이다.

2. 예루살렘 공의회의 특별한 기능(갈2:2)

바울은 이번 기회에 자기가 예루살렘을 방문한 것이 자의적 판단이 아니라는 사실을 분명히 밝히고 있다. 그는 하나님의 '계시를 인하여' 교회의 요청에 따라 공적으로 행동하고 있었다. 바울이 여기서 '계시를 받은 사실'을 언급한 것은 자신의 사도성을 드러내는 방편이 되기도 한다. 또한 바울이 바나바와 디도를 데리고 함께 예루살렘을 방문한 것은 공의회 앞에서 이방인을 향한 복음전파에 연관된 일종의 보고를 위한 목적을 지니고 있었다. 이는 사도행전 15장에 기록된 바울의 사역과 조화되는 것으로 이해하는 것이 자연스럽다.

사도 바울은 개별적인 사도들에 대해서는 자기와 대등한 관계라는 입장을 보였다. 하지만 예루살렘 공의회에 대해서는 온전히 순종하는 자세를 취했다. 이는 바울뿐 아니라 다른 사도들 역시 그와 마찬가지였다. 이에 관한 실질적인 의미를 이해하는 것은 매우 중요하다.

우리는 여기서 예수님의 십자가 사역이 완성되었음에도 불구하고 여전히 예루살렘 성전과 연관된 언약적인 의미가 존속되고 있었음을 기억하지 않으면 안 된다. 사도교회 시대, 예수 그리스도를 통해 하나님의 은혜를 입은 성도들의 중심에는 항상 '예루살렘 공의회'가 존재하고 있었다. 당시 교회를 위한 절대적인 권위를 지니고 있던 예루살렘 공의회는 유대인들의 중심부 역할을 하던 '산헤드린 공회'와 대치되는 형국을 띠고 있었다. 그 공의회는 '하나님의 사도적 회합'의 성격을 지니고 있었던 데 반해, 산헤드린 공회는 '강도들의 모임'(마21:13; 막11:17; 눅19:46 참조)처럼 되어 있었던 것이다.

하나님의 자녀들은 예루살렘 공의회를 배경으로 삼고 있는 사도들의 지상 교회를 향한 모든 공적인 가르침을 오류 없이 완벽한 것으로 이해해야 한다. 물론 사도라 할지라도 개인의 소신이나 사사로운 주장을 펼칠 경우에는 반드시 그렇다고 말할 수 없다. 따라서 사도들 상호간에 개별적인 판단과 행위에 차이를 보일 때는 예루살렘 공의회가 그에 대한 최종적인 판단자로서 권위를 가지게 된다.

우리는 여기서 바울의 이번 예루살렘 방문이 하나님의 계시와 교회의 요청에 따른 것이란 사실과 예루살렘 공의회와 연관된 것이란 사실을 반드시 기억해야 한다. 또한 사도적 권위를 지닌 예루살렘 공의회를 통해 진행된 하나님의 구체적인 사역에 관하여 깨달을 수 있어야 한다. 그 공의회가 사도적인 권위와 더불어 활동한 가장 중요한 것 가운데 하나는 당시 흩어진 교회들에 대한 총체적인 감독 기능이다. 그것은 물론 구약성경에 대한 해석 문제를 포함하고 있었던 것으로 이해해야 한다.

예수님께서 죽음에서 부활 승천하신 후, 약 20년이 지나 갈라디아서가 기록되기 전까지는 문서로 된 신약성경이 존재하지 않았다. 당시 로마제국의 전 영역 안에 흩어져 있던 교회들이 구약성경을 바탕으로 하여 통일성 있는 지식을 가지고 성장해 가는 것은 매우 중요한 일이었다. 그러므로 예루살렘 공의회는 신약시대의 보편교회의 기초가 되는 사도시대의 흩어진 교회들에 대한 전체적인 감독권을 가지고 있었던 것이다.

공의회가 지닌 또 하나의 중요한 사역은 신약 정경에 대한 확증이었다. 그때도 사도들을 비롯한 많은 믿음의 선배들이 신앙적인 글들을 썼을 것이 분명하다. 당시에도 일반 사람들과 마찬가지로 기독교인들 가운데 글을 쓰는 경우가 많았을 것이기 때문이다. 교회에 속한 성도들은 대개 신앙에 도움이 될 만한 긍정적인 글을 썼을 것이 틀림없다.

일반 사람들은 글을 읽을 때 문장의 형식이나 내용을 보고 좋은 의미가 담겨 있으면 감동을 받게 된다. 그러나 아무리 신앙적으로 훌륭한 글이라고 할지라도 그것 자체로 하나님의 계시가 될 수는 없다. 그런 형편 가운데서 하나님께서는 특별히 선택하신 사도들을 통해 기록으로 계시된 말씀을 허락하셨다.

하나님으로부터 특별한 계시를 받아 성경을 기록한 사도들은 성령의 감동에 의해 그 모든 사실을 깨달아 알고 있었을 것이 분명하다. 하지만 그에 대한 객관적인 확증이 필요했다. 거짓 교사들 가운데는 하나님으로부터 계시받은 것이 아닌 글을 마치 그런 것인양 주장하는 경우들도 상당수 있었을 것이기 때문이다.

어떤 사람이 세련된 문체로써 신앙적인 글을 쓰고 그것이 하나님으로부터 계시받은 것이라 주장한다면 어떻게 할 것인가? 설령 아무리 완벽하고 신학적으로 아무런 흠결이 없다고 할지라도 그것 자체로서 계시라 말할 수 없다.[19] 특정한 글이 하나님으로부터 계시된 말씀이라는 사실을 증거하는 최종적인 권위는 예루살렘 공의회가 가지고 있었다.

우리가 여기서 분명히 이해해야 할 점은, 사도들이 쓴 글들이라 해서 모두가 성경이라고 말할 수 없다는 사실이다. 즉 바울이나 베드로를 비롯한 사도들도 하나님의 계시를 받지 않은 상태에서 많은 글들을 쓸 수 있다. 따라서 사도들의 글 가운데서도 하나님께서 계시하신 글이 있는가 하면 일반적인 신앙의 글들도 있다. 물론 사도들이 쓴 모든 글들은 교회와 성도들을 위해 유익이 되었을 것이다.

그러므로 교회는 사도들이 쓴 모든 기록들이 하나님으로부터 계시된 말씀인 것은 아니라는 사실을 기억할 필요가 있다.[20] 그것들이 과연 하나님

---

19) 오히려 일반적인 안목으로 볼 때는 성경에 상당한 모순이 있거나 심각한 문제가 있는 것처럼 보이는 경우가 있다. 하나님께서는 그와 같은 특수한 환경과 방식으로 자기 자녀들에게 말씀하셨으며 참된 교회는 그 말씀을 진리로 받아들이게 된다.

20) 만일 우리 시대에, 2천 년 전 바울이나 베드로의 글이 발견되었다고 가정해보자. 편지의 내용 가운데 글 쓴 사도의 이름이 밝혀져 있고, 다양한 고고학적인 검증을 거쳐 그것이 사도의 글이 명백하다고 할지라도 그것은 정경에 포함될 수 없다. 하나님으로부터 직접 계시를 받아 쓴 글들만 성경에 포함될 수 있으며, 예루살렘 성전 파괴와 더불어 예루살렘 공의회의 임무가 완수됨으로써 기록된 말씀으로서의 계시는 완료된다. 우리는, 하나님께서 계시하신 모든 성경은 성령 하나님의 도우심을 통해 교회를 통해 온전히 보존되고 있음을 믿고 있다.

의 계시인지 아닌지에 대한 분명한 확인을 해야 한다. 따라서 사도적인 권위를 지닌 예루살렘 공의회가 그에 관한 최종적인 확증을 하는 사역을 감당했던 것이다.

사도 바울이 하나님의 계시에 따라 예루살렘 공의회를 방문했던 것은 그와 밀접하게 연관되어 있다. 그러므로 바울은 이방 지역에서 하나님의 복음을 전파한 사실과 그에 연관된 모든 내용을 공의회의 공식석상에서 보고하고 지도자들에게 개인적으로 구체적인 설명을 하기도 했다. 그렇게 함으로써 바울 자신이 지금까지 감당해온 모든 사역이 참된 것이며 헛된 것이 아니라는 사실을 공의회를 통해 확증받게 되었다.

제2장

이방인의 사도

(갈2:3-8)

(3)그러나 나와 함께 있는 헬라인 디도라도 억지로 할례를 받게 아니하였으니 (4)이는 가만히 들어온 거짓 형제 까닭이라 저희가 가만히 들어온 것은 그리스도 예수 안에서 우리의 가진 자유를 엿보고 우리를 종으로 삼고자 함이로되 (5)우리가 일시라도 복종치 아니하였으니 이는 복음의 진리로 너희 가운데 항상 있게 하려 함이라 (6)유명하다는 이들 중에 (본래 어떤 이들이든지 내게 상관이 없으며 하나님은 사람의 외모를 취하지 아니하시나니) 저 유명한 이들은 내게 더하여 준 것이 없고 (7)도리어 내가 무할례자에게 복음 전함을 맡기를 베드로가 할례자에게 맡음과 같이 한 것을 보고 (8)베드로에게 역사하사 그를 할례자의 사도로 삼으신 이가 또한 내게 역사하사 나를 이방인에게 사도로 삼으셨느니라

1. 디도의 할례 문제(갈2:3-5)

바울은 본문 가운데서 할례에 관한 문제를 특별히 언급하고 있다. 유대교 출신의 교인들도 자기와 함께 있는 헬라인 출신의 디도에게는 할례를 강요하지 않았다. 바울은 할례를 받는 것 자체가 예수 그리스도의 사역의 의미를 약화시키는 것으로서 매우 위험한 행위로 판단하고 있었다. 그것을 잘 알고 있던 유대인 성도들은 사도인 자기와 함께 있던 디도에게는 할

례를 강요하지 않았던 것이다.[21]

이 본문 가운데서 드러나고 있는 바는, 이방인 출신인 디도가 할례 문제에 대하여 유대적 배경을 지닌 성도들의 강요를 받지 않았던 까닭은 그것이 복음의 원리였기 때문이라는 사실이다. 그럼에도 불구하고 교회 안과 주변에서 몰래 활동하던 율법주의자들은 틈만 되면 이방인 출신의 어린 교인들을 유혹하여, 구원을 받으려면 율법을 지켜 할례를 받아야 한다는 헛된 주장을 펼치고 다녔다.

그러므로 바울이 지금 디도에 관하여 특별히 언급하는 이유는 교회 안으로 몰래 들어온 거짓 교인들 때문이라고 말했다. 그들은 몸에 할례를 받고 겉으로 보기에 훌륭한 신앙인인 듯이 행세했지만 실상은 참된 신앙이 아니라 거짓 신앙을 가지고 있었다. 그 배도자들은 하나님의 자녀들이 예수 그리스도 안에서 참된 자유를 누리는 삶을 엿보고 훼방하기를 게을리 하지 않았다.

그와 같은 자들은 기회를 잡게 되면 어린 교인들로 하여금 또다시 할례를 받도록 미혹함으로써 율법을 빙자해 악한 세력의 종으로 삼고자 했다. 그런 자들은 항상 어리석은 교인들의 주변을 배회하며 먹잇감을 찾아나선다. 사도 바울은 디모데에게 보내는 두 번째 편지에서 그에 관한 사실은 언급하고 있다.

---

21) 한편 바울은 첫 번째 전도여행 중 루스드라와 이고니온 지역을 방문했을 때 이방인 출신 디모데에게 할례를 베풀었다. 이는 복음을 올바르게 이해하지 못하는 이방인들을 생각해서 말썽이 생기지 않도록 하기 위해서였다. 우리가 여기서 알 수 있는 사실은 이방인으로서 할례를 받는 것 자체가 절대적인 역할을 하는 것은 아니라는 사실이다; "디모데는 루스드라와 이고니온에 있는 형제들에게 칭찬받는 자니 바울이 그를 데리고 떠나고자 할쌔 그 지경에 있는 유대인을 인하여 그를 데려다가 할례를 행하니 이는 그 사람들이 그의 부친은 헬라인줄 다 앎이러라"(행16:2,3). 이는 구약의 율법적인 행태가 아니라 복음의 본질이 중요하다는 사실을 말해주고 있다.

"저희 중에 남의 집에 가만히 들어가 어리석은 여자를 유인하는 자들이
있으니 그 여자는 죄를 중히 지고 여러 가지 욕심에 끌린 바 되어 항상 배우
나 마침내 진리의 지식에 이를 수 없느니라"(딤후3:6,7)

거짓 형제들의 이단 사상에 미혹되면 아무리 열성을 다해 배운다고 할
지라도 참된 진리의 지식에 도달하지 못한다. 따라서 바울은 잠시도 저들
의 부당한 요구에 응하지 말아야 함을 강조하고 있다. 어느 한 부분을 양보
하여 저들의 주장을 수용하게 되면 악한 자들은 모든 것을 다 집어 삼키려
고 덤벼들 것이었기 때문이다. 바울을 비롯한 사도들은 율법주의자들의
그와 같은 행동에 단호한 태도를 취함으로써 교회 가운데 참된 복음의 진
리가 온전히 존재하고 보존되기를 원했다.

이에 대해서는 오늘날 우리 역시 그와 동일한 자세를 유지해야만 한다.
따라서 하나님의 말씀에 도전하거나 인본주의적인 신학이 교회 안으로 들
어오는 것을 철저히 경계하지 않으면 안 된다. 비록 겉보기에 미미하고 작
아 보이는 것이라 할지라도 그와 같은 악한 사상을 용납하게 되면 그것이
누룩이 되어 점차 교회 전체를 어지럽히게 될 것이기 때문이다.

2. 이방인을 위한 사도(갈2:6-8)

바울은 자기가 소유한 모든 진리가 하나님으로부터 직접 계시받은 것이
란 사실을 강조했다. 하나님께서 구약성경에 기록된 내용의 의미와 예수
그리스도의 복음을 포함한 모든 것들을 직접 알려주셨다는 것이다. 이를
통해 그는 자기가 깨달은 진리가 유명한 기독교 지도자들에게서 전해 받
은 것이 아니라는 사실을 분명히 밝혔다. 이는 그가 예루살렘에 거하고 있
는 사도들과 가까이 교제하고 있지만 저들에게서 진리를 배우지 않았다는
사실을 강조하고 있는 것이었다.

그것을 좀 더 소상하게 설명하기 위해 바울은 다른 사도들을 언급하며 사도로서 자신의 정체성을 확실히 하고자 했다. 그는 당시 기독교 안에서 유명하다는 자들 곧 사도들이 자기에게 진리를 깨닫게 하기 위해 특별히 더 가르쳐 준 것이 없다는 사실을 분명히 밝혔다. 그는 사도들 가운데 자기보다 특별하게 뛰어난 자들이 존재하는 것은 아니라고 여겼다. 그들을 자기의 영적인 스승과 같이 특수한 관계를 가진 자들로 볼 필요가 없다는 것이다.

이 말은 물론 다른 사도들을 멸시하거나 무시하기 위해 언급하는 것이 아니었다. 그가 여러 사도들과 서로 존중하며 긴밀한 관계를 가지는 것은 오직 여호와 하나님과 예수 그리스도 때문이었다. 즉 그것은 성향에 따른 개인적인 인간관계 때문이 아니라는 것이었다. 그는 예수 그리스도 안에서 형성된 관계를 소중히 여겼지만 사사로운 관계가 그 중심에 놓여있지는 않았던 것이다.

이처럼 사도교회 시대 당시 사도들 가운데는 계층적 지위의 높고 낮음이 없었다. 예수님을 직접 따라다니던 모든 사도들은 상호 평등한 관계에 놓여 있었다. 나아가 사도 바울은 복음을 알기 전 주님의 교회를 심각하게 박해한 부끄러운 전력이 있었지만 그의 권위가 다른 사도들보다 열등한 것이 아니었다. 따라서 바울은 하나님으로부터 부여받은 자신의 권위에 대하여 숱하게 많은 증언을 하고 있다.

사도 바울은 이와 더불어, 하나님은 사람의 외모를 보고 판단하거나 취하시는 분이 아님을 언급했다. 하나님께서 자기를 부르실 때 그와 같은 외부적인 것들을 조건으로 삼지 않으셨다는 것이다. 만일 그러했다면 자기와 같이 주님의 교회를 모질게 핍박하며 악을 행한 사람은 하나님의 사도가 될 자격을 갖추지 못한 인물이 될 수밖에 없다는 것이었다.

바울이 외모를 취하지 않는 하나님에 관한 언급을 한 것은 자의적인 생각이 아니었다. 구약성경에는 그에 관한 선포가 나타난다. 모세는 이스라엘 자손이 가나안 땅에 들어가기 전에 선포한 신명기에서 그에 대한 분명한 언급을 하고 있다. 이스라엘 자손이 애굽에서 종살이 할 때 애굽 사람들은 저들을 멸시했으나 하나님께서는 그렇게 하지 않으셨다.

> "너희의 하나님 여호와는 신의 신이시며 주의 주시요 크고 능하시며 두려우신 하나님이시라 사람을 외모로 보지 아니하시며 뇌물을 받지 아니하시고 고아와 과부를 위하여 신원하시며 나그네를 사랑하사 그에게 식물과 의복을 주시나니 너희는 나그네를 사랑하라 전에 너희도 애굽 땅에서 나그네 되었었음이니라"(신10:17-19)

하나님의 생각과 판단은 인간들의 것과는 근본적으로 달랐다. 하나님께서는 사람들의 겉모양이 아니라 속사람을 보신다. 그러므로 바울 자신도 다른 성도들을 외모로 판단하거나 취하지 않는다는 사실을 분명히 말했다. 따라서 사도들이라 할지라도 저들의 외적인 형편과 조건으로 인해 저들을 대하지는 않는다는 것이었다. 사도들 가운데는 하나님과 그의 복음에 대한 동일한 깨달음이 존재하기 때문에 주 안에서 한 형제가 될 수 있으며 그밖에 다른 어떤 것도 근본적인 조건이 될 수 없다는 것이다.

바울은 오히려 베드로와 자기는 대등한 관계라는 사실을 강조하여 언급했다. 이는 분명한 사실이었지만 듣기에 따라서는 파격적인 표현으로 비쳐질 수도 있었다. 당시 베드로는 여러 제자들 중에서 예수님의 수제자로 인식되어 있었다. 나아가 그는 전 세계 기독교의 최고 지도자로 알려져 있었다. 베드로는 삼년 동안 예수님을 직접 따라다니며 보고 배웠을 뿐 아니라 십자가 사건과 부활 승천에 이르기까지 가장 가까이서 모든 것을 직접 목격했던 인물이다.

그에 반해 바울은 전혀 그렇지 못했다. 그는 과거 유대교에 속해 있으면서 하나님의 교회를 심하게 박해했던 인물이었다. 기독교 내부의 지명도에 있어서도 바울은 결코 베드로와 비교될 수 없었다. 그런 바울이 베드로와 자기 사이에 사도로서 가진 권위에 전혀 차이가 나지 않는다고 주장했던 것이다. 물론 베드로뿐 아니라 다른 여러 사도들조차 바울의 주장에 전혀 이의를 제기하지 않았다.

그러므로 바울은, 베드로가 할례자를 위한 사역자로 부름을 받은 것처럼 자기는 무할례자인 이방인들을 위해 부름을 받았다는 사실을 강조했다. 하나님께서 자신의 거룩한 뜻을 이루기 위해 베드로에게 특별한 사명을 맡기셨듯이 자기에게도 그와 같이 중요한 사명을 주셨다는 것이다. 지금 바울은 이를 통해 갈라디아 지역의 여러 교회의 성도들에게 하나님으로부터 이방인을 위해 보냄을 받은 자기의 말을 천상으로부터 계시된 진리로 받아들여야만 한다는 사실을 강조하고 있다.

제3장
예루살렘 공의회
(갈2:9,10)

⑼또 내게 주신 은혜를 알므로 기둥같이 여기는 야고보와 게바와 요한도 나와 바나바에게 교제의 악수를 하였으니 이는 우리는 이방인에게로, 저희는 할례자에게로 가게 하려 함이라 ⑽다만 우리에게 가난한 자들 생각하는 것을 부탁하였으니 이것을 나도 본래 힘써 행하노라

1. 기둥 같은 사도들(야고보, 게바, 요한)과의 교제(갈2:9)

예루살렘 공의회는 예수님의 십자가 사역 및 부활 승천 후부터 약 40년 동안 허락된 일시적이긴 했지만 하나님으로부터 예루살렘 성전이 지녔던 특별한 영적인 권위를 부여받고 있었다. 당시 성전이 파괴되기 전 여전히 그 언약적인 의미가 존재하고 있을 때 예루살렘 공의회는 돌로 된 성전의 존재와 더불어 계시적인 권위를 가지고 있었던 것이다.

사도행전 2장 46절에서, '믿는 성도들이 날마다 마음을 같이 하여 성전에 모이기를 힘쓴 사실'과 3장 1절에서, '베드로와 요한이 정해진 기도시간에 맞추어 성전에 올라간 일', 그리고 사도행전 21장 26절에서, '바울이 몇 사람과 더불어 결례를 행하고 성전에 들어간 사건' 등은 이에 대한 중

요한 근거가 된다. 사도적인 권위를 지닌 그 공의회는 예루살렘 성전 파괴와 더불어 구속사적인 소임을 다한 것으로 이해해야 한다.

사도 바울은 본문 가운데서 '야고보와 베드로와 요한'을 교회 가운데서 기둥과 같은 존재로 인정받고 있음을 언급했다. 여기서 말하는 '기둥과 같다'는 표현은 단순히 중요한 인물이라는 사실 이상의 의미를 지니고 있다. 우리는 여기서 이를 교회론적인 관점에 연관된 의미와 더불어 생각해 볼 수 있어야 한다.

성경은 예수 그리스도께서 신령한 건축물의 모퉁이 돌이 된다는 사실을 증거하고 있다(마21:42; 엡2:20; 벧전2:6). 그 모퉁이 돌을 기초로 하여 모든 성도들이 서로 연결되어 하나의 큰 교회를 이루게 될 것을 말씀하신 것이다. 이와 연관지어 생각해 볼 때, 모든 사도들은 교회를 위하여 기둥 같은 역할을 하게 된다. 요한계시록에서는 예수님의 열두 제자들을 성곽의 열두 기초석과 열두 문에 연관지어 묘사하고 있다.

"또 내가 보매 거룩한 성 새 예루살렘이 하나님께로부터 하늘에서 내려오니 그 예비한 것이 신부가 남편을 위하여 단장한 것 같더라 ... 크고 높은 성곽이 있고 열두 문이 있는데 문에 열두 천사가 있고 그 문들 위에 이름을 썼으니 이스라엘 자손 열두 지파의 이름들이라 동편에 세 문, 북편에 세 문, 남편에 세 문, 서편에 세 문이니 그 성에 성곽은 열두 기초석이 있고 그 위에 어린 양의 십 이 사도의 열두 이름이 있더라"(계21:2,12-14)

성경은 예수님의 열두 제자들이 신령한 영적 건축물인 전체 교회를 위한 중요한 기초와 뼈대가 된다는 사실을 말해주고 있다. 이는 저들을 통해 주어진 이 교훈이, 모든 성도들이 의지할 수 있는 배경이 되며 힘을 받는 근거가 된다. 하나님께서 그들을 불러 특별히 세우지 않으셨다면 지상 교회가 제대로 세워질 수 없었던 것이다.

이런 차원에서 볼 때 사도교회 시대에 걸쳐 야고보, 게바, 요한이 교회

를 위한 든든한 기둥과 같은 역할을 했다.[22] 물론 이들 이외에 더 많은 사
도들이 있었을 것은 두 말할 나위 없다. 하지만 바울이 갈라디아서를 기록
할 당시 세 사람은 예루살렘 공의회를 대표하는 지도적 위치에 있었던 것
으로 보인다.

하나님께서 특별한 계시를 통해 바울을 그 공의회로 인도하셨던 것은
저들로 하여금 이방인들 가운데서 예수 그리스도의 복음을 선포하는 바
울의 사도성을 다시금 확증토록하기 위한 의도와 연관되어 있다. 따라서
예루살렘에 있던 사도들은 바울과 바나바에게 교제의 악수를 나누었

---

22) 바울은 갈라디아서 2:9에서 '야고보와 베드로와 요한'을 특별히 언급하며,
'교회를 위한 기둥 같은 사도들'이라는 사실을 언급하고 있다. 그런데 여기서 언
급된 야고보는 예수님 동생 야고보이다. 신약성경에는 위의 이름들이 특별히 동
시에 열거된 경우가 많이 나타나고 있다. 예수님께서는 변화산 사건이 일어날 때,
'베드로와 야고보와 요한'을 데리고 올라가셨다(마17:1). 그리고 회당장 야이로
의 딸이 죽었을 때 위의 세 제자들을 특별히 데리고 그의 집을 방문하셨다(막
5:37). 또한 십자가를 지시기 전 겟세마네 동산에서 기도하실 때도 그 세 명의 제
자들을 데리고 따로 가셨다(마26:37; 막14:32,33). 물론 그 세 사람은 예수님의 열
두 제자들에게 속한 제자들이었다. 이는 나중의 사건들과 더불어 생각해 볼 때 일
종의 구속사적인 의미를 암시하고 있는 것으로 이해할 수 있다. 갈라디아서 2장
에서 야고보와 베드로와 요한 세 명이 기둥 같은 사도들로서 그 이름이 열거되는
데 그 가운데 야고보는 예수님의 제자 야고보가 아니다. 야고보는 헤롯에 의해 처
형당했는데, 그 시기는 적어도 헤롯 아그립바 1세의 통치기간인 AD37-44년 사이
에 발생한 사건이었다(행12:1,2). 갈라디아서 2장에 언급된 야고보는 예수님의 동
생으로서 사도행전 15장에 기록된 야고보와 동일 인물인 것이 분명하다. 우리는
여기서 매우 중요한 문제를 생각해 보게 된다. 예수님의 동생 야고보는 예수님이
육체로 살아계실 때 형에 대해 심한 반감을 가지고 있었다. 그러나 예수님께서 십
자가 사역을 완성하시고 부활 승천하신 후에는 그의 신실한 제자가 되었다(행
1:13,14 참조). 그후 그는 사도의 계열에 속한 자로 인정받게 된다. 또한 우리가 이
와 더불어 생각해 볼 수 있는 사실은 그보다 나중 세배대의 아들 야고보가 죽었을
때 그를 대신할 자로 예수님의 동생 야고보가 추대되었을 것이라는 점이다. 그리
하여 그는 예루살렘 공의회의 중요한 지도자가 될 수 있었을 것이다. 그러므로 우
리는 갈라디아서에서 바울이 '야고보와 베드로와 요한'을 함께 언급한 사실을
통해, 예수님께서 살아계실 때 종종 특별한 임무를 부여받은 야고보를 대신하여
예수님 동생 야고보가 그 자리에 들어감으로써 사도교회 시대의 구속사적인 사
역을 지속적으로 감당했던 것으로 이해할 수 있다.

다.[23] 이는 저들이 동일한 하나님과 예수 그리스도께 속한 자들임을 확인하는 의미를 지니고 있었다.

우리가 여기서 반드시 기억해야 할 중요한 사실은 그 기둥과 같은 제자들이 바울과 바나바에게도 하나님의 은혜로 말미암아 사도 직분을 소유하게 된 자들이라는 사실을 또다시 확증하게 되었다는 점이다. 이는 그들이 바울의 외모나 행동을 보고 그렇게 인정한 것이 아니라 예루살렘 공의회의 사도적인 권위와 하나님의 계시를 통해 그 사실을 알고 재차 확인하게 된 것이다. 우리는 공의회가 공식적으로 확증하지 않는 사도란 결코 존재할 수 없다는 사실을 반드시 기억해야만 한다.

그때 예루살렘 공의회에 속한 사도들은 그 자리에서 바울과 바나바가 이방인의 사도로 사역하는 문제와 저희는 유대교 배경을 가진 할례자들에게 가서 복음을 전파하는 문제를 두고 논의하게 되었다. 그렇게 하여 자연스럽게 사역의 분담이 이루어졌다. 이 말 가운데는 지상 교회에는 예수 그리스도 외에 어떠한 독보적인 인물도 존재할 수 없다는 사실을 말해주고 있다. 바울은 나중에 자신을 이방인의 사도로 소개하기를 좋아했는데(롬11:13; 딤전2:7 등) 이는 그때 예루살렘에서 논의된 사실을 근거로 하고 있다.

물론 유대인들에게 복음을 증거하는 사도들과 이방인들에게 복음을 전파하는 사도들 사이에 상호 불가침적인 성격이 있었던 것은 아니다. 그들에게 중요한 것은 이땅에 올바르게 세워져야 할 예수 그리스도의 몸된 교회였다. 따라서 형편에 따라 서로 교차하는 사역을 하기도 했다. 그것이 초기 사도교회의 특징을 이루기는 했으나 반드시 지켜야만 할 철칙이었던 것은 아니다.

---

23) 우리 시대에도 직분자를 임직할 때, 안수한 후 '악수례'가 뒤따르는 것이 일반적이다. 이는 갈라디아서에 기록된 교훈을 기초로 하고 있다.

2. 예루살렘 사도들의 특별한 당부 (갈2:10)

예루살렘 공의회는 그전에 이미 바울과 바나바에게 가난한 사람들을 기억하고 돌봐주기를 바라는 특별한 당부를 한 적이 있었다. 바울은 갈라디아 지역에 있는 교회들에 편지하면서 그에 대해서는 자기도 원래부터 힘써 행하던 일이라는 사실을 말했다. 우리는 여기서 사도들의 본질적인 관심이 무엇인지에 대한 생각을 해볼 수 있어야 한다.

우리가 기억해야 할 바는, 이 말이 일반적인 구제 차원의 요구가 아니라는 사실이다. 즉 이 말을 주변의 가난한 사람들을 물질적으로 열심히 도와주라는 의미에 국한시켜서는 안 된다. 오히려 모든 성도들은 교회 안에서 함께 신앙생활을 하는 가난한 성도들을 염두에 두고 있어야 한다는 사실을 말해주고 있다. 이는 물론 지교회 공동체 내부뿐 아니라 보편교회에 속한 흩어진 다른 형제들에 대한 관심도 포함되어 있을 것이다.

경제적으로 여유가 있는 성도들이 가난한 형제들을 기억하는 것은 지극히 당연한 일이다. 만일 그렇지 않다면 그것은 오히려 하나님의 뜻에 반하는 것이 된다. 성도들이 소유한 유무형의 모든 것들은 자기뿐 아니라 형제들을 위해 함께 사용하도록 하나님께서 허락하신 것들이기 때문이다.

사도행전에는, 로마제국의 글라우디오(Claudius) 황제가 통치할 당시 큰 흉년이 들어 유대지역과 예루살렘의 성도들이 큰 기근에 처한 기록이 나타난다. 그때 예루살렘 공의회는 흩어진 교회들을 향해 부조를 요청했던 것으로 보인다. 물론 바울도 그에 따라 각 교회들에게 당부하여 특별히 연보를 거두었다. 바울과 바나바는 그 부조를 들고 두 번째 예루살렘을 방문하여 장로들에게 전달하게 된다.

"그 때에 선지자들이 예루살렘에서 안디옥에 이르니 그 중에 아가보라 하는 한 사람이 일어나 성령으로 말하되 천하가 크게 흉년 들리라 하더니 글라

우디오 때에 그렇게 되니라 제자들이 각각 그 힘대로 유대에 사는 형제들에게 부조를 보내기로 작정하고 이를 실행하여 바나바와 사울의 손으로 장로들에게 보내니라"(행11:27-30); "바나바와 사울이 부조의 일을 마치고 마가라 하는 요한을 데리고 예루살렘에서 돌아오니라"(행12:25)

하나님의 교회는 항상 가난하고 어려운 이웃을 기억해야만 한다. 그것이 성경이 교훈하고 있는 성도들에게 요구되는 삶의 원리이다. 따라서 모든 사도들과 믿음의 선배들은 그렇게 살아가고자 애썼다. 우리가 사도행전에 기록된 바울의 행적과 연관된 본문에서 볼 수 있는 것은, 각 성도들이 '힘대로' 연보했다는 사실이다. 거기에는 성실한 신앙인의 모습이 드러날 뿐, 강압적이거나 부담을 지우려는 분위기가 전혀 보이지 않는다.

그리고 이방에 흩어진 교회들이 유대 지역에 살고 있는 어려운 형제들을 위한 '구체적인 사안을 두고' 연보한 것을 볼 수 있다. 이는 모든 성도들이 보편교회에 대한 올바른 인식을 해야만 한다는 사실을 말해주고 있다. 오늘날 우리 시대의 교회들도 이와 같은 정신으로, 어려움을 당하는 형제들에 대한 관심을 가지고 실행해야만 한다.

예루살렘 공의회가 이방 지역에 있는 교회들을 향해 그와 같은 특별한 당부를 한 것은 사도들 자신이 그렇게 하라는 말이라기보다 교회 가운데서 그에 대한 올바른 가르침을 베풀라는 의미를 지니고 있다. 물론 사도들이 앞서 솔선수범率先垂範했을 것은 분명하다. 그럼에도 불구하고 신앙이 어린 교회나 잘못된 교회는 경제적인 부를 개인적인 축복인 양 간주하는 것이 보통이다. 하지만 그것들은 개인의 치부나 만족을 위한 것이 아니라 교회와 성도들이 함께 살아가는 방편이 되어야 한다.

성도들은 이 세상에서 혼자만 여유롭게 잘 살아가는 것을 목적으로 삼지 않는다. 개별 성도들이 물질적으로 풍요롭게 살아가는 것 자체를 두고 하나님으로부터 '복 받은 삶'이라 말할 수 없다. 우리는 교회 안에서 형제들 가운데 지나친 궁핍으로 인해 고통을 당하거나 시험에 드는 자가 없는지 겸손한 자세로 주의 깊게 살펴보아야 할 의무가 있다. 그렇게 함으로써 성도들 사이에 공평케 하는 원리가 적용될 수 있는 것이다. 사도 바울은 고린도 교회에 보내는 두 번째 편지에서 그점을 분명히 언급하고 있다.

> "이는 다른 사람들은 평안하게 하고 너희는 곤고하게 하려는 것이 아니요 평균케 하려 함이니 이제 너희의 유여한 것으로 저희 부족한 것을 보충함은 후에 저희 유여한 것으로 너희 부족한 것을 보충하여 평균하게 하려 함이라 기록한 것 같이 많이 거둔 자도 남지 아니하였고 적게 거둔 자도 모자라지 아니하였느니라"(고후8:13-15)

하나님의 몸된 교회에 속한 성도들 가운데 날마다 먹고 살아가는 식량 문제로 인해 지나친 고통을 당하는 자가 있어서는 안 된다. 이스라엘 백성이 시내 광야에 머물 때 날마다 만나와 메추라기를 공평하게 공급받은 것은 그와 밀접하게 연관되어 있다. 물론 일반 역사 가운데는 전쟁이나 기근 등으로 인해 모든 사람들이 함께 식량이 없어 고통을 당할 수 있다. 그런 경우는 당연히 예외적인 상황으로 이해해야 한다.

또한 우리가 여기서 반드시 기억해야 할 바는 교회 안에 있으면서 성실하지 않고 게으름을 피운 결과 어려움을 당하는 자들에 대해 어떤 교육적인 자세를 취해야 하는가 하는 문제이다. 그런 자들에게도 최소한의 기본 생활에 대해서는 교회가 신경을 써야 할 경우가 있다. 하지만 그들에 대해서는 교회적으로 특별한 교육을 동반한 관리가 요구된다. 바울은 데살로니가 교회에 보내는 편지에서 그에 대한 분명한 교훈을 주고 있다.

> "우리가 너희와 함께 있을 때에도 너희에게 명하기를 누구든지 일하기 싫어하거든 먹지도 말게 하라 하였더니 우리가 들은즉 너희 가운데 규모 없이 행하여 도무지 일하지 아니하고 일만 만드는 자들이 있다 하니 이런 자들에

게 우리가 명하고 주 예수 그리스도 안에서 권하기를 종용히 일하여 자기 양
식을 먹으라 하노라"(살후3:10-12)

예루살렘 공의회와 사도들은, 교회와 그에 속한 성도들이 항상 가난한
이웃을 염두에 두어야 한다는 사실을 강조하고 있다. 그러나 경제적으로
어려운 형편으로 인해 고통을 당하는 자들은 하나님 앞에서 근면하게 살
아가는 사람이어야 한다는 조건이 붙는다. 즉 일하기 싫어하거나 게으른
자들에 대해서는 쉽게 도움을 주지 말아야 한다.

설령 음식을 먹고 살아가기 어려운 생활 형편에 처한 자라 할지라도 게
으른 자라면 무상으로 도움을 주어서는 안 된다. 그럴 경우에는 적절한 일
거리를 주어서 힘껏 일하게 함으로써 자신의 삶에 대한 책임을 질 수 있도
록 도와주어야 한다. 그래야만 그 역시 변화된 삶의 자세를 통해 다른 어려
운 사람들을 기억할 수 있게 될 것이기 때문이다.

또한 우리가 잊지 말아야 할 점은, 성숙한 성도들은 항상 도움을 주는
자의 형편을 추구할 뿐 아니라 반대의 경우에 대해서도 동일한 생각을 할
수 있어야 한다는 사실이다. 성도들이라면 누구나 여유롭게 살아가면서
가난한 사람들을 도와주기를 원한다. 남에게 도움을 주는 사람이 되기를
원할지라도 자신이 궁핍하여 이웃으로부터 도움을 받는 처지에 놓이기를
원하는 자는 아무도 없다.

하지만 신앙이 성숙한 성도라면, 자기가 심한 어려움을 당해 교회와 이
웃으로부터 도움을 받을 경우에 처할 때 겸손한 자연스러움을 유지할 수
있어야 한다. 그것은 보통 인간들이 내세우는 자존심에 걸린 문제가 아니
다. 타락한 세상에 살아가면서 누가 언제까지 부요하게 살게 될지 누가 언
제 궁핍하게 될지 아무도 모른다. 설령 현재의 형편이 여유로울지라도 언
제든지 심각한 어려움에 빠질 수 있는 가능성이 우리의 눈앞에 놓여 있기
때문이다. 성숙한 성도들은 항상 이에 대한 올바른 개념을 정리해두고 있

지 않으면 안 된다.

　우리가 갈라디아서 2장 10절에 언급된 바울의 말에서 특별히 염두에 두어야 할 점은, 그것이 단순히 구제차원에 머무는 것이 아니라는 사실이다. 보다 중요한 것은 예루살렘 공의회를 중심으로 한 유대 지역의 교회들과 이방 지역에 세워진 교회들이 성령의 끈으로 엮어진 하나의 교회라는 점이다. 따라서 그것은 선택의 문제가 아니라 교회가 마땅히 취해야 할 의무에 해당된다. 이에 대해서는 오늘날 우리 시대의 교회들 가운데도 동일한 의미로 나타나 적용되어야만 한다.

제4장

사도로서 바울의 권위

(갈2:11-14)

(11)게바가 안디옥에 이르렀을 때에 책망할 일이 있기로 내가 저를 면책하였노라 (12)야고보에게서 온 어떤 이들이 이르기 전에 게바가 이방인과 함께 먹다가 저희가 오매 그가 할례자들을 두려워하여 떠나 물러가매 (13)남은 유대인들도 저와 같이 외식하므로 바나바도 저희의 외식에 유혹되었느니라 (14)그러므로 나는 저희가 복음의 진리를 따라 바로 행하지 아니함을 보고 모든 자 앞에서 게바에게 이르되 네가 유대인으로서 이방을 좇고 유대인답게 살지 아니하면서 어찌하여 억지로 이방인을 유대인답게 살게 하려느냐 하였노라

1. 사도 바울의 권위: 베드로를 책망함(갈2:11)

사도의 권위는 개인의 사사로운 판단이나 열정으로 쟁취할 수 있는 성질의 것이 아니다. 나아가 지상에 존재하는 일반적인 교회가 특별한 목적을 위해 그 직분을 부여하려 해서도 안 된다. 그 직분은 오직 하나님께서 자신의 구원 사역을 이룩하시고자 특별히 부르신 성도들에게 맡기신 것이다. 따라서 개인의 능력이나 자격과 무관하게 하나님으로부터 위임받은 사도직의 본질적인 권한에 있어서는 높고 낮음이 없다.

그럼에도 불구하고 어리석은 자들은 사도들 사이에도 그 권위가 차이나

는 것으로 생각하는 경우가 없지 않다.[24] 삼년 동안 예수님과 함께 고생하면서 직접 교훈을 받고 그가 행하시는 모든 기적들을 가까이서 보며 체험한 제자들이, 바울처럼 그런 경험이 전혀 없는 사도들보다 더 높은 권위를 가지는 것인 양 여기는 것이다. 대표적으로 로마 가톨릭교에서는 그와 같은 어처구니없는 주장을 하며 베드로의 사도직 우위권을 내세우고 있다.

하지만 그것은 아무런 성경적인 근거가 없는 잘못된 생각이다. 사도 바울은 갈라디아서에서, 모든 사도들이 예수 그리스도의 특별한 부르심을 받아 상호 평등한 권한을 가진다는 사실에 대한 중요한 증거를 남기고 있다. 그것은 자기와 베드로 사이에서 일어난 한 사건에 연관되어 있다.

예루살렘 공의회 방문을 마친 후 바울과 바나바는 다시 안디옥으로 되돌아왔다. 그때 즈음 베드로가 안디옥을 방문하게 되었다. 이방 지역에 흩어져 있는 여러 교회들을 돌아보기 위해서였을 것이다. 당시 사도 베드로는 구약의 율법과 신약의 복음에 대한 올바른 이해를 하고 있었던 것이 분명하다.

그럼에도 불구하고 베드로는 이방인들과 교제하는 문제에 있어서 주변 사람들의 눈치를 보며 연약한 마음을 먹었다. 즉 이방인들과 아무런 격의 없이 교제하는 것을 부정한 것으로 여기는 유대주의자들을 의식했던 것이다. 그 사실을 알게 된 바울은 그런 태도를 보인 베드로에게 심한 책망을 하기에 이르렀다. 시기적으로 보아 훨씬 나중에 사도로 부르심을 받은 바울이 처음부터 예수님을 따라 다녔을 뿐 아니라 열두 제자들 가운데 가장 영향력이 큰 베드로를 책망했다는 것은 결코 예사롭지 않다.

사도 바울은 진리의 복음을 위해서라면 자신의 모든 자존심을 포기할

---

24) 앞에서 언급한 것처럼, '베드로와 야고보와 요한'이 다른 제자들보다 예수님과 특별히 가까이 하는 경우가 더러 있었지만 그것은 사도직의 권위와는 별개의 문제이다. 하나님으로부터 계시받은 특수한 직분자라는 측면에서는 사도들간에 아무런 차이가 나지 않는다.

수 있는 신앙인이었다. 그는 하나님의 백성을 섬기는 종이 되었다는 사실을 깨달아 알고 있었다. 그에게는 이제 유대인이냐 이방인이냐 하는 종족 문제가 아무런 의미가 없었다. 그에게 소중한 것은 오직 복음에 순종하는 삶이었다. 바울은 고린도 교회에 보내는 첫 번째 편지에서 그 사실을 고백적으로 언급하고 있다.

"유대인들에게는 내가 유대인과 같이 된 것은 유대인들을 얻고자 함이요 율법 아래 있는 자들에게는 내가 율법 아래 있지 아니하나 율법 아래 있는 자 같이 된 것은 율법 아래 있는 자들을 얻고자 함이요 율법 없는 자에게는 내가 하나님께는 율법 없는 자가 아니요 도리어 그리스도의 율법 아래 있는 자나 율법 없는 자와 같이 된 것은 율법 없는 자들을 얻고자 함이라 약한 자들에게는 내가 약한 자와 같이 된 것은 약한 자들을 얻고자 함이요 여러 사람에게 내가 여러 모양이 된 것은 아무쪼록 몇몇 사람들을 구원코자 함이니 내가 복음을 위하여 모든 것을 행함은 복음에 참예하고자 함이라"(고전 9:19-23)

바울은 유대인으로서 아무런 우월감을 가지고 있지 않았을 뿐 아니라 이방인들을 멸시하는 마음이 전혀 없었다. 예수 그리스도의 은혜를 입은 모든 성도들은 종족이나 신분에 상관없이 동등한 하나님의 자녀들이었기 때문이다. 그에게 중요한 것은 하나님의 영원한 뜻에 소망을 두고 살아가는 성도의 삶이었다.

그러므로 안디옥에 머물고 있던 베드로를 향한 당시 바울의 언행은 사도들 사이에 어떤 우위권도 존재할 수 없다는 사실과 모든 사도들은 평등하다는 점을 선언하는 의미를 담고 있다. 나아가 그것은 계시된 말씀을 통해 드러난 교훈에 직접 연관되어 있다. 이와 같은 상황은 오늘날 우리 시대에도 중요한 교훈을 주고 있다. 원리적인 측면에서 볼 때 교회의 직분자들 사이에는 계층적으로 높고 낮음이 존재하지 않는다. 직분의 성격상 더 중요한 영향력을 끼치는 직분이 있지만, 그렇다고 해서 목사와 장로와 집사 사이에 특정 직분자가 우위권을 가지는 것은 아니다.

뿐만 아니라 목사와 목사, 장로와 장로, 집사와 집사 사이에서도 그 권위는 차등 없이 평등하다. 나이나 경륜, 혹은 종교 기관에서의 사역 경험들이 개인적인 차등을 가져 오지 않는다. 이는 우리 한국 교회에서는 반드시 회복되어야 할 중요한 원리적 개념으로 남아 있다. 바울과 베드로가 사도로서 상호 평등했다는 사실은 그 자체적인 의미뿐 아니라 오늘날 우리 시대 한국 교회에 시사하고 있는 바가 매우 크다.

2. 음식을 먹는 문제(갈2:12-14)

사도교회 시대 예루살렘 공의회는 전 세계에 흩어진 교회들에 대해 많은 관심을 기울이고 있었다. 그 가운데 이방인 지역에 세워진 교회들 가운데 가장 미리 세워진 안디옥 교회는 특별한 관심의 대상이었던 것으로 보인다. 그러므로 예루살렘 교회는 그전에 이미 바나바를 그 지역으로 보냈었다. 그런 과정 중에 바울을 통해 모든 상황을 듣고 하나님의 역사하심에 대해 더욱 구체적으로 알 수 있었다.

바울이 예루살렘으로부터 돌아온 지 그리 오래지 않아 베드로가 뒤이어 안디옥을 방문하게 되었다. 그리고 야고보로부터 보냄을 받은 자들이 곧 도착하기로 되어 있었는데, 그것은 야고보가 대표자격으로 되어 있는 예루살렘 공의회가 공적인 일로 저들을 보낸 것으로 이해할 수 있다. 그 즈음 안디옥에서는 베드로로 말미암아 한 문제가 발생했다.

베드로는 안디옥에서 이방인들과 함께 식사를 나누는 기회를 가지게 되었다. 그때 할례를 중시하는 유대주의자들이 그곳으로 왔다. 그러자 베드로는 할례받지 않은 이방인들과 함께 음식을 먹으며 교제를 나누는 문제로 인해 저들로부터 비난받을 것이 두려워 그 자리를 뜨게 되었다. 정통 유대인으로서 이방의 할례받지 않은 자들과 함께 음식을 먹는 일로 인해 비난받기가 싫었던 것이다.

그렇게 되자 교회에 들어온 유대인 배경을 지닌 다른 성도들도 베드로의 행동을 보며 그 영향을 받게 되었다. 심지어는 바나바도 그와 같은 외식으로 인해 유혹을 받았다. 정통 유대인 혈통을 지닌 어린 교인들은 구약의 율법을 적극적으로 따르지는 않았지만, 그리스도의 복음 때문에 그것을 준수하기를 거부하는 점에 대해서는 상당한 부담을 가지고 있었던 것이다.

바울은 베드로의 그런 유약한 태도를 보며 분개하지 않을 수 없었다. 그와 같은 양보는 결국 복음의 본질을 약화시키는 것이 된다. 나아가 그것은 유대인들이 주장하는 율법주의를 교회 안에 남겨둠으로써 지상 교회를 어지럽히는 결과를 가져올 수밖에 없다.

그리하여 바울은 베드로에게 심하게 면책했다. 유대인들의 율법주의를 용납하는 듯한 태도를 보이면서, 복음의 진리에 따라 올바르게 행하지 않는 것을 보고 그냥 넘어갈 수 없었던 것이다. 그것은 물론 성숙한 성도들이라면 당연히 취해야만 할 합리적인 분노의 자세라 말할 수 있다.

그때 사도 바울은 여러 사람들이 보는 앞에서 베드로를 정면으로 책망했다. 하나님의 사도인 그가 유대인 혈통을 가지고 있으면서, 율법에 대해서는 유대인처럼 살지 않고 이방인같이 살아가는 터에 어떻게 이방인들에게 유대인처럼 살도록 강요할 수 있느냐는 것이었다. 이는 당시 사도들을 비롯한 교회에 속한 모든 성도들은 율법주의적 관습에 얽매이지 않았음을 말해주고 있다. 따라서 그런 상황에서 어떻게 이방인들을 위해 하나님의 복음의 본질에 관한 중요성을 말하지 않고 유대인들의 율법주의를 따르게 하려느냐는 것이었다.

바울로부터 확실한 지적을 받은 베드로는 그 앞에서 자기에게는 나름대로 그럴 만한 충분한 이유가 있다는 식으로 변명하지 않았다. 즉 바울의 책망을 전혀 탓하지 않고 그대로 받아들였다. 그는 자기를 합리화시키기 위한 목적으로 신학적인 논쟁을 벌이려고 하지도 않았다. 우리는 이 과정에서 바울과 베드로가 얼마나 성숙한 믿음을 소유한 선배들이었는가 하는 점을 알 수 있다.

바울은 공개적으로 그 문제를 강하게 책망함으로써 여러 신앙인들의 자세가 흐트러지는 것을 방지했으며, 베드로는 바울의 지적을 받고 자기 잘못을 깨달아 그것을 그대로 수용했다. 그와 같은 소문은 삽시간에 전 기독교 세계로 퍼져나갔을 것이 분명하다. 그것을 통해 율법주의에 대한 유혹을 받던 많은 사람들이 원래대로 돌아왔을 것으로 보인다.

여기서 우리의 각별한 관심을 끄는 대목은 바울의 공개적인 책망이다. 어떤 사람들은 직접 창피를 주지 말고 조용히 불러 그의 체면을 살려주면서 권면할 수 있지 않느냐고 생각할지도 모른다. 실상 많은 사람들은 그것이 마치 성숙한 신앙인들이 가져야 할 지혜인 양 생각하기도 한다. 하지만 바울은 전체 교회와 성도들을 위한 간접 교육을 염두에 두고 공개적으로 베드로를 책망했다. 또한 베드로는 상당히 자존심을 상할 만한데도 그에 대해 객관성 있는 신앙의 자세를 유지하고 있었다.

우리는 여기서, 있을 법한 다른 한 경우를 생각해 보게 된다. 당시 바울과 베드로가 하나님의 계시를 통해 깨달아 알고 있던 이방인과 음식 규례에 연관된 모든 내용은 동일했다는 사실이다. 여러 사도들을 통해 계시된 하나님의 복음은 온전히 동일한 성격을 지니고 있었다. 나아가 예수 그리스도를 통해 성취된 그 의미는 사도들뿐 아니라 지상교회에 속하여 저들의 가르침을 받은 성숙한 일반 성도들도 잘 알고 있었을 것이라는 점이다.

그렇다면 사도 바울이 아니라 일반 성도라 할지라도, 베드로의 그와 같은 행위를 보면 잘못이라는 것을 쉽게 알 수 있다. 그럴 경우 평범한 성도들 가운데 한 사람이 바울이 행했듯이 베드로의 잘못을 지적하며 책망할 수 있었을까? 과연 일반 성도들은 사도들의 잘못된 행동을 보면서도 아무

말을 하지 않고 가만히 있는 것이 도리이자 미덕이었을까?

성경의 전체적인 문맥을 감안할 때 우리는 그렇게 생각할 수 없다. 기독교의 기본 원리는 결코 그렇지 않다. 비록 직분을 가지지 않은 일반 성도라 할지라도 성경을 벗어난 사도들의 잘못된 행위를 보게 된다면 겸손한 자세로 그에 대하여 문제제기를 할 수 있었던 것으로 이해해야 한다. 이는 실제로는 거의 발생하지 않는 특이한 경우이기는 하지만 원리상 그래야 된다는 것이다.

그러므로 설령 나이 어린 청년이라 할지라도 사도 베드로에게 예를 갖추어 그에 대한 질의나 지적을 할 수 있다. 그것은 사도에 대한 무모한 도전이 아니라 진리에 대한 확인과 연관되어 있는 문제이기 때문이다. 만일 실제로 그런 일이 발생했다면 사도인 베드로는 성숙한 신앙자세로 말씀에 부합하는 그 청년의 말을 귀담아 듣고 자신의 잘못을 되돌아보며 깊이 뉘우쳤을 것이다.

하지만 이 말은 오늘날 우리 시대에도 누구든지 사도들에 의하여 기록된 성경의 교훈에 도전해도 좋다는 뜻은 아니다. 기록된 하나님의 말씀은 천상으로부터 계시된 절대적인 진리이기 때문에 어느 누구도 감히 그에 시비를 걸거나 도전할 수 없다. 만일 그렇게 하는 자가 있다면 그것은 거룩한 하나님께 저항하는 악행을 저지르는 것과 마찬가지다.

바울과 베드로 사이에 일어난 안디옥에서의 사건을 보면서 우리 자신은 복음의 원리를 떠나 쉽게 외식하지 않는지 깊이 반성을 해볼 필요가 있다. 성숙한 교회와 성도들은 주변에서 전개되는 상황을 지나치게 의식함으로써 진리의 말씀을 통해 확증된 교훈을 떠나 타협하려는 태도를 가져서는 안 된다. 하나님의 진리와 예수 그리스도의 복음은 지상 교회와 세상 가운데서 항상 명확하고 당당해야 한다.

우리는 또한 바울의 공개적인 책망을 받아들이는 사도 베드로의 성숙한 신앙 자세를 소중한 교훈으로 삼아야 한다. 개인이 창피를 당하는 것보다

훨씬 중요한 것이 세상의 악한 사상으로부터 교회가 온전히 지켜져야 한
다는 사실이다. 죄에 빠진 인간들은 항상 자기변명에 익숙하며 자기의 행
동이 틀렸다고 말하기를 싫어하는 것이 일반적이다.

그러나 우리는 바울과 베드로의 성숙한 신앙 자세를 보면서 기록된 성
경 말씀의 원리를 근거로 삼아 옳고 그름을 판단하고 그에 온전히 순종하
는 자세를 가지도록 애써야 한다. 비록 나이가 어린 성도가 목사와 장로 등
직분자에게 말씀을 통해 올바른 조언을 한다면 그 말을 귀담아 들을 수 있
어야 한다. 그렇게 하는 것이 지상 교회의 성숙과 성장에 밀접하게 연관되
어 있기 때문이다.

제5장
율법의 행위와 의의 믿음
(갈2:15-21)

(15)우리는 본래 유대인이요 이방 죄인이 아니로되 (16)사람이 의롭게 되는 것은 율법의 행위에서 난 것이 아니요 오직 예수 그리스도를 믿음으로 말미암는 줄 아는고로 우리도 그리스도 예수를 믿나니 이는 우리가 율법의 행위에서 아니고 그리스도를 믿음으로서 의롭다 함을 얻으려 함이라 율법의 행위로서는 의롭다 함을 얻을 육체가 없느니라 (17)만일 우리가 그리스도 안에서 의롭게 되려 하다 가 죄인으로 나타나면 그리스도께서 죄를 짓게 하는 자냐 결코 그럴 수 없느니라 (18)만일 내가 헐었던 것을 다시 세우면 내가 나를 범법한 자로 만드는 것이라 (19)내가 율법으로 말미암아 율법을 향하여 죽었나니 이는 하나님을 향하여 살려 함이니라 (20)내가 그리스도와 함께 십자가에 못 박혔나니 그런즉 이제는 내가 산 것이 아니요 오직 내 안에 그리스도께서 사신 것이라 이제 내가 육체 가운데 사는 것은 나를 사랑하사 나를 위하여 자기 몸을 버리신 하나님의 아들을 믿는 믿음 안에서 사는 것이라 (21)내가 하나님의 은혜를 폐하지 아니하노니 만일 의 롭게 되는 것이 율법으로 말미암으면 그리스도께서 헛되이 죽으셨느니라

1. 율법의 행위와 예수 그리스도에 대한 믿음(갈2:15,16)

사도 바울은 율법주의에 대하여 강한 문제 제기를 하면서 자기는 본래 이방인 출신이 아니라 유대인이라는 사실을 강조했다. 구약시대 유대인들 은 언약의 테두리 밖에서 출생한 이방인들을 부정한 죄인으로 간주했다. 이는 여호와 하나님을 알지 못하는 것 자체가 죄를 구성하게 된다는 사실

을 의미하고 있다. 따라서 당시 언약을 소유한 민족으로 태어난 유대인들은 이방인으로 태어난 자들과는 근본적으로 다르다는 것이었다.

그럼에도 불구하고 정통 유대인의 혈통을 지닌 바울은 기독교 내의 유대교 신봉자들의 잘못된 주장에 대한 경계의 끈을 늦추지 않았다. 신약성경은, 인간이 하나님 앞에서 의롭게 되는 요소는 율법의 행위에서 생성되지 않는다는 사실을 밝히고 있다. 즉 구약의 율법을 온전히 준수함으로써 의로운 자로 인정받을 수 있는 자는 아무도 없다. 죄에 빠진 인간이 하나님의 법을 완벽하게 지킨다는 것은 불가능한 일이었기 때문이다. 따라서 자신의 열정으로 의롭게 될 수 있다는 생각을 하는 것 자체가 도리어 올바른 신앙 자세가 아니다.

구약의 율법은 인간의 죄를 드러내고 깨닫게 하는 기능을 하게 된다. 하나님께서 언약의 자손들에게 율법을 주신 중요한 목적 가운데 하나는 성도들로 하여금 불법을 행할 수밖에 없는 자신의 형편을 깨닫게 하기 위한 것이었다. 즉 성령 하나님의 도우심으로써 죄인인 자신의 모습을 깨닫는 자들은 예수 그리스도께로 인도받게 된다.

사람이 의롭게 되는 것은 오직 예수 그리스도를 믿음으로 말미암아 허락되는 하나님의 특별한 선물이다. 그것은 인간들이 자기의 판단과 노력을 통해 쟁취할 수 없다. 의로움을 위해 요구되는 그 믿음은 인간들의 종교적인 심성이 아니라 하나님의 선물로서 허락되는 믿음을 의미한다. 사도 바울은 로마서에서 그에 연관된 기록을 남기고 있다.

> "복음에는 하나님의 의가 나타나서 믿음으로 믿음에 이르게 하나니 기록된 바 오직 의인은 믿음으로 말미암아 살리라 함과 같으니라"(롬1:17)

여기서 '믿음으로 믿음에 이르게 한다'는 말은 하나님께서 허락하신 선물로서의 믿음이 성도들의 심령에 믿는 마음을 일으키게 된다는 사실을 의미하고 있다. 즉 하나님께서 주신 '믿음'을 통해 성도들이 예수 그리스도를 믿을 수 있게 된다. 따라서 하나님으로부터 받은 믿음이 없는 상태에서 인간들이 가지는 정신작용으로서의 믿음은 실효성이 없는 것이다. 오직 성령의 도우심을 통해 참된 믿음을 소유하게 되는 것이 매우 중요하다.

사도 바울은, 자기를 비롯하여 하나님을 진정으로 경외하는 모든 성도들은 참 믿음을 소유한 자로서 진정으로 예수를 믿는다는 사실을 고백하고 있다. 예수를 그리스도로 믿는 것은 영원한 생명과 직접 연관되어 있다. 즉 그 믿음으로 인해 하나님으로부터 의로운 자로 인정받아 참 생명을 공급받게 된다.

구약의 율법을 온전히 지킴으로써 의로운 자로 인정받을 수 있는 인간은 이 세상에 아무도 없다. 따라서 율법의 행위를 통해서는 죄 때문에 더러워진 인간을 거룩하게 만들지 못한다. 오직 하나님과의 화해를 이룩하시기 위해 흠 없는 제물로 바쳐진 예수 그리스도의 십자가 사역과 하나님의 은혜로 말미암아 죄를 용서받아 의롭게 될 수 있는 것이다.

우리가 여기서 주의 깊게 생각해 보아야 할 점은 '예수 그리스도를 믿는다'는 사실에 관한 근본적인 문제이다. 이는 단순히 그를 일반적인 믿음의 대상으로 여긴다는 말에 국한되어서는 안 된다. 그 말의 진정한 의미는 구약성경에서 약속되어 온 메시아가, 갈릴리와 예루살렘에서 사역하시고 급기야 십자가에 달려 돌아가심으로써 자기 자녀들을 구원하신 나사렛 예수님이란 사실을 믿는다는 것이다.

다시 말해, 이는 인간이 범죄한 후 창세기 3장 15절에 약속된 '그 여자의 후손' 곧 구약성경에서 예언된 메시아가 십자가를 지시고 승리하신 예수님이라는 사실을 깨닫는 것과 연관되어 있다. 구약시대에는 장차 이땅에 메시아가 오시게 될 사실이 줄곧 예언되어 왔다. 그것이 곧 하나님의 구속사역의 중심에 놓여 있었다.

2. 율법에 대하여 죽음으로써 하나님을 향하여 살게 됨(갈2:17-19)

사탄의 유혹을 받아 멸망에 빠진 아담으로 말미암아 그의 모든 후손들은 죄에 가두어진 상태에 놓여 있게 되었다. 그러므로 죄의 굴레에 갇힌 인간 스스로의 능력으로 의로워진다는 것은 불가능한 일이다. 하지만 어리석은 인간들은 자기의 노력과 열정으로 그렇게 될 수 있는 것처럼 착각한다. 그들은 육체적인 수련이나 정신적인 수양, 혹은 종교적인 수행을 통해 그럴 가능성이 있다고 믿는 것이다.

나아가 예수를 믿는다고 주장하는 자들 가운데서도 그와 같은 양상이 종교적인 요소를 가미한 채 드러나는 경우가 많이 있다. 그런 자들은 구약의 율법을 지킴으로써 하나님 앞에서 의로워질 수 있을 것처럼 여긴다. 우리는 이에 대하여 여간 깊은 주의를 기울여 판단하지 않으면 안 된다.

어리석은 교인들 가운데는 율법을 지키는 자신의 행위를 하나님께서 기뻐하시는 양 믿고 있는 경우를 많이 본다. 이는 민감한 사안이기는 하지만 하나님께서 인간들의 행위를 기뻐하시는 분이 아니라는 사실을 깨닫는 것은 매우 중요하다. 죄에 갇힌 상태에서 전개되는 인간의 모든 행위는 악할 수밖에 없다. 하나님께서는 예수 그리스도 안에서 순종하는 성도들의 삶을 받아들이며 자기 백성들이 그런 삶을 살아가기를 원하지만 그것 자체를 기쁨으로 받아들여 그 위에 의가 더해지지는 않는다.

하나님께서는 오직 예수 그리스도와 그의 십자가 사역을 통해 자기 자녀들을 의롭게 보신다. 즉 하나님의 근원적인 기쁨의 대상은 오직 십자가를 지신 예수 그리스도 한 분밖에 없으며, 우리는 그에게 온전히 속해 있어야 한다. 의롭게 되기 위한 목적을 가지고 그로부터 벗어나 율법적인 행위를 동원한 어떤 노력을 기울인다면 그것은 올바른 믿음에 기초한 것으로 볼 수 없다.

예수 그리스도의 십자가 사역을 온전히 받아들이지 않은 상태에서 주장되는 모든 선행은 도리어 그리스도를 욕되게 하는 것이 된다. 하나님으로부터 인정받을 수 있는 삶은 오직 예수 그리스도 안에 존재할 때만 가능하다. 따라서 인간들이 모든 정성을 기울여 율법을 지키고 일반적인 선을 행하였음에도 불구하고 하나님으로부터는 여전히 멸망당할 죄인으로 간주될 수밖에 없는 것이다.

우리가 여기서 분명히 깨달아야 할 점은 피조물인 인간은 어떤 경우에도 하나님을 원망할 수 없다는 사실이다. 그것은 인간의 판단이 아니라 하나님의 뜻이 중요하다는 것을 말해주고 있다. 설령 예수 그리스도를 염두에 두고 그 안에서 종교적으로 의롭게 되기 위해 모든 힘을 기울여 율법을 준수했다고 하더라도 하나님께서는 그것 자체로 인해 저를 의롭게 보시지는 않는다.

하나님 앞에서는 인간들의 판단에 따라 행해지는 모든 행위가 선한 것으로 인정받을 수 없다. 오히려 인간들의 행위는 거룩하신 예수 그리스도로 말미암아 죄로 선명하게 드러나게 될 따름이다. 그렇다고 해서 우리는 예수 그리스도께서 인간들로 하여금 죄를 더하도록 하시는 분이라고 말할 수는 없다.

사도 바울은 그전에 하나님의 말씀을 통해 증언된 사실 곧 예수 그리스도에 의해 율법이 완성되어 허물어져 버린 사실을 전했다. 그런데 그것을 자기가 다시금 세운다면 스스로 자신을 범법하는 자로 만드는 것과 마찬가지라는 사실을 언급하고 있다. 따라서 그는 예수 그리스도께서 이땅에 오셔서 모든 사역을 감당하셨으므로 더 이상 구약의 율법을 지킬 필요가 없다는 점을 교회 가운데 분명히 교훈했다. 구약의 율법이 예수 그리스도를 통해 그 신령한 역할이 완성되었기 때문이다.

그러므로 바울은 율법에 의해, 자연인으로서 자기 자신이 죽게 되었다는 사실과 그 결과로 말미암아 다시 태어남으로써 율법의 지배에서 완전히 벗어나게 된 사실을 고백했다. 그로 말미암아 이제는 타락한 세상이 아니라 하나님을 향하여 다시 태어나게 되었다. 즉 타락한 세상에 대해서는 죽고 거룩한 하나님에 대해서는 새 생명으로 다시 살게 된다는 것이다.

이는 사도 바울 자신의 모든 삶은 이제 구약의 율법을 준수하기 위한 행위에 얽매이는 것이 아니라 그 자체로서 하나님을 위해 존재한다는 사실을 말해주고 있다. 이 말씀은 사도 바울뿐 아니라 이 세상에 존재하는 모든 성도들에게 공히 적용되어야 할 중요한 교훈이다. 바울은 여기서 구약시대에 특별히 주어진 율법의 기능과 그것이 완성된 결과로서 나타난 하나님의 복음에 관한 사실을 설명하고 있는 것이다.

3. 그리스도와 함께 십자가에 못 박힘(갈2:20)

하나님을 믿는다는 것은 단순히 종교와 신앙적인 관념에 머물지 않는다. 즉 인간의 두뇌로 예수님을 믿는다고 생각하고 말로써 종교적인 표현을 하는 것으로 모든 것이 충족될 수 없다. 참된 신앙은 개인의 사고나 관념에 머무르는 것이 아니라 현실 속에서 실제적인 변화를 동반하여 드러나게 된다.

바울은 갈라디아서 본문 가운데서 자신의 현실적인 존재 의미에 관한 고백을 하고 있다. 그것은 눈에 보이지 않는 신앙에 연결된 정신세계에 국한하여 말하는 것이 아니라 실제적인 삶의 영역에 직접 연관된 사실을 말해주고 있다. 따라서 역사적인 시간으로 보아 이미 오래 전에 있었던 예수님의 십자가 사역이 현재 자기와 어떤 관계에 놓여있는지 그 의미를 분명히 밝히고 있는 것이다.

"내가 그리스도와 함께 십자가에 못 박혔나니 그런즉 이제는 내가 산 것이 아니요 오직 내 안에 그리스도께서 사신 것이라 이제 내가 육체 가운데 사는 것은 나를 사랑하사 나를 위하여 자기 몸을 버리신 하나님의 아들을 믿

는 믿음 안에서 사는 것이라"(갈2:20)

사도 바울은 자기가 예수 그리스도와 함께 십자가에 못 박혔다는 사실을 분명히 밝히고 있다. 이는 장차 그렇게 된다는 의미가 아니라 과거에 자기의 몸이 벌써 그렇게 되었다는 뜻을 지닌다. 나아가 그 상태가 지금껏 진행중에 있다는 점에 밀접하게 연관되어 있다. 성도들은 이를 통해 타락한 세상에서 형성된 이성과 경험을 근거로 한 행위 능력을 포기하게 된다.

그러므로 바울은 자신의 몸이 현재 살아있는 것이 아니라 죽은 상태로 이 세상에 존재하고 있다는 사실을 고백했다. 이 말은 영원한 참된 생명을 의미하는 것으로서 타락한 세상에 대해서는 죽고 하나님을 향해서는 살아 있음을 말해주고 있다. 즉 자연인 상태로서의 그의 몸은 이미 죽었으며 그 대신 거듭 태어난 그의 신령한 몸 안에는 십자가에 달려 돌아가신 그리스도께서 살아계신다는 것이다.

따라서 사도 바울은 복음을 아는 자로서 자기가 육체 가운데 살아가는 것은 인간적인 욕망을 추구하는 목적 때문이 아니라는 사실을 강조하고 있다. 그것은 도리어 사랑하는 자녀를 위해 친히 자기의 거룩한 몸을 속죄와 화목 제물로 내어놓으신 하나님의 아들을 믿는 믿음 안에서 사는 것이라 말했다. 이는 예수 그리스도와 함께 십자가에 못 박혀 죽은 자기는 이제 자기를 위한 인생을 사는 것이 아니라 오직 그리스도의 뜻 가운데 살아간다는 사실을 의미한다. 하나님의 뜻을 올바르게 깨닫게 되면 그와 같은 삶을 살아가는 것이 지극히 당연하고 자연스러운 일이란 사실을 받아들이게 된다.

우리는 이를 공예배 시간을 통해 성도들 가운데 시행되는 성찬의 의미와 결부시켜 생각해 볼 수 있어야 한다. 지상 교회에 속한 성도들이 매주일 천상의 나라로부터 제공된 성찬에 참여하는 것은 자기를 부인하고 예수 그리스도의 신령한 몸을 생명의 양식으로 섭취하는 의례이다. 이는 세상에서의 자기의 삶은 죽고 그대신 십자가에 달려 돌아가신 그리스도의 몸을 근간으로 하는 성찬을 통해 성도들 가운데 실제적으로 거하시는 예수 그리스도가 드러나게 되는 것이다.

4. 성도들에게 허락된 의(갈2:21)

바울은 하나님으로 말미암아 베풀어진 특별한 은혜를 매우 소중하게 여겼다. 이는 하나님께서 자기에게 사람들이 일반적으로 좋아하는 것들을 풍성하게 채워주시는 것을 의미하지 않는다. 또한 하나님의 영원한 은혜는 인간들의 공로에 의해 주어지는 것이 아니란 사실을 기억해야 한다. 사도 바울은 과거에 하나님을 위해 아무것도 한 일이 없었을 뿐더러 그의 몸된 교회를 심하게 핍박한 경력이 있는 악한 인간이었을 따름이다. 따라서 그는 하나님으로부터 이 세상에서의 풍요로운 삶을 제공받고자 하는 기대를 전혀 하지 않았다.

그럼에도 불구하고 하나님께서는 바울을 불러 그보다 훨씬 큰 하나님의 거룩한 사역을 맡기셨으며 복음을 위한 신령한 삶을 살아가도록 인도해주셨다. 그런 외형적인 사역과 사도 직분뿐 아니라 삶의 본질에 있어서 바울은 하나님의 큰 은혜를 입은 사람이었다. 그에게는 더러운 죄성이 온 몸과 삶을 휘감고 있었지만 예수 그리스도의 십자가 사역으로 말미암아 모든 죄를 용서받을 수 있게 된 것이다. 그 모든 것을 통해 바울은 하나님 보시기에 의로운 자로 인정받아 주님의 몸 된 교회를 섬길 수 있었다.

이와 같은 상황은 비록 사도 바울뿐 아니라 지상 교회에 속한 모든 성도들에게 동일하게 적용되어야 할 말씀이다. 창세전에 선택을 받아 하나님의 자녀가 된 자들은 모두가 의로운 자로 인정받는 은혜를 누릴 수 있게 되었던 것이다. 지상 교회에 속한 성도들이 이에 대한 올바른 신앙을 가지게 되는 것은 매우 중요하다.

그렇지만 기독교의 교훈을 받아들였노라고 주장하면서도 여전히 유대교 전통을 신봉하는 자들과 배도자들은 그와 정반대의 주장을 하며 어린 교인들을 미혹했다. 그들은 하나님을 열심히 섬기면서 구약에 기록된 하나님의 율법을 지키고 행해야만 의롭게 되어 구원을 받을 수 있는 것처럼 가르쳤다. 신앙이 미성숙한 교인들과 어리석은 자들은 하나님을 위해 인간들의 특별한 역할이 필요하다는 말에 쉽게 넘어가는 경우가 많다. 어린 자들은 그런 행위들을 통해 자신의 존재에 대한 종교적인 긍지를 가지기를 원하기 때문이다.

그러므로 바울은 저들의 잘못된 주장을 지적하며 인간이 의롭게 되는 것이 율법으로 말미암는다면 하나님의 아들이신 예수 그리스도께서 십자가에 달려 돌아가신 것은 아무런 의미가 없다고 말했다. 인간의 행위로 인해 의롭게 되고 구원을 받을 수 있다면 그리스도가 헛되게 처형당해 죽었다는 것이다. 이는 복음의 근원이 되는 십자가 위에서의 죄 문제를 해결하는 그리스도의 사역이 성도들에게 의를 제공하는 근거가 된다는 사실을 말해 주고 있다.

우리는 여기서 성도들이 소유하게 된 의로움에 대하여 올바른 이해를 할 필요가 있다. 하나님의 자녀들은 그리스도의 십자가 사역을 통해 의롭게 되었지만 이 세상에서 아무런 죄가 없는 상태에서 살아갈 수 있는 것이 아니다. 즉 하나님 보시기에 의인으로 인정받은 상태이면서 동시에 세상에서는 타락한 죄인의 모습으로 살아가게 되는 것이다.

이는 예수 그리스도의 의가 성도들에게 그대로 주입注入되어 죄가 완전히 사라졌다는 것을 의미하지는 않는다. 이 말은 오히려 십자가에 달려 돌아가신 그리스도의 의가 성도들에게 전가轉嫁되어 하나님으로부터 의로운 자로 인정받게 된 것을 의미하고 있다. 따라서 구원받은 성도인 우리는 세상에서는 여전히 죄인이지만 예수 그리스도 안에 존재함으로써 의로운 자로 인정받고 있는 것이다.

갈라디아서 _ 3장

제1장

성도들을 미혹하는 거짓 교사들

(갈3:1-5)

⑴어리석도다 갈라디아 사람들아 예수 그리스도께서 십자가에 못박히신 것이 너희 눈앞에 밝히 보이거늘 누가 너희를 꾀더냐 ⑵내가 너희에게 다만 이것을 알려 하노니 너희가 성령을 받은 것은 율법의 행위로냐 듣고 믿음으로냐 ⑶너희가 이같이 어리석으냐 성령으로 시작하였다가 이제는 육체로 마치겠느냐 ⑷너희가 이같이 많은 괴로움을 헛되이 받았느냐 과연 헛되냐 ⑸너희에게 성령을 주시고 너희 가운데서 능력을 행하시는 이의 일이 율법의 행위에서냐 듣고 믿음에서냐

1. 미혹하는 자들(갈3:1)

사탄의 세력은 우리로부터 멀리 떨어져 있는 것이 아니라 항상 우리 가까이서 집요한 활동을 전개하고 있다. 사탄은 결코 자기편에 속해 있는 자들을 유혹하지 않는다. 하나님과 아무런 상관이 없이 이미 자기 수하에 두고 있어 자기를 따르는 자들에 대해서는 달리 유혹할 필요가 없다. 그런 자들에 대해서는 자기의 사악한 목적을 달성하기 위해 적극적으로 이용할 따름이다.

하지만 어리석은 인간들은 자기가 사탄의 수하에 놓여있으면서 이용당

하고 있다는 사실을 전혀 인식하지 못한다.[25] 간교한 사탄이 악한 자들을 이용하여, 저들에게 매혹적인 미끼와 달콤한 단물 몇 방울을 떨어뜨려 주면 아무것도 분간하지 못하고 목숨을 내놓고 저를 추종한다. 죄에 빠진 자들에게는 아무런 분별력이 없기 때문이다.

사탄은 결코 우락부락하거나 무서운 인상을 쓰며 나타나지 않는다. 오히려 부드러운 모습으로 가장하여 광명한 천사처럼 나타난다. 저를 추종하는 자들도 겉으로는 그와 같은 태도를 보이게 된다. 이에 대해서는 예수님께서 제자들에게 말씀하셨으며, 사도 바울도 고린도 교회에 보내는 두 번째 편지에서 그에 대한 언급을 하고 있다.

> "거짓 선지자들을 삼가라 양의 옷을 입고 너희에게 나아오나 속에는 노략질하는 이리라"(마7:15); "저런 사람들은 거짓 사도요 궤휼의 역군이니 자기를 그리스도의 사도로 가장하는 자들이니라 이것이 이상한 일이 아니라 사단도 자기를 광명의 천사로 가장하나니 그러므로 사단의 일군들도 자기를 의의 일군으로 가장하는 것이 또한 큰 일이 아니라 저희의 결국은 그 행위대로 되리라"(고후11:13-15)

이처럼 악한 자들은 하나님의 백성을 미혹하기 위해 온갖 다양한 수단과 방법들을 다 동원한다. 그런 자들은 세상 가운데서 종교적인 묘한 교태를 부리며 어리석은 자들을 향해 추파를 던진다. 그들은 사나운 이리의 본성을 감춘 채 부드러운 양의 탈을 쓰고 선지자로 행세하게 된다. 또한 근엄한 종교인의 행세를 하며 자기가 마치 의로운 일군이라도 되는 양 가장하

---

25) 사탄에게 속한 거짓 교사들은 크게 두 부류로 나누어진다. 한 부류는 악한 사탄에게 속해 있으므로 인해 의도적으로 하나님의 자녀들을 꾀어내는 자들이다. 그들은 자신의 종교적인 목적을 달성하기 위해 항상 거짓증언을 일삼는다. 이에 반해 또 다른 한 부류는 자기가 사탄에게 속하여 악을 행한다는 사실을 인식하지 못한 채 악한 자들의 편에 서 있는 자들이다. 그들은 악의적이지 않지만 무지한 상태에서 사탄을 추종하는 자가 되어 교회를 어지럽히며 성도들을 미혹한다.

고 다닌다.

그러므로 지혜로운 자들은 저들의 악한 본성을 정확하게 파악하고 주시해야만 한다. 그것을 위해서는 항상 하나님의 말씀을 묵상하며 진리에서 떠나지 말아야 한다. 여간 주의 깊게 살피지 않으면 신앙이 어린 자들은 저들에게 속아 넘어가기 십상이다. 하지만 거짓에 가득 찬 그들이 아무리 그럴듯한 종교행위를 한다고 할지라도 결국은 영원한 저주의 영역에 다다르게 될 따름이다.

우리가 여기서 중요하게 생각해 보아야 할 문제는 교회에 속한 하나님의 자녀들을 보호하는 일이다. 사탄과 그의 세력들은 기독교의 언저리를 맴돌며 교회를 어지럽히는 일을 지속하고 있다. 그렇게 함으로써 신앙이 어린 교인들을 찾아내어 미혹하고자 한다. 그 과정에서 순진한 사람들을 유혹하여 엄청난 상처를 입힌다. 또한 그것을 통해 지상 교회를 공격하며 약화시키기 위한 모든 노력을 기울인다.

하나님께 저항하는 악한 자들은 신앙이 어린 교인들을 향하여 예수 그리스도에 대한 믿음만으로는 부족한 듯이 선전한다. 구원을 받기 위해서는 그에 상응하는 율법적 행위가 따라야 하는 것처럼 가르친다. 그러나 그것은 십자가를 통한 예수 그리스도의 전적인 구원 사역을 부인하고 하나님을 온전히 의지하지 못하도록 만드는 것에 지나지 않는다. 인간들의 행위가 구원의 조건이 된다고 가르치는 것은 참된 신앙에 기초하는 것이 아니다.

그러므로 지상 교회에 속한 성도들은 항상 두 눈을 부릅뜨고 주변의 실상을 살펴 경계해야 한다. 기독교 주변과 세속화된 교회 가운데, 그럴듯하고 재미있어 보이며 화려한 형태를 띠고 있을수록 예의주시하지 않으면 안 된다. 건전한 교회와 그에 속한 성숙한 성도들은 그렇게 함으로써 신앙이 미숙한 교인들을 보호해야 할 의무가 있다.

하지만 갈라디아 교회 교인들 가운데는 거짓 주장을 앞세운 교사들의 감언이설甘言利說에 속아 넘어간 자들이 많이 있었다. 그런 사람들은 스스로 하나님을 위하여 열성을 내며 자신의 취향에 따른 종교적인 행위를 함으로써 하나님으로부터 그것을 인정받고 싶어 했다. 그것이 자기를 위한 구원과 상급의 조건이 되는 것으로 여겼던 것이다. 그러나 그와 같은 종교적인 노력은 하나님의 요구와는 거리가 먼 극도로 어리석은 행위에 지나지 않았다.

2. 성령과 육체, 율법과 믿음(갈3:2-5)

사도 바울은 갈라디아 지역의 여러 교회에 속한 성도들에게 다시금 신앙의 본질과 원리에 대한 교훈을 주고자 했다. 지금 바울이 쓴 편지를 하나님으로부터 계시된 말씀으로 받아들여야 할 자들은 구원의 반열에 들어선 성도들이다. 믿음 가운데 서 있어야 할 그런 자들이 거짓 교사들로부터 미혹당해 흔들리고 있었던 것이다.

바울은 우선 갈라디아 교회의 일부 교인들을 향해 책망하듯이 강하게 다그쳤다. 하나님의 성도가 된 것이 과연 율법의 행위로 말미암은 것인지 아니면 믿음으로 인한 것인지 물었다. 이는 물론 바울이 저들의 답변을 들어보고자 한 것이 아니라, 저들이 이미 복음의 내용을 잘 알고 있다고 판단한 상태에서 꾸짖고 있는 것이었다.

그렇지만 갈라디아 교회 성도들 가운데는 그 명백한 진리를 알고 있으면서 마음이 흔들리는 자들이 상당수 있었다. 이는 저들이 하나님의 약속을 온전히 의존한 것이 아니라 이성과 경험에 의존하고 있었기 때문에 발생한 문제였다. 어리석은 자들은 자신의 율법적 행위를 통해 하나님과 사람들로부터 인정받기를 원했던 것이다.

바울은 그런 자들의 어리석음을 강하게 책망하고 있다. 즉 하나님을 믿는다고 주장하면서 성령으로 시작했다가 이제는 아무런 보장성이 없는 육

체적 행위로 끝마치겠느냐고 질책했다. 그들이 그동안 예수 그리스도로
인한 복음 때문에 숱한 괴로움을 당했던 것이 과연 아무것도 아닌 헛된 과
거가 되어버렸느냐고 물었던 것이다.

당시 예수를 그리스도로 믿어 영접한다는 것은 그 자체로서 핍박을 동
반하는 것이 일반적이었다. 특히 유대인 배경을 가진 자들에게는 더욱 그
러했다. 기독교를 받아들이는 것은 유대교에 대한 배신행위로 간주되었기
때문이다.

그러므로 바울이 언급한 이 말을 통해 우리가 알 수 있는 점은, 저들이
그전에 그리스도의 복음으로 인해 상당한 고통을 당한 적이 있었다는 사
실이다. 그때는 하나님의 복음으로 인한 고난을 나름대로 달게 받았었다.
그런 자들이 거짓 교사들의 달콤한 유혹에 넘어가 다시금 유대교 전통으
로 돌아가려고 했다. 그것은 그들이 참된 진리에 대한 방향감각을 상실했
다는 사실을 말해주고 있다.

이에 대해서는 오늘날 우리 역시 깊은 주의를 기울여야만 한다. 잘못
된 신학적인 풍조는 율법주의뿐 아니라 자유주의, 세속주의, 기복주의,
신비주의, 은사주의 등 실로 다양한 형태를 띠고 있다. 따라서 말세의 혼
탁한 시대 가운데 존재하는 교회와 성도들은 정신을 바짝 차리지 않으면
안 된다.

그와 같은 풍조들에 맞서 싸우기 위해서는 일반적인 다짐과 정신 상태
를 다지는 것만으로 충분하지 않다. 오직 계시된 말씀과 성령 하나님의 도
우심을 통해서만 그 어려운 상황을 극복해 낼 수 있다. 그러므로 성도들은
생명을 약탈하고자 덤벼드는 악한 세력에 저항하며 진리를 분별할 수 있
는 영적인 능력을 배양해야만 한다. 사도 베드로는 그의 서신에서 그에 관
한 기록을 하고 있다.

"근신하라 깨어라 너희 대적 마귀가 우는 사자같이 두루 다니며 삼킬 자

를 찾나니 너희는 믿음을 굳게 하여 저를 대적하라 이는 세상에 있는 너희
형제들도 동일한 고난을 당하는 줄을 앎이니라" (벧전5:8,9)

하나님의 자녀들은 타락한 세상에 살아가면서 계시된 말씀을 통해 영적
으로 바짝 깨어 긴장하고 있어야 한다. 마귀가 하나님의 자녀들을 미혹하
여 삼키기 위해 발악을 하고 있기 때문이다. 천상에 계신 예수님께서 재림
하여 최종 심판을 하실 때가 가까워질수록 그 정도는 더욱 심화된다.

이처럼 사탄에게 속한 악한 자들이 세상에서 기승을 부리는 것은 전혀
이상하지 않다. 문제는 말세의 혼탁한 세상에 살아가는 교인들의 신앙 자
세가 점차 무뎌질 우려가 있다는 사실이다. 이는 세상의 것들에 취하거나
세상이 제공하는 쾌락에 눈이 멀게 되면 진리를 수호하고자 하는 영적인
방어능력이 현저히 떨어진다는 사실을 말해주고 있다.

우리는 지상에 존재하는 참 교회들이 성령 하나님의 사역으로 말미암아
세워진 믿음의 공동체라는 사실을 기억해야 한다. 그러므로 하나님께서는
자기 자녀들을 위해 이땅에 성령을 보내주셨다. 그가 교회 가운데서 능력
을 행하신 것은 인간들의 종교적인 행위의 결과 때문이 아니었다. 그것은
하나님의 전적인 은혜에 근거하고 있으며, 약속의 말씀을 듣고 믿음으로
써 창세전에 선택받은 자들이 그의 자녀로 드러나게 되었다. 지상 교회에
속한 참된 성도들은 그에 대한 올바른 깨달음을 소유하지 않으면 안 된다.

제2장

율법과 참된 복음

(갈3:6-18)

⑹아브라함이 하나님을 믿으매 이것을 그에게 의로 정하셨다 함과 같으니라 ⑺ 그런즉 믿음으로 말미암은 자들은 아브라함의 아들인 줄 알지어다 ⑻또 하나님 이 이방을 믿음으로 말미암아 의로 정하실 것을 성경이 미리 알고 먼저 아브라 함에게 복음을 전하되 모든 이방이 너를 인하여 복을 받으리라 하였으니 ⑼그러 므로 믿음으로 말미암은 자는 믿음이 있는 아브라함과 함께 복을 받느니라 ⑽ 무릇 율법 행위에 속한 자들은 저주 아래 있나니 기록된 바 누구든지 율법 책에 기록된 대로 온갖 일을 항상 행하지 아니하는 자는 저주 아래 있는 자라 하였음 이라 ⑾또 하나님 앞에서 아무나 율법으로 말미암아 의롭게 되지 못할 것이 분 명하니 이는 의인이 믿음으로 살리라 하였음이니라 ⑿율법은 믿음에서 난 것이 아니라 이를 행하는 자는 그 가운데서 살리라 하였느니라 ⒀그리스도께서 우리 를 위하여 저주를 받은 바 되사 율법의 저주에서 우리를 속량하셨으니 기록된 바 나무에 달린 자마다 저주 아래 있는 자라 하였음이라 ⒁이는 그리스도 예수 안에서 아브라함의 복이 이방인에게 미치게 하고 또 우리로 하여금 믿음으로 말 미암아 성령의 약속을 받게 하려 함이니라 ⒂형제들아 사람의 예대로 말하노니 사람의 언약이라도 정한 후에는 아무나 폐하거나 더하거나 하지 못하느니라 ⒃ 이 약속들은 아브라함과 그 자손에게 말씀하신 것인데 여럿을 가리켜 그 자손들 이라 하지 아니하시고 오직 하나를 가리켜 네 자손이라 하셨으니 곧 그리스도라 ⒄내가 이것을 말하노니 하나님의 미리 정하신 언약을 사백삼십 년 후에 생긴 율법이 없이 하지 못하여 그 약속을 헛되게 하지 못하리라 ⒅만일 그 유업이 율 법에서 난 것이면 약속에서 난 것이 아니리라 그러나 하나님이 약속으로 말미암 아 아브라함에게 은혜로 주신 것이라

1. 복의 근원이 되는 아브라함의 믿음(갈3:6-9)

어떤 사람이 의인인가 죄인인가 하는 문제는 겉으로 드러나는 인간들의 일반적인 행위를 보고 판단할 수 있는 성질의 것이 아니다. 겉보기에 매우 윤리적이지만 하나님 보시기에 악한 죄인이 있는가 하면, 전혀 그렇지 않아 보임에도 불구하고 의인으로 인정받는 경우가 있다. 그것은 전적으로 하나님의 보증에 의해 나타나게 된다.

믿음의 조상 아브라함이 의인이라는 사실이 확인된 것도 그의 개인적인 행동과 판단이 아니라 하나님의 은혜와 성경의 약속에 근거했다. 즉 그가 의인이 되었던 것은 율법적인 행위와 상관없이 하나님에 대한 믿음으로 말미암은 것이었다.[26] 따라서 지상 교회에 속한 모든 참된 성도들이 의인이 된 것도 그와 동일한 맥락에서 이해되어야 한다.

올바른 믿음을 소유한 모든 성도들은 아브라함의 영적인 자손이다. 그것은 인간들의 율법 준수에 근거한 종교적인 행위로 인한 것이 아니었다. 죄에 갇힌 상태로 존재하는 인간들에게서는 결코 자발적인 의가 나타날 수 없다. 참된 성도들이 소유한 믿음은 개인의 종교적인 사고와 행동에 따라 특화되는 것이 아니라 믿음의 조상 아브라함의 믿음과 온전히 조화되어야만 한다.[27]

---

26) 우리 시대에 들어와서, 역사 가운데 살았던 건전한 믿음의 선배들이 성경을 근거로 하여 정리했던 오직 믿음으로 말미암은 칭의에 대하여 도전적인 주장을 하는 자들이 생겨났다. 그들은 소위 바울의 새 관점(New Perspective on Paul)을 내세웠다. 그 사람들은 하나님께서 믿음으로 인해 성도들을 처음 의롭게 본 사실을 확정적인 것으로 보지 않는다. 그들은 처음에 허락된 칭의를 유보적인 것으로 간주하여 그 이후 따르는 성도들의 행위를 보고, 하나님께서 종말에 가서 최종적인 구원을 결정하게 된다는 주장을 한다. 그렇게 되면 '성도의 견인'은 무의미한 교리가 되어 버린다. 이와 같은 저들의 주장은 성경적인 것이라 말할 수 없다.

27) 지상교회에 속한 하나님의 자녀들은 항상 자신의 신앙이 독자적이지 않다는 사실을 기억하고 있어야 한다. 참된 신앙은 성경에 기록된 믿음의 조상들의 신앙에 예속되어 있어야 하며, 온 세상에 흩어져 존재하는 교회와 성도들의 신앙과 온전히 조화되어야 하기 때문이다.

구약성경은 이스라엘 백성이 언약 가운데 존재하게 된 것이, 전적인 하나님의 뜻으로 말미암은 것이란 사실을 증거하고 있다. 즉 그들 속에 의로운 성품이나 완전한 행위 능력이 존재했기 때문에 저들이 언약의 범주 안으로 들어올 수 있었던 것이 아니다. 하나님께서는 그 백성을 유기적인 통로로 삼음으로써 이방인 가운데서 은혜로 부르심을 받게 될 자들이 존재한다는 사실을 보여주고 있다.

성경은 창세전의 예정 가운데 존재하는 이방인들을 하나님께서 의로운 자로 인정하게 될 사실을 말해주고 있다. 그것은 믿음으로 말미암은 것이었다. 물론 그 믿음은 전적으로 하나님과 예수 그리스도의 구원 사역에 의해 허락된다. 하나님께서는 아브라함에게 참된 복을 허락하시면서 이방인들 가운데 저로 인하여 복을 받게 될 자들이 있으리라는 사실을 언급하셨다. 따라서 믿음으로 말미암아 구원에 참여하는 모든 성도들은 믿음을 소유한 아브라함과 함께 영원한 복락을 누릴 수 있게 되는 것이다.

2. 율법주의자들에게 내려진 저주(갈3:10-12)

율법주의적인 종교 행위를 강조하는 사람들은 대개 자기의 의를 드러내고자 하는 경향성을 띠고 있다. 그런 자들은 다른 사람들에게 자신의 신앙을 내세우며 자랑하고 싶어 한다. 더구나 하나님의 율법을 지킴으로써 구원에 도달하려는 자들은 그것을 통해 종교적으로 유능하게 보이고자 애쓴다. 그것은 하나님의 은혜를 멀리하고 그 대신 자기 자신을 의지하려는 어리석은 행동에 지나지 않는다.

그와 같은 행위는 저들의 의도와는 상관없이 하나님께서 베푸신 구원의 은혜를 불필요한 것으로 간주하기 때문에 발생하는 문제이다. 그런 자들은 하나님의 은혜를 배경으로 한 십자가 위에서 이룩하신 예수 그리스도의 구원 사역을 거부함으로써 무서운 저주 아래 놓이게 된다. 그들은 아담으로 인해 범죄하게 된 인간의 본질적인 악한 상태와 자기의 더러운 속성을 인정하지 않으려 하기 때문이다.

성경은 하나님의 율법이 악을 드러내고 인간들을 죄에 가두는 역할을 하고 있다는 사실을 증거하고 있다. 하나님께서 언약의 백성에게 주신 율법은 세상에서 종교인들이 제정한 것이 아니라 천상으로부터 주어진 것이다. 따라서 타락한 인간들이 그 거룩한 율법을 다 지킨다는 것은 불가능한 일이다.

만일 인간들이 율법을 준수함으로써 하나님을 만족시키려고 한다면 모든 율법을 완벽하게 지켜야만 한다. 그것은 죄가 전혀 없는 거룩한 상태에서만 가능한 일이다. 따라서 성경에 기록된 모든 규범을 완전히 지키지 않는다면 범법한 자로 간주되어 저주 아래 놓일 수밖에 없다. 따라서 본질상 죄의 상태에 갇힌 인간이 자기의 종교적인 신앙 행위를 통해 모든 율법을 지킬 수 있다고 믿거나 그렇게 하고자 애쓴다면 그것은 하나님을 무시하는 것과 전혀 다르지 않다.

그와 같은 어리석은 사고와 행위를 하는 자들은 자기가 하나님 앞에서 완전히 부패하고 무능한 죄인이라는 사실을 망각하고 있다. 따라서 하나님 앞에서 율법을 지킴으로써 의롭게 될 인간이 하나도 없다는 사실을 깨닫는 것은 매우 중요하다.[28] 사도 바울은 로마에 있는 교회에 편지하면서

---

28) 율법에 대한 올바른 깨달음은 신앙의 성숙을 가져오게 된다. 이는 일반적인 관점에서 말하는 성화를 의미하지 않는다. 즉 율법에 의해 성도들이 점차 거룩하게 변함으로써 윤리적인 사람으로 바뀌어 가는 것이 아니다. 그것은 어느 정도 그럴 수도 있지만 그렇지 않을 수도 있다. 그럼에도 불구하고 율법에 대한 깨달음은 올바른 신앙의 관점을 가지게 한다. 예를 들어 여러 형제가 있다고 가정해보자. 모든 형제들은 다른 성품을 지니고 있으며 제각각 상당한 문제들을 소유하고 있다. 하지만 동생이 잘못하는 것을 보면 좀 더 성숙한 형은 동생을 보고 안타깝게 여기며 올바르게 지도하게 된다. 그것은 자기는 잘하기 때문이 아니라 옳고 그름에 대한 원리를 알고 있기 때문에 나타나는 현상이다. 이처럼 하나님의 율법을 올바르게 깨닫게 됨으로써 교회 가운데 관계적 양상이 드러나게 된다. 즉 그것을 통해 사랑을 배경으로 한 권징사역으로 나타나게 되는 것이다.

그점을 분명히 밝히고 있다.

> "기록한 바 의인은 없나니 하나도 없으며 깨닫는 자도 없고 하나님을 찾
> 는 자도 없고 다 치우쳐 한가지로 무익하게 되고 선을 행하는 자는 없나니
> 하나도 없도다"(롬3:10-12)

범죄한 아담의 후손인 인간들 중에 거룩한 하나님 앞에서 의인이라 불
릴 수 있는 자는 아예 존재하지 않는다. 인간이 의롭게 될 수 있는 유일한
근거는 하나님의 영원한 뜻과 그의 구원사역에 달려 있다. 따라서 하나님
으로부터 의인으로 인정받은 성도들은 믿음으로 말미암아 영원한 생명을
공급받게 된다. 사도 바울은 갈라디아 교회에 편지하면서 인간이 율법의
행위로 말미암아 스스로 의롭게 되는 것은 불가능하다는 사실을 명확하게
밝히고 있다.

바울이 언급하고 있는 그와 같은 교훈은 신약시대에 와서 정립된 자의
적인 사조가 아니다. 그것은 구약성경에서부터 줄곧 선포되어 온 원리적
인 성격을 지닌 교훈이다. 구약시대의 하박국 선지자는 인간들의 율법적
인 행위가 아니라 하나님으로 말미암은 믿음에 의해 구원을 받게 된다는
사실을 선언했으며, 사도 바울이 기록한 로마서에도 그에 관한 분명한 사
실이 나타나고 있다.

> "보라 그의 마음은 교만하며 그의 속에서 정직하지 못하니라 그러나 의인
> 은 그 믿음으로 말미암아 살리라"(합2:4); "복음에는 하나님의 의가 나타나
> 서 믿음으로 믿음에 이르게 하나니 기록된바 오직 의인은 믿음으로 말미암
> 아 살리라 함과 같으니라"(롬1:17)

죄에 빠진 인간이 의롭게 되는 유일한 길은 하나님께서 선물로 주시는
믿음이다. 그 외에 다른 방편은 존재하지 않는다. 사도 바울이 갈라디아 교

회에 보내는 편지 가운데서도 그와 연관된 사실이 드러나고 있다. 즉 구약의 율법적인 행위는 하나님께서 그리스도를 통해 허락하신 믿음과 일치하는 것이 아니라 도리어 대립되는 성격을 지니고 있다는 사실이 명확하게 언급되었다.

그리고 율법을 지키려고 하는 자가 있다면 그 가운데서 지속적인 삶을 살아가야 한다는 사실을 강조하고 있다. 이는 물론 구약의 율법을 문자적으로 준수하면 영원한 구원에 이르게 된다는 것을 의미하지 않는다. 이 말은 도리어 율법을 지키며 살아가는 자들은 그 안에서 인간적인 종교 활동을 이어가게 될 뿐 하나님의 진정한 은혜와 무관하다는 사실을 교훈해주고 있는 것이다.

3. 저주의 십자가(갈3:13)

구약시대 성도들은 하나님께서 성경을 통해 약속하신 대로 메시아가 강림하시기를 간절히 기다렸다. 그가 오셔서 아담으로 인해 세상에 들어온 죄의 문제를 완전히 해결해 주기를 소원했기 때문이다. 따라서 예수 그리스도가 인간의 몸을 입고 이땅에 오셨을 때 그의 백성들은 그 소망의 복음으로 인해 기뻐했다.

인간의 몸을 입고 이 세상에 오신 하나님의 아들이 행하신 가장 중요한 사역은 십자가를 지고 돌아가시는 일이었다. 그것은 죄인들을 위해 흠 없는 화목제물과 속죄제물이 되어 하나님께 바쳐지게 되는 유일한 방편이었다. 그것을 통해 세상을 지배하고 있던 죄의 문제가 원천적으로 해결되었던 것이다.

사도 바울은 예수님께서 지신 십자가를 '저주의 십자가' 라 표현하고 있다. 이 말은 원래 그 십자가는 마땅히 저주받아야만 할 죄인인 인간들이 져야 할 나무라는 사실을 의미한다. 모세 율법에는 나무에 달린 자는 하나님으로부터 저주를 받은 자라는 사실이 기록되어 있다.

> "사람이 만일 죽을죄를 범하므로 네가 그를 죽여 나무 위에 달거든 그 시체를 나무 위에 밤새도록 두지 말고 당일에 장사하여 네 하나님 여호와께서 네게 기업으로 주시는 땅을 더럽히지 말라 나무에 달린 자는 하나님께 저주를 받았음이니라" (신21:22,23)

구약성경은, 나무에 달려 사형에 처해지는 것은 죽을 죄를 범한 자들에 대한 무서운 형벌이라는 사실을 밝히고 있다. 그리고 그것은 하나님의 저주를 받는 것이라고 분명히 규정했다. 이처럼 예수 그리스도께서 나무 십자가에 달려 돌아가신 사건은 영원한 사망에 연관된 죄책으로 인해 저주를 받는 역사적인 현장이었다. 그것은 원래 반드시 죽어야만 할 죄인들이 받아야 할 저주의 형벌이었던 것이다.

그런데 인간의 몸을 입은 거룩한 성자 하나님께서 아무런 죄가 없는 상태에서 십자가를 지고 모진 고통을 당하셨다. 이는 그가 죄인들을 대신하여 그 십자가를 지심으로써 저들이 받아야 할 저주를 대신 담당하셨음을 말해준다. 이것이 교회에 속한 성도들에게 주어진 복음의 핵심이다.

하나님의 자녀들이 영원한 용서를 받게 된 것은, 인간이 받아야 할 저주를 예수님께서 친히 자신의 거룩한 몸에 받아들임으로써 모든 문제를 단번에 해결하셨기 때문이다. 히브리서 기자는 그에 대한 언급을 하고 있다. 즉 그가 십자가에 달려 고난을 당하신 것은 자기 자녀들의 죄를 담당하고 영원한 구원을 베풀기 위해서라는 것이다.

> "그리하면 그가 세상을 창조할 때부터 자주 고난을 받았어야 할 것이로되 이제 자기를 단번에 제사로 드려 죄를 없게 하시려고 세상 끝에 나타나셨느니라 한번 죽는 것은 사람에게 정하신 것이요 그 후에는 심판이 있으리니 이와 같이 그리스도도 많은 사람의 죄를 담당하시려고 단번에 드리신 바 되셨

고 구원에 이르게 하기 위하여 죄와 상관없이 자기를 바라는 자들에게 두 번째 나타나시리라" (히9:26-28); "이 뜻을 좇아 예수 그리스도의 몸을 단번에 드리심으로 말미암아 우리가 거룩함을 얻었노라" (히10:10)

이 말씀은 지상 교회에 속한 하나님의 자녀들에게 있어서 가장 소중한 소망이자 감사의 제목이 된다. 예수님께서 저주의 십자가에 달려 돌아가신 것은 우리에게 임한 저주를 대신 받기 위해서였기 때문이다. 그러므로 하나님의 자녀들이 이 세상을 살아가야 할 유일한 의미는 우리에게 베푸신 하나님의 사랑과 그리스도의 은혜에 직접 연관되어 있다. 그로 말미암아 십자가에 달려 돌아가셨다가 부활 승천하신 예수 그리스도께서 장차 이땅에 재림하셔서 모든 성도들에게 영원한 은총을 베푸시게 되는 것이다.

4. 아브라함의 복과 그리스도 예수(갈3:14)

예수님께서 십자가를 지고 돌아가신 것은 자기 백성들을 자기 안에 받아들이기 위한 은혜의 방편이었다. 그가 홀로 나무 십자가를 지셨지만 그의 모든 자녀들은 실질적인 의미상 그 안에 들어가 있었다. 그를 십자가에 달아 죽이는 자들은 그 사실을 전혀 인식할 수 없었지만 성자 하나님이신 그리스도께서는 신비한 방편을 통해 창세전에 이미 자기에게 속해 있던 모든 성도들을 자기 안에 끌어안고 그 십자가를 지셨던 것이다.

예수님의 십자가 사건은 창세기 12장 2절에 기록된 '복'에 직접 연관되어 있다. 하나님께서는 아브라함을 부르실 때 복을 주기로 약속하셨으며 그가 '복의 근원'이 되리라는 말씀을 하셨다. 이는 그가 진정한 복 자체가 되시는 예수 그리스도의 혈통과 더불어 언약의 조상이 된다는 의미를 지니고 있다.

사도 바울은 갈라디아서 본문 가운데서 그 복이 아브라함의 혈통적 자손들뿐 아니라 예수 그리스도 안에 속한 이방인들에게도 미치게 되었음을 말하고 있다. 이는 아브라함의 복이 이스라엘 민족에게 제한적으로 허락되는 것이 아니라 이방인들 가운데 그 복을 누릴 자들이 있다는 사실을 의미한다. 이에 대해서는 아브라함의 할례 언약 가운데 잘 나타나고 있다.

> "하나님이 또 아브라함에게 이르시되 그런즉 너는 내 언약을 지키고 네 후손도 대대로 지키라 너희 중 남자는 다 할례를 받으라 이것이 나와 너희와 너희 후손 사이에 지킬 내 언약이니라 너희는 양피를 베어라 이것이 나와 너희 사이의 언약의 표징이니라 대대로 남자는 집에서 난 자나 혹 너희 자손이 아니요 이방 사람에게서 돈으로 산 자를 무론하고 난지 팔일만에 할례를 받을 것이라 너희 집에서 난 자든지 너희 돈으로 산 자든지 할례를 받아야 하리니 이에 내 언약이 너희 살에 있어 영원한 언약이 되려니와 할례를 받지 아니한 남자 곧 그 양피를 베지 아니한 자는 백성 중에서 끊어지리니 그가 내 언약을 배반하였음이니라"(창17:9-14)

아브라함의 할례 언약 가운데는 이스라엘 민족에 속하지 않은 이방인들에게도 하나님의 언약이 개방된다는 사실이 선명하게 드러나고 있다. 하나님께서는 이방인들이라 할지라도 언약의 울타리 안으로 들어왔다면 그 아들에게 팔일 만에 할례를 받도록 요구하셨다. 이 말은 하나님의 구원에 연관된 모든 것들이 유대인의 혈통을 넘어 이방인들에게도 개방된 사실을 말해주고 있다.

즉 하나님께서 아브라함을 불러 특별한 민족을 조성하고 언약의 왕국을 세우시고자 하는 것이 단순히 혈통 중심의 민족주의적 의도가 아니라는 사실을 보여준다. 그리하여 바울은 갈라디아서 본문 가운데 이에 연관하여 아브라함의 복이 이방인에게 미친 사실에 대한 명시적인 언급을 하고 있다. 하나님께서는 그것을 통해 모든 성도들로 하여금 믿음으로써 성령의 약속을 받게 하려 한다는 점을 강조했다.

이는 유대인들의 율법주의적인 행위가 구원을 위한 조건이 되는 것이 아니라는 사실을 말해주고 있다. 따라서 하나님의 자녀들은 그리스도의 지상 사역을 마치신 이후 뒤이어 강림하신 성령의 약속에 따라 온전한 구원에 참여하게 된다. 바울은 여기서 율법적인 행위가 의를 이루지 못하며 오직 예수 그리스도를 믿는 믿음으로 말미암아 참된 의를 얻어 영원한 구원에 참여하게 된다는 사실을 말하고 있다.

5. 하나님의 약속: 그리스도(갈3:15,16)

사도 바울은 갈라디아 지역의 여러 교회에 속한 성도들에게 하나님의 언약에 관한 구체적인 설명을 하고자 했다. 그는 먼저 사람들의 일반적인 관례를 들어 사람과 사람 사이에 맺어진 언약(covenant)에 대해서도 한번 맺어지게 되면 아무렇게나 그것을 폐하거나 더하지 못한다는 사실을 강조했다.[29] 하물며 하나님께서 '아브라함과 그의 자손'에게 맺으신 거룩한 언약들은 오죽 하겠느냐는 것이었다.

갈라디아서 본문에, 하나님께서 약속하신 대상으로 언급된 자손(the seed)은 여러 사람들을 포함하는 자손들(seeds)이 아니라 오직 '한 사람'을 가리키고 있다. 그는 곧 장차 세상에 오시게 될 예수 그리스도였다. 바울은 이에 관한 설명을 하면서, 하나님께서 믿음의 조상 아브라함과 인간의 몸을 입고 이땅에 오실 예수 그리스도를 대상으로 하신 모든 약속은 절대로

---

29) 우리는 이 말씀에서 혼인 언약을 떠올리게 된다. 언약과 유사한 단어 가운데 계약과 약속이 있다. 계약은 법적인 성격을 지니며 약속은 윤리적 성경을 지니고 있다. 이에 비해 언약은 하나님께서 개입하시는 성격을 띤다. 물론 성경에는 위의 세 가지 의미가 상호 중첩적으로 사용되기도 한다. 갈라디아서 3:16에 기록된 언약은 인간들이 함부로 파기할 수 없는 하나님과 연관된 특별한 의미를 지니는 것으로 이해하는 것이 자연스럽다.

변할 수 없는 성격을 지니고 있다는 사실을 말했다.

오늘날 우리는 구약성경에 기록된 예언의 내용들을 보면서 하나님의 그 언약이 어떻게 진행되고 전개되어 갔는지 그대로 알 수 있다. 그리고 그것이 어떻게 완벽하게 성취되었는지 보게 된다. 하나님께서는 예수 그리스도를 이땅에 보내시기 위해 언약의 민족이나 다양한 인간들을 대상으로 약속하시기 전에 먼저 아브라함과 장차 오시게 될 그리스도를 향해 그 약속을 주셨다.

바울이 언급한 이 내용은 1세기에 존재했던 사도교회 시대뿐 아니라 모든 시대 모든 성도들에게 매우 중요한 의미를 지니고 있다. 왜냐하면 하나님의 그 약속은, 믿음의 조상 아브라함과 성자 하나님이신 예수 그리스도를 대상으로 하여 특별히 맺어진 것이었기 때문이다. 이는 곧 삼위일체 하나님께서 하나님 자신을 근거와 대상으로 삼아 약속하신 것으로 이해해야만 한다. 이를 통해 우리는 창세전에 예정하신 자기 자녀들을 위한 하나님의 놀라운 섭리와 사랑을 엿보게 된다.

6. 아브라함 언약과 모세 율법(갈3:17,18)

사도 바울은 여기서 언약과 율법에 대한 개념과 더불어 상호 관계에 대한 설명을 하고 있다. 우리는 이에 관한 올바른 이해를 하지 않으면 안 된다. 그 둘 사이에는 분명한 관련이 있으면서 동시에 상이한 성격을 지니고 있기 때문이다.[30]

바울은 먼저 이스라엘 백성이 가나안 땅에서 이방의 애굽으로 내려가기 전에 하나님께서 정하신 언약에 대하여 설명했다. 그 언약은 앞에서 언급

---

30) '언약'은 구속사 전체에 연관된 개념인데 반해, '율법'은 모세로부터 예수 그리스도에 이르는 시기의 한시적인 기능을 하고 있다. 물론 그에 연관된 의미와 교훈은 신약시대에도 존속되고 있다.

한 것처럼 아브라함에게 주신 것이며 거기에는 장차 오실 메시아가 포함되어 있었다. 그것은 또한 아브라함의 독자 이삭과 그의 아들 야곱에게 존속되는 성격을 지니고 있었다.

우리가 여기서 주의를 기울여야 할 바는 성경본문의 문맥상 두 사람 즉 아브라함과 그의 '자손'(the seed) 그리스도를 언약의 대상으로 삼으셨다는 사실이다. 그런데 당시에는 아브라함 한 사람이 그 대상이었다. 성경은 아브라함 안에 장차 인간의 몸을 입고 이땅에 오실 그리스도를 포함하고 있음을 설명하고 있다. 그것은 당시에 살고 있던 아브라함과 미래에 오시게 될 그리스도, 즉 두 사람을 향해 그 언약이 주어진 사실을 말해 준다.

이스라엘 자손이 당시 애굽의 총리였던 요셉을 따라 그 이방 지역으로 내려갔을 때 저들은 아브라함과 장차 오실 그리스도를 향해 주어진 약속을 중심에 둔 신앙의 삶을 살아갔다. 그것이 저들이 소유했던 유일하며 진정한 소망이었기 때문이다. 아브라함의 자손들인 이스라엘 백성은 애굽에서 살아가는 동안 하나님께서 저들에게 하신 약속을 항상 마음속 깊이 간직했던 것이다.[31]

이스라엘 백성이 애굽에서 사백삼십(430) 년 동안[32]의 이방 생활을 마칠

---

31) 이스라엘 민족이 애굽에 머물 때 저들의 중요한 신앙의 근거가 되었던 것은 '약속의 땅에 대한 하나님의 약속'과 '조상의 무덤들' 이었다. 약속은 불가시적인 것인데 비해 무덤들은 가시적인 성격을 지니고 있었다. 그들은 가나안 땅에 있는 헤브론의 막벨라 굴에 묻힌 아브라함과 사라, 이삭과 리브가, 야곱과 레아의 무덤을 바라보며 그곳이 저들의 본향이라는 사실을 항상 기억하고 있었다. 그리고 르우벤 대신 야곱의 장자가 된 요셉이 이스라엘 민족을 대표하는 자로서 죽어 애굽에 장사되었을 때, 그는 하나님께서 나중 이스라엘 자손을 약속의 땅 가나안으로 인도하실 때 자기의 유골도 함께 가지고 가도록 유언했다. 그러므로 이스라엘 백성은 그에 대한 기억을 하며 애굽에서는 나그네로 살면서 약속의 땅을 바라보았던 것이다.
32) 이스라엘 민족은 정확하게 430년을 이방의 애굽 땅에서 나그네 생활을 했다. 그 기간은 정확하게 430년으로서 우리의 일반적인 관례대로 계산한다면 430년 × 365일을 애굽에 머물렀던 것이다. 그에 대한 확증이 출애굽기에 기록되어 있다; "이스라엘 자손이 애굽에 거주한 지 사백삼십 년이라 사백삼십 년이 마치는 그

때 즈음 하나님께서는 저들을 약속의 땅으로 인도해내시고자 했다. 그것은 오래전 저들의 조상 아브라함에게 약속하신 유산의 증여 및 상속과 밀접하게 연관되어 있었다. 이스라엘 백성들 가운데 신앙이 성숙한 자들은 그에 대한 분명한 깨달음을 소유하고 있었을 것이 분명하다.

그런데 여호와 하나님께서는 그 백성을 가나안 땅으로 인도하시기 전에 먼저 삭막한 시내 광야로 불러내셨다. 거기서 하나님은 모세를 통해 저들에게 거룩한 율법을 주셨다.[33] 그리하여 출애굽한 이스라엘 백성들은 '아브라함에게 주어진 언약'과 '모세를 통해 주어진 율법'을 동시에 소유하게 되었다.

우리가 여기서 분명히 깨달아야 할 점은 모세의 율법이 아브라함에게 주어진 약속을 약화시키지 않는다는 사실이다. 모세 이후 율법시대에 살아가는 이스라엘 자손들은 율법을 지키며 살아갔지만 그 중심에는 아브라함에게 주어진 하나님의 약속이 존재하고 있었다. 엄격한 의미에서 본다면 율법보다 언약이 중심적인 개념으로 자리잡고 있었던 것이다.

다시 말해 하나님께서 이스라엘 백성에게 허락하시게 될 유업은 모세에 의해 기록된 율법으로 말미암아 주어지는 것이 아니라 창세전부터 있어온 하나님의 약속에 의해 주어질 것이었다. 그 약속은 율법과는 직접적인 상관이 있는 것이 아니라 과정적인 의미를 지니는 것으로 이해할 수 있다. 즉 언약의 자손들이 상속받게 될 유업은 모세의 율법이 아닌 하나님의 약속에 따라 아브라함을 통해 은혜로 허락하신 것이다.

날에 여호와의 군대가 다 애굽 땅에서 나왔은즉 이 밤은 그들을 애굽 땅에서 인도하여 내심을 인하여 여호와 앞에 지킬 것이니 이는 여호와의 밤이라 이스라엘 자손이 다 대대로 지킬 것이니라"(출12:40-42).

33) 하나님께서 이스라엘 백성을 약속의 땅 가나안으로 곧바로 인도하시지 않고, 홍해를 건너 시내광야로 데려가신 목적 가운데는 두 가지 중요한 경륜적인 목적이 있었기 때문이다. 그것은 그 언약의 백성들에게 '하나님의 율법'을 주시고 '거룩한 성막'을 건립하기 위한 것이었다.

이처럼 신약시대 교회에 속한 성도들도 구약의 율법을 지킴으로써 의로워지거나 하나님의 유업을 상속받게 되는 것이 아니다. 그것은 전적인 하나님의 은혜로 말미암아 의롭게 됨으로써 하나님의 것들을 상속받을 수 있게 된다. 사도 바울은 갈라디아 교회 성도들에게 그에 대한 이해를 분명히 하지 않으면 안 된다는 사실을 강조하고 있다.

제3장

율법의 기능과 신구약시대
(갈3:19-25)

⑴⁹⁾그런즉 율법은 무엇이냐 범법함을 인하여 더한 것이라 천사들로 말미암아 중보의 손을 빌어 베푸신 것인데 약속하신 자손이 오시기까지 있을 것이라 ⑵⁰⁾중보(中保)는 한 편만 위한 자가 아니니 오직 하나님은 하나이시니라 ⑵¹⁾그러면 율법이 하나님의 약속들을 거스리느냐 결코 그럴 수 없느니라 만일 능히 살게 하는 율법을 주셨더면 의가 반드시 율법으로 말미암았으리라 ⑵²⁾그러나 성경이 모든 것을 죄 아래 가두었으니 이는 예수 그리스도를 믿음으로 말미암은 약속을 믿는 자들에게 주려 함이니라 ⑵³⁾믿음이 오기 전에 우리가 율법 아래 매인 바 되고 계시될 믿음의 때까지 갇혔느니라 ⑵⁴⁾이같이 율법이 우리를 그리스도에게로 인도하는 몽학 선생이 되어 우리로 하여금 믿음으로 말미암아 의롭다 함을 얻게 하려 함이니라 ⑵⁵⁾믿음이 온 후로는 우리가 몽학선생 아래 있지 아니하도다

1. 율법의 기능(갈3:19-22)

사도 바울은 여기서 율법의 중요한 기능에 대해서 설명하고 있다. 그는 유대주의를 신봉하는 거짓 교사들이 율법을 구원의 방편이 된다는 주장을 하며 선전하는 것을 그대로 방치할 수 없었다. 신앙이 어린 교인들이나 어리석은 자들 가운데는 저들의 말을 듣고 솔깃해 하는 자들이 많이 있었다. 바울은 그와 같은 안타까운 상황을 지켜보며 결코 그렇지 않다는 사실을 강조하고 있다.

바울은 하나님께서 율법을 주신 중요한 목적 가운데 하나는 죄가 무엇

인지 깨닫도록 하기 위한 것이란 사실을 언급했다. 이는 곧 율법이 타락한 인간의 죄를 드러내는 역할을 한다는 의미를 포함하고 있다.[34] 그 율법은 천사들을 통해 허락되었으며 택하신 중재자의 사역을 거쳐 제정되었다(갈 3:19 참조). 이는 구약의 율법은 인간들이 일반적인 사회질서를 유지할 목적으로 만들어낸 것이 아니란 점을 시사하고 있다.[35]

그 율법이 하나님의 천사들의 사역과 더불어 주어졌으되 특별히 선택된 중보자의 손을 빌어 허락되었다는 사실을 기억하는 것은 매우 중요하다. 중보자란 원래 한 편만이 아니라 양쪽 편을 동시에 위하는 입장에 서있다. 여기서 말하는 중보자는 하나님의 사람 모세를 일컫는 것으로 보인다. 율법을 위한 중보자가 필요했던 까닭은 양편 당사자가 있었기 때문이다. 즉 하나님께서 인간들에게 자기가 준 율법을 지키도록 요구하시고 그렇게 하지 않을 경우 죄를 묻게 된다는 것을 의미한다.

이에 반해 언약은 전적으로 하나님께 속한 것이었다. 즉 언약은 인간들에게 이행하여 지키라고 주어진 것이 아니라 그 약속을 주신 여호와 하나님을 신뢰하고 그 언약을 믿도록 주어졌기 때문이다. 우리는 여기서, 율법

---

34) 인간들은 '하나님의 율법'이 없는 상태에서 자기가 진정한 죄인이라는 사실을 깨닫지 못한다. 따라서 불신자들은 자신이 하나님을 배반한 자라는 사실을 모르고 있다. 우리가 주의해야 할 바는, 하나님의 자녀들이 죄인임을 고백할 때도 항상 율법에 비추어보아 그렇다는 사실을 깨달아야 한다는 점이다. 기독교인들은 단순한 윤리적인 문제로 인해 자기가 죄인이라는 사실을 인정하는 것과 다른 시각을 가져야 하는 것이다.

35) 바울이 언급하고 있는 것처럼, 율법은 죄를 드러내고 성도들로 하여금 그것을 깨닫게 하는 기능을 한다. 이와 더불어 우리가 주의 깊게 이해해야 할 바는 율법의 포괄적인 기능이다. 그것은 아브라함 언약, 모세 언약, 다윗 언약과 직접 연관되어 있다. 창세기 12장에 기록된 것처럼 하나님께서 아브라함을 불러 땅과 자손을 약속하실 때, 실상은 장차 세워지게 될 언약의 왕국이 그 가운데 존재하고 있었다. 창세기 17장에 증거되고 있는, 아브라함이 나중 열국과 열왕의 아비가 될 것에 대한 예언은 그것을 확증하고 있다. 그러므로 모세를 통해 주어진 율법은 아브라함 언약에 대한 약속과 연관되어 있으며 그것이 나중에 세워지는 다윗 왕국의 율법이 되었던 것이다.

은 준수하도록 주어졌으며 그렇지 않을 경우 인간이 범죄하게 되는 쌍방적 성격을 지니고 있는데 반해, 언약은 인간들이 믿음으로 받아들이도록 하나님께서 일방적으로 주셨다는 사실이다.

그러므로 하나님께서 이스라엘 백성에게 주신 율법은 결코 그전에 주어진 하나님의 약속에 배치되거나 그것을 거스르지 않는다. 만일 사람들에게 주어진 율법이 인간을 살릴 수 있는 기능을 할 수 있다면 율법 준수를 통해 하나님과 인간 사이에 올바른 관계가 형성될 수 있다. 즉 이스라엘 백성들은 그 율법을 온전히 지킴으로써 하나님과 조화되는 의를 소유할 수 있게 되는 것이다.

그러나 구약의 율법은 인간이 지닌 죄의 본성으로 인해 살리는 기능을 하지 못했다. 그것은 도리어 그것을 온전히 지킬 수 없는 인간들을 죄와 죽음에 가두는 역할을 했다. 하나님께서 자기 백성들을 율법 아래 두셨던 까닭은 예수 그리스도를 믿는 믿음을 소유한 성도들에게 그로 말미암아 약속된 선물을 주시고자 했기 때문이다. 이는 율법의 중요한 기능이, 부패한 인간이 자신의 죄와 무능함을 깨닫게 됨으로써 장차 오시게 될 메시아를 간절히 소망하는 것이란 사실을 말해주고 있다.

2. 율법의 적용 기한(갈3:23)

바울은 구약의 율법에는 적용 기한이 있다는 점을 분명하게 언급하고 있다. 이는 하나님의 언약이 기한을 정할 필요성이 없다는 사실과 크게 대비된다. 우리는 물론 예수 그리스도가 오시기 전 구약시대 전체가 율법이 적용된 시대가 아니었음을 잘 알고 있다. 아담으로부터 노아홍수 전후 시대와 모세 이전의 아브라함 시대에는 모세오경에 기록된 형식의 율법이 존재하지 않았다. 그때도 물론 신앙을 위한 나름대로의 규례가 있었겠지만 모세 율법과는 그 성격이 전혀 달랐다.

우리가 일반적으로 율법 시대라고 일컫는 시기는, 이스라엘 백성의 출애굽 후 시내광야에서부터 예수 그리스도께서 오셔서 그 사역을 완성하실 때까지 즉 모세 율법이 기록되어 적용되던 때를 가리키고 있다.[36) 바울은 그 율법이 약속된 메시아인 예수 그리스도께서 오실 때까지 유효한 법적인 기능을 했다는 점을 강조하고 있다.

다시 말하자면 예수 그리스도께서 이땅에 오시기 전에는 당시 언약의 백성들이 율법 아래 매인 바 되어 있었다. 즉 메시아에 대한 믿음이 구체적으로 계시되어 나타날 때까지 그 율법에 갇혀 있게 되었다. 이는 구약시대 언약의 백성들은 메시아가 오심으로 인해 얻게 되는 자유를 갈망하는 상태에 놓여 있었음을 말해준다. 이처럼 구약의 율법 아래 살던 성도들은 장차 오실 메시아에 대한 믿음과 소망을 가지고 살아갔던 것이다.

율법 가운데 하나님을 섬기는 예법인 제사와 연관된 '의례법'은 예수님의 십자가 사역으로 말미암아 완전히 성취되었다. 또한 언약의 백성으로서 지켜야 할 '시민법'의 경우 그 법정신은 신약시대에도 상황에 따라 유연성 있게 적용될 수 있는 상당한 여지를 남겨두고 있다. 국가를 유지하기 위한 일반적인 규례가 곧 그것들이다. 이에 반해 '도덕법'은 오늘날 교회에 속한 성도들 가운데도 여전히 적용되어야 하며 그것을 통해 타락한 세대와 자신을 포함한 인간에 대한 해석을 지속하게 된다.

3. 신약시대의 구약 율법의 효능(갈3:24,25)

우리 시대에는 구약의 율법이 아무런 의미가 없을 뿐더러 효능 자체가 발생하지 않는다고 일반적인 주장을 해서는 안 된다. 그렇게 되면 율법을 멸시하는 무無율법주의자나 율법폐기론자가 될 우려가 있다. 이에 대해서

---

36) 율법과 언약을 동시에 염두에 둔다면, AD70년 예루살렘 성전이 파괴된 시점까지를 중첩기로 보아 넓은 의미에서 율법이 기능하던 시대로 이해할 수 있다.

는 아브라함에게 주어진 '언약' 이 우리 시대에도 그 의미를 그대로 발산하고 있는 것처럼 모세의 율법도 그러하다. 물론 구약성경에 기록된 율법은 하나님의 자녀들을 지배하는 위치에 있는 것이 아니라 그것을 통해 참된 지혜를 허락한다.

신약시대에 율법으로 말미암아 대두된 심각한 문제는 크게 보아 율법주의와 율법폐기론이다. 율법주의자들은 신약시대에도 구약시대와 마찬가지로 율법을 지켜야만 된다고 주장한다. 그들은 율법을 지키는 행위를 통해 나름대로 의로운 삶에 더욱 가까이 접근하게 되며 그것이 구원의 방편이 될 것으로 생각한다.

이에 반해 율법폐기론자들은 구약의 율법은 신약시대에는 더 이상 아무런 의미가 없다고 주장한다. 그리스도께서 이미 완전한 자유를 주셨기 때문에 그 자유를 누리면 된다고 여기는 것이다. 그것은 결국 타락한 본성을 지닌 인간들로 하여금 방종으로 흘러가도록 만들며 하나님의 뜻을 멀리하고 자기 욕망대로 살아가게 만든다. 우리 시대에는 율법주의도 위험하지만 율법폐기론도 위험하기는 마찬가지다.

우리가 각별히 주의해야 할 바는 율법의 적용 기한이 있다고 해서 신약시대에는 율법이 더 이상 아무런 의미가 없는 것으로 이해해서는 안 된다는 사실이다. 현대 교회 가운데도 그 율법 정신은 그대로 존속하고 있다.[37] 물론 예수 그리스도와 그의 사역을 통해 모든 율법이 완성된 후에는 원리적으로 해석되는 가운데 그 의미를 받아들여야 한다.

따라서 구약의 율법은 여전히 한계를 지닌 인간들의 형편과 더불어 죄인일 수밖에 없는 저들의 실상을 알게 해 주는 중요한 근간이 되고 있다. 지금도 성도들은 율법을 통해 드러나는 죄를 깨닫게 되며 그로 말미암아 자신이 하나님 앞에서 사악한 죄인이라는 사실을 분명히 깨닫게 된다. 다

---

37) 개혁주의 신학을 지향하는 교회들에서 공예배 시간에 '십계명' 을 낭독하는 것은 이와 밀접하게 연관되어 있다.

시 말해 하나님의 율법이 없는 상태에서 일반적인 윤리를 통해서는 하나
님 앞에서 자신이 죄인이라는 사실을 인식할 수 없다.

그러므로 사도 바울은 율법이 우리를 그리스도께로 인도하는 몽학선생
(schoolmaster: 초등교사) 역할을 한다는 사실을 언급하고 있다. 즉 율법은 그것
을 통해 죄를 깨닫는 자들을 예수 그리스도께로 인도하는 역할을 한다. 그
것으로 말미암아 하나님의 자녀들은 믿음으로써 의로운 자로 인정받게 된
사실을 깨닫게 되는 것이다. 하지만 우리 시대의 성도들은 더 이상 율법의
법적인 지배를 받지 않으며 그 아래 존재하는 것이 아니다.

우리가 여기서 유념해야 할 점은 율법의 몽학선생 기능이 두 가지 중요
한 사실을 동시에 포함하고 있다는 사실이다. 그것은 먼저 구속사적 개념
에서 전체적으로 적용되어야 하며, 또한 개별 성도들에게 구체적으로 적
용되는 성격을 지니고 있다. 즉 구약의 율법은 언약의 백성으로 하여금 역
사 가운데서 장차 오시게 될 예수 그리스도를 바라보게 한다. 그와 동시에
하나님의 자녀들은 율법을 통해 자신의 죄를 깨닫게 됨으로써 구원자이신
예수 그리스도께 나아가게 되는 것이다.

제4장
하나님의 자녀들과 지상 교회
(갈3:26-29)

(26)너희가 다 믿음으로 말미암아 그리스도 예수 안에서 하나님의 아들이 되었으니 (27)누구든지 그리스도와 합하여 세례를 받은 자는 그리스도로 옷 입었느니라 (28)너희는 유대인이나 헬라인이나 종이나 자주자나 남자나 여자 없이 다 그리스도 예수 안에서 하나이니라 (29)너희가 그리스도께 속한 자면 곧 아브라함의 자손이요 약속대로 유업을 이을 자니라

1. 그리스도 안에서 '하나님의 아들' 이 된 성도들(갈3:26)

참된 교회에 속한 건전한 성도들은 누구나 하나님의 자녀이다. 이는 종족이나 신분, 남녀노소, 빈부귀천과 상관없으며, 교회 안에서의 목사, 장로, 집사 등 직분과도 상관이 없다. 모든 성도들이 그 놀라운 지위를 얻게 된 것은 성부 하나님을 '아버지' 라 부르는 성자 하나님께 속해있기 때문이다. 하나님의 아들이신 예수님께서는 성부 하나님을 자기의 '친 아버지' 라 부르셨으며 하나님께서는 그를 '사랑하는 아들' 로 칭하셨다.

우리가 여기서 분명히 깨달아야 할 바는 하나님께서 성도들에게 그냥 자기를 '아버지' 라 부르도록 허락해준 것이 아니라는 점이다. 즉 단순히 언어사용을 허락하신 것에 그치는 것이 아니다. 하나님을 아버지로 부를

수 있는 관계를 정립하게 된 것은, 그를 아버지라고 부르는 친 아들이신 예수 그리스도께 예속된 결과로서 얻게 된 신분이다.

우리가 타락한 이 세상에서 누리게 되는 최고의 영광은 여호와 하나님을 향하여 감히 '아버지'라 부를 수 있는 특권을 부여받은 점이다. 이 세상의 그 어떤 것도 그것을 능가하지 못한다. 타락한 세상에서 일시적으로 얻게 되는 모든 부귀영화와 성공과 출세는 그에 비하면 아무 것도 아니다.

그런데 하나님의 성도인 우리가 하나님을 아버지라 부를 수 있게 된 것은 결코 우리에게 그럴 만한 거룩한 요소가 존재하기 때문이 아니다. 나아가 구약의 율법을 기초로 하여 충분히 인정받을 만한 선한 행위를 했기 때문도 아니다. 죄에 빠진 인간들에게는 그와 같은 선한 요소가 존재하지 않으며 진정한 선을 행할 만한 능력이 전혀 없다.

다시 말하지만 우리가 하나님의 아들의 지위를 얻게 된 것은 단순한 수평적인 환경 변화가 일어났기 때문이 아니다. 그것은 성자 하나님이신 예수 그리스도께서 십자가에 달려 돌아가실 때 창세전부터 예정된 성도들이 그의 몸에 속해 있었기 때문에 가능한 일이었다. 즉 하나님의 자녀들에게는 상징이나 관념적인 것이 아니라 신비한 방편을 통해 실제적인 신분 변화가 일어나게 된 것이다.

그러므로 오늘날 우리는 예수 그리스도 안에서 평안하고 자유로운 마음으로 거룩한 하나님을 향해 '아바, 아버지'라 부를 수 있게 되었다. 이는 세상에 살아가는 인간으로서 가질 수 있는 최상의 자랑거리자 명예라 하지 않을 수 없다. 타락한 인간이 감히 우주만물을 창조하신 하나님을 향해 언제든지 아버지라고 부를 수 있는 자리에 앉게 된 사실은 그것 자체로서 놀라운 기적이다. 그것은 물론 예수 그리스도 안에서 성취된 사건에 근거하고 있으며, 그 안에 존재할 때만 그 놀라운 영광을 충만히 누릴 수 있게 된다.

2. '세례'와 하나의 보편교회(갈3:27,28)

지상 교회에서 물로 베풀어지는 세례의 의미는 매우 소중하다. 말씀을 맡은 교회의 교사를 통해 세례를 베풀고 받는다는 것은 단순한 종교적인 의례가 아니라, 아무도 함부로 넘나들 수 없는 높은 울타리가 쳐진 교회 안으로 들어가는 관문을 통과하는 것과 같은 역할을 한다. 그럼에도 불구하고 오늘날 우리 시대에는 세례의 진정한 의미가 거의 사라졌으며 그 자체를 중요시하지 않는 경향이 있다.[38]

우리 시대에 가장 심각한 문제 가운데 하나는 교회의 담을 허물고자 하는 자들의 오만한 태도이다. 이는 물론 예배당 건물을 두고 일컫는 것이 아니라 영적인 교회 공동체를 염두에 두고 하는 말이다. 하지만 필자는 예배당 건물마저도 함부로 외부에 개방해서는 안 된다는 판단을 하고 있다.[39] 물론 예배당 건물 자체에 특별한 영적인 의미가 담겨 있는 것은 아니다. 그러나 예배당을 불신자들에게 개방할 때 그것을 통해 세속적인 가치가 교회 안으로 밀려들어오게 될 것을 우려하지 않을 수 없다.

계시된 말씀에 둔감한 무책임한 자들은 세속적인 겸손을 가장하여 세례의 의미를 약화시킴으로써 교회의 울타리 자체를 없애 버리려고 한다. 그렇게 하여 신앙이 없는 자들이 교회 안으로 들어와 힘을 얻게 되면 그런 자

---

38) 최근 한국 감리교에서는, 제31회 총회(2015년 10월 29일) 입법의회에서 만장일치로 아예 세례의 의미를 없애 버렸다. 그들은 이제 세례와 상관없이 교인이라면 누구나 성찬에 참여하도록 결의했던 것이다. 스코틀랜드신앙고백서와 벨직신앙고백서가 담고 있는 교리를 감안할 때, 이는 저들이 거짓교회라는 사실을 스스로 입증하고 있는 것과 다를 바 없다.

39) 현대 교회들 가운데는, 불신자인 주민들을 위해 예배당의 담을 낮추고 개방하는 것이 마치 대단한 개혁을 이루기나 한 듯 자랑으로 삼는 경우가 많이 있다. 그러나 그것은 결코 올바른 것이라 말할 수 없다. 그와 같은 태도는 결국 타락한 세속 문화를 교회 안으로 끌어들이는 부정적인 역할을 할 수밖에 없을 것이기 때문이다.

들이 교회의 본질을 짓밟고 어지럽히게 된다. 이는 교회의 세속화와 타락을 부추기게 될 따름이다.

일반적인 원리에서 생각한다 해도 중요한 모임이나 수준 높은 기관에서는 아무나 회원으로 받아들이지 않는다. 적어도 엄격하고 적법한 절차를 거쳐 그 관문을 통과해야만 회원으로서 기본적인 자격을 얻을 수 있다.[40] 나아가 정회원이 되었다면 당연히 회원으로서 권리와 의무를 다해야만 한다.

지상에 존재하는 교회는 이 세상의 어떤 단체보다 고귀한 성격을 지니고 있으며 세상의 것들과는 결코 비교될 수 없는 높은 수준을 유지하고 있다. 이는 물론 세상의 가치관들을 기준으로 삼아 하는 말이 아니다. 그것은 천상의 보화들을 소유하고 있는 신앙공동체의 현실 자체로서 그렇게 평가될 수 있는 것이다.

그러므로 예수 그리스도께서 피로 값 주고 사신 교회에 가입하기 위한 기본 조건으로서 반드시 생명을 담보로 하는 물로 베푸는 세례를 통과해야 한다. 그것을 통해 먼저 교회에 속한 성도들 앞에서 가시적인 고백을 드러내 보이게 된다. 말씀을 맡은 교사인 목사는 세례를 베풀며 온 회중이 지켜보는 가운데서 옛 성품을 지닌 당사자를 상징적으로 물에 빠뜨려 죽인다. 그런 다음 다시금 물에서 건져 올려 살린다. 그리하여 옛 사람은 죽고 새로운 생명을 얻은 사람으로 다시 태어나게 된다.

따라서 물로 세례를 받는 성도들은 외적인 형식과 더불어 예수 그리스도와 함께 진정한 영적인 세례를 받아야만 한다. 이는 그가 예수님의 십자가 사역에 동참하게 된다는 사실을 말해주고 있다. 그것을 위해 구약성경

---

40) 우리 시대의 대학교나 회사 등에서는 입학이나 입사 자격을 위한 요건을 두고 있으며, 그에 미달하면 받아들여지지 않는다. 교회는 세속적인 자격을 요구하지 않지만 예수 그리스도에 대한 신앙고백과 그것을 공적으로 표명한 세례가 가장 기본적인 요건이 된다.

에서 보여준 노아홍수 사건과 이스라엘 민족의 홍해바다를 건넌 사건에 연관지어 새 생명을 위한 세례를 베풀게 되는 것이다.

> "그들은 전에 노아의 날 방주 예비할 동안 하나님이 오래 참고 기다리실 때에 순종치 아니하던 자들이라 방주에서 물로 말미암아 구원을 얻은 자가 몇명 뿐이니 겨우 여덟 명이라 물은 예수 그리스도의 부활하심으로 말미암아 이제 너희를 구원하는 표니 곧 세례라 육체의 더러운 것을 제하여 버림이 아니요 오직 선한 양심이 하나님을 향하여 찾아가는 것이라"(벧전3:20,21); "형제들아 너희가 알지 못하기를 내가 원치 아니하노니 우리 조상들이 다 구름 아래 있고 바다 가운데로 지나며 모세에게 속하여 다 구름과 바다에서 세례를 받고"(고전10:1,2)

위의 본문에 언급된 것처럼 사도 베드로는 노아홍수 사건을 세례와 직접 연관지어 설명한다. 그 홍수 물을 통해 불순종하는 모든 인간들은 죽임을 당하게 되었으며, 하나님의 말씀에 온전히 순종하는 자들은 생명을 얻게 되었다. 그때 살아나게 된 노아의 가족들은 실상은 죽었다가 살아난 것과 마찬가지였다. 따라서 베드로는 그 물을 '구원하는 표'(벧전3:21)로서 설명하며 세례의 의미를 드러냈던 것이다.

그리고 고린도전서에 기록된 것처럼 사도 바울은 이스라엘 민족이 홍해를 건너는 사건을 세례와 연관지어 설명하고 있다. 애굽 군대가 뒤에서 추격해 올 때 하나님께서는 모세의 손을 빌어 바닷물을 갈라 마른 땅이 되도록 하셨다. 그리하여 백성들은 '모세에게 속하여' 물속을 지나 바닷길을 건너게 되었다(고전10:2). 그러나 그 뒤를 따르던 애굽의 병사들은 모두 물에 빠져 죽었다. 동일한 물이 하나님께 속한 언약의 자손들에게는 새로운 생명을 공급했으며, 애굽인들에게는 죽음에 이르게 했던 것이다.

물론 지상 교회가 성례전적으로 베푸는 세례는 세례 요한과 예수님, 그리고 그의 제자들이 베풀었던 요단강 세례와도 관련된다. 이처럼 모든 세례는 생명과 밀접하게 연관되어 있으며, 지상 교회에 성찬회원으로 가입한다는 것은 옛 사람을 죽이고 새 사람으로 다시 태어나게 되었다는 사실을 의미하고 있다. 이로써 모든 성도들은 세례를 통해 예수 그리스도로 옷 입어야만 하는 것이다.

그러므로 '예수 그리스도의 이름으로' 세례를 받아 교회에 속한 모든 성도들은 하나님 안에서 동일한 신분을 소유하게 된다. 세례를 받기 전의 출신 종족이나 사회적인 지위 혹은 빈부귀천이나 남녀의 성별 등은 차별을 위한 어떤 기준이 될 수 없다. 거룩하신 하나님을 '아버지' 라 부르며 참된 교회에 속한 모든 백성들은 예수 그리스도 안에서 하나의 교회를 이루고 있는 것이다.

3. 그리스도께 속한 아브라함의 자손인 상속자들(갈3:29)

지상 교회와 그에 속한 성도들은 이 세상에서 하나님의 언약을 떠나 독자적으로 존재하지 않는다. 이는 각 지역에 흩어진 지교회들을 하나로 엮는 보편교회의 성격을 드러내 보여주고 있다. 따라서 세상에서 종교적인 특색을 드러내는 행위 자체가 의미 있는 것이라 말할 수 없다. 중요한 점은 지상 교회라면 성자 하나님이신 예수 그리스도께 속해 있다는 사실을 온전히 깨달아야 한다는 사실이다.

우리는 이 말의 의미를 주의 깊게 잘 생각해 볼 수 있어야 한다. 이는 단순한 상징적 의미에 그치는 것이 아니기 때문이다. 교회와 성도들이 예수 그리스도께 속했다는 것은 곧 천상의 나라에 속했다는 사실과 동일한 의미를 지니고 있다. 모든 성도들이 이미 잘 알고 있듯이 십자가에 달렸다가 부활 승천하신 예수님은 지금 천상의 나라에 계신다.

우리가 그리스도께 속해 있다는 사실은 천상의 나라 하나님 우편에 앉아 계시는 예수 그리스도의 몸에 속해 있음을 말해주고 있다. 이는 또한 교회에서 정례적으로 베풀어지는 성찬과 밀접하게 연관되어 있다. 온 성도들이 매주일 시행되는 성찬을 통해 그리스도의 살과 피를 먹고 마시는 것은 단순한 상징에 머물지 않는다. 그것은 우리의 영혼이 천상에 계시는 예수 그리스도의 살과 피를 신비한 방법으로 섭취하게 된다는 사실을 말해 준다.

하나님을 믿는다는 것은 그와 같은 실체적인 신앙 안에 들어와 있다는 사실을 의미한다. 그것은 단순히 현재적이며 평면적인 의미에 그치는 것이 아니다. 그 실상은 과거에 연관되어 있는 동시에 미래적이며 초월적 공간에 연결된 의미를 지니고 있다. 따라서 예수 그리스도께 속한 성도들의 육체는 비록 타락한 이 세상에서 살아가지만 현재 천상의 나라와 거기 계시는 그리스도 안에서 미래의 약속을 바라보며 살아가게 된다. 동시에 하나님의 백성들은 믿음의 조상인 아브라함의 자손으로서 장차 약속에 따라 임하게 될 영원한 상속을 이어받을 자가 되어 있는 것이다.

갈라디아서 _ 4장

제1장

'때가 차매' 오시게 된 하나님의 아들

(갈4:1-7)

(1)내가 또 말하노니 유업을 이을 자가 모든 것의 주인이나 어렸을 동안에는 종과 다름이 없어서 (2)그 아버지의 정한 때까지 후견인과 청지기 아래 있나니 (3)이와 같이 우리도 어렸을 때에 이 세상 초등 학문 아래 있어서 종노릇 하였더니 (4)때가 차매 하나님이 그 아들을 보내사 여자에게서 나게 하시고 율법 아래 나게 하신 것은 (5)율법 아래 있는 자들을 속량하시고 우리로 아들의 명분을 얻게 하려 하심이라 (6)너희가 아들인고로 하나님이 그 아들의 영을 우리 마음 가운데 보내사 아바 아버지라 부르게 하셨느니라 (7)그러므로 네가 이 후로는 종이 아니요 아들이니 아들이면 하나님으로 말미암아 유업을 이을 자니라

1. 어린 상속자와 후견인(갈4:1,2)

인간의 모든 것들은 상속을 통해 역사 가운데 지속적으로 이어져 가게 된다. 하지만 그것은 제각각 특별한 관계 속에서 진행되는 문제이다. 즉 일반적인 측면에서 본다면 상속자는 혈통적인 관계상 법적으로 이미 정해져 있다. 상속은 가장 기본적으로 조상과 자손, 아버지와 아들 사이에 이루어진다. 부모가 자식에게 자신의 정신적인 것과 물질적인 것을 포함한 모든 소유권을 넘겨주게 되는 것이다.

상속자는 법적인 권리문제와 연관되기 때문에 당사자의 인식여부와 직접적인 상관이 없다. 다시 말해 태중에 있는 아기나 갓 태어나 아무것도 인식할 수 없는 어린 상태라 할지라도 상속권을 소유하게 된다. 물론 아기가

성장하여 판단능력을 가지게 되면 당연히 자신의 권리를 주장할 수 있다. 우리는 여기서 상속이 자연법적인 권리에 해당된다는 사실을 잘 기억해야 할 필요가 있다.

그럼에도 불구하고 어린 상속자는 자기의 의사에 따라 권리행사를 할 수 없다. 아직 그렇게 할 만한 능력이 결여되어 있기 때문이다. 따라서 모든 권리는 후견인과 관리자를 통해 실질적으로 그 권리가 대행되거나 유지되는 것이 일반적이다. 이는 물론 어릴 때 부모로부터 상속권을 이어받아 그 권리를 소유하고 있을 경우에 해당된다.

아직 나이가 어린 상속자는 실제의 주인이지만 그의 모든 권리를 본인이 아니라 후견인이 대행하게 된다. 후견인은 상속자의 권리를 이양받은 것이 아니라 보호자와 대행자 역할을 하는 사람이다. 즉 그가 상속자를 위해 모든 일들을 대신 하지만 그가 성장하게 되면 모든 것들을 그에게 돌려주어야 한다. 바울은 율법과 복음을 설명하며 하나님과 그의 자녀들 사이에는 상속관계가 존재한다는 사실을 밝히고 있다.

2. 세상의 초등학문인 율법(갈4:3)

하나님께서는 우주만물과 인간이 창조되기 전에 이미 그리스도 안에서 자기 자녀들을 택정해 두셨다(엡1:4). 이는 전적으로 하나님의 뜻에 해당되는 것으로써 창세전부터 하나님과 그의 자녀들 사이에는 상속관계가 설정되었음을 의미하고 있다. 상속에 연관된 문제는 단순한 윤리적인 차원을 넘어 법적인 관계에 연관된 것으로 이해해야 한다.

사도 바울은 이 사실을 역사적인 관점에서 언약과 더불어 설명하고 있다. 하나님의 자녀인 우리도 과거에는 세상의 초등학문 아래서 종노릇을 했다는 것이다. 이 말은 단순히 개인적인 차원을 넘어 교회론적인 관점과 더불어 이해해야 한다. 즉 예수 그리스도가 인간의 모습으로 이땅에 오시기 전의 하나님의 자녀들이 율법 아래 놓여 있었음을 의미하고 있는 것이다. 물론 개별 성도들이 구약의 율법을 통해 하나님의 복음을 깨닫는 길로 인도 되는 사실이 그 의미 가운데 내포되어 있다.

중요한 사실은, 하나님의 자녀들은 처음부터 그의 상속자였다는 점이다. 즉 나중에 성도들에게 그 권리가 부여된 것이 아니라 원래 그 지위에 있었다. 인간들은 그에 대한 아무런 인식이 없었지만 하나님께서는 이미 자기의 형상을 닮은 인간들에게 상속에 대한 것을 염두에 두고 계셨던 것이다. 창세전에 그리스도 안에서 자기 자녀들을 택정하신 사실에서 우리는 그 놀라운 의미를 발견하게 된다.

구약시대의 성도들은 예수 그리스도께서 오신 신약시대의 성도들과는 다른 방식으로 신앙생활을 했다. 그것은 율법에 기록된 법령을 지키며 살아가는 삶이었다. 당시의 참된 성도들은 하나님의 자녀였음에도 불구하고 아들로서의 권리를 주장하지 못한 채 율법 조문에 순종해야만 했던 것이다. 그러나 하나님의 아들이 이 세상에 오신 이후로는 그 상황이 완전히 달라졌다. 하나님의 자녀들이 법적인 상속자로 인정받아 하나님을 '아버지'라 부를 수 있게 된 것은 그 직접적인 증거가 된다.

3. '때가 차매' (갈4:4)

하나님께서는 구속사 가운데서 범죄한 인간들을 위한 특별한 은혜를 베푸셨다. 즉 맨 처음 사람이자 우리의 조상인 아담이 사탄의 유혹을 받아 조물주 하나님을 배반했을 때 하나님은 자기 백성을 완전히 버리지 않으셨다. 인간이 배반했음에도 불구하고 자신의 언약에 신실하신 하나님께서는 창세전에 이미 관계가 확정된 자기 자녀들을 위해 '여자의 후손' (창3:15)을 보내 죄의 구렁텅이에 빠진 백성들을 구원하고자 하셨기 때문이다.

구약시대의 모든 믿음의 선배들은 장차 오시게 될 그 여자의 후손 곧 메시아를 간절히 소망하며 기다렸다. 따라서 구약시대의 모든 참된 믿음의 선배들은 그리스도를 믿는 신앙인들이었다. 즉 그들은 죄에 빠진 자신의 형편을 알고 그 악의 구렁텅이에서 구원해 주실 메시아를 간절히 소망했던 것이다.

그러므로 외형상 아무리 신앙심이 좋아 보인다 할지라도 하나님의 약속된 그 메시아를 소망하지 않는 자들은 단순한 종교인에 지나지 않았다. 그런 자들은 외관상 표출되는 종교 양식과 상관없이 하나님의 자녀들이 아니었다. 이에 대해서는 구약시대의 모든 직분 사역들 가운데서도 그대로 나타난다. 따라서 왕들의 통치와 제사장들의 모든 사역, 그리고 선지자들의 모든 예언은 하나같이 여기에 걸려 있어야 했다.

다시 말해 이스라엘의 참된 왕이라면 저들의 통치사역을 통해 '진정한 왕' 이신 메시아의 도래와 그로 말미암은 새로운 통치를 내다보는 것이 당연하다. 또한 제사장들은 거룩한 성소에 제물을 바치면서 장차 영원한 어린 양으로 오셔서 완벽한 제물로 바쳐지게 될 메시아를 기억하며 제사 직분을 감당해야만 했다. 또한 많은 선지자들은 그에서 벗어나는 자들을 향해 천상의 메시지로 질책하며 메시아에 관한 예언을 전했던 것이다.

하나님께서는 '때가 차매' 즉 작정하신 때가 이르게 되자 약속에 따라 자신의 아들을 이 세상에 보내셨다.[41] 그것은 역사적인 정황으로 말미암

---

41) 우리는 갈라디아서 본문에 언급된 '때가 차매'라는 의미를 올바르게 깨달아야 한다. 이는 산모가 아기를 잉태하여 때가 차면 출산하는 경우에 비추어 이해할 수 있다. 잉태된 아기는 열 달이 꽉 차면 분만하게 된다. 그것은 일종의 섭리에 해당된다. 이처럼 하나님께서 독생자 예수 그리스도를 이땅에 보내신 것도 하나님의 작정과 섭리에 따른 것이다. 이를 좀 더 분명하게 이해하기 위해서 우리는 이스라엘 백성이 430년 동안 애굽에 머물렀던 기간을 떠올릴 수 있다. 하나님께서는 그들로 하여금 만 430년을 채운 후 그 땅에서 나오도록 하셨던 것이다: "이스라엘 자손이 애굽에 거주한 지 사백삼십 년이라 사백삼십 년이 마치는 그 날에 여호와의 군대가 다 애굽 땅에서 나왔은즉 이 밤은 그들을 애굽 땅에서 인도하여 내심을 인하여 여호와 앞에 지킬 것이니 이는 여호와의 밤이라 이스라엘 자손이 다 대대로 지킬 것이니라"(출12:40-42)

아 발생한 사건이 아니었다. 하나님의 아들이 인간의 몸을 입고 이 세상에 오신 것은 전적으로 하나님의 뜻에 의하여 이루어진 사건이었다.

우리는 갈라디아서 본문에 기록된 '때가 차매'라는 말을 구약의 구체적인 예언과 더불어 이해해야만 한다. 하나님께서는 선지자 다니엘을 통해 그에 관한 특별한 예언의 말씀을 주셨다. 그것은 이스라엘 백성이 바벨론 포로에서 귀환한 후 '칠십 이레'(seventy weeks)가 지나면 메시아가 강림하시게 되리라는 것이었다.

> "네 백성과 네 거룩한 성을 위하여 칠십 이레로 기한을 정하였나니 허물이 마치며 죄가 끝나며 죄악이 영속되며 영원한 의가 드러나며 이상과 예언이 응하며 또 지극히 거룩한 자가 기름부음을 받으리라 그러므로 너는 깨달아 알찌니라 예루살렘을 중건하라는 영이 날 때부터 기름부음을 받은 자 곧 왕이 일어나기까지 일곱 이레와 육십 이 이레가 지날 것이요 그 때 곤란한 동안에 성이 중건되어 거리와 해자가 이룰 것이며 육십 이 이레 후에 기름부음을 받은 자가 끊어져 없어질 것이며 장차 한 왕의 백성이 와서 그 성읍과 성소를 훼파하려니와 그의 종말은 홍수에 엄몰됨 같을 것이며 또 끝까지 전쟁이 있으리니 황폐할 것이 작정되었느니라 그가 장차 많은 사람으로 더불어 한 이레 동안의 언약을 굳게 정하겠고 그가 그 이레의 절반에 제사와 예물을 금지할 것이며 또 잔포하여 미운 물건이 날개를 의지하여 설 것이며 또 이미 정한 종말까지 진노가 황폐케 하는 자에게 쏟아지리라 하였느니라"(단 9:24-27)

다윗 왕국의 패망과 예루살렘 성전의 파괴를 경험한 후 본토로 귀환한 이스라엘 자손은 메시아가 오실 때를 좀 더 구체적으로 기다렸다. 그들은 다니엘을 통해 예언된 칠십 이레를 계산하며 메시아의 강림을 학수고대鶴首苦待했다. 이는 그들이 막연하게 메시아를 기다린 것이 아니라 구체적으로 기다렸던 것이다.

예수님께서 약속의 땅에 강림하실 당시 하나님의 말씀을 주의 깊게 살피던 성도들은 다니엘이 예언한 '칠십 이레'의 끝을 기억하고 있었을 것이다.[42] 동방에 있던 박사들 곧 성경을 연구하던 이방지역의 남은 자들인 서기관들은 다니엘서에 기록된 칠십 이레를 기억하며 그의 오실 때를 간절히 기다렸을 것이 분명하다.[43] 그런 자들에게 하나님께서 이땅에 메시아가 강림하신 사실을 알려주셨던 것이다.

또한 갈라디아서 본문에 언급된 '하나님의 아들'이란 곧 성자이신 하나님 자신을 일컫고 있다. 우리는 성경에 기록된 그 표현 가운데서 삼위일체 하나님에 관한 가르침을 엿볼 수 있다. 그리고 여자를 통해 그가 이 세상에 태어나도록 하셨다는 것은 창세기 3장 15절의 '여자의 후손'을 보내시겠다는 말씀의 성취를 말해주고 있다.

우리는 또한 이 말씀이 '이스라엘 민족'을 통해 하나님의 아들이 태어났다는 의미가 내포되어 있음을 알게 된다. 즉 본문 가운데 묘사된 '여자'를 하나님의 언약을 담고 있는 이스라엘 민족으로 이해할 수 있다. 성경에서는 이스라엘 민족이 여성으로 묘사되는 경우가 많이 있다. 타락한 이스라엘 민족이 음녀 혹은 창녀로 묘사되고 있는 경우를 많이 보게 되는 것이다(겔16:15-19; 계17:1-5 참조).

하나님의 때가 이르러, 성자 하나님이신 그 메시아가 천상으로부터 계시된 율법 아래 피조물인 인간의 모습으로 이 세상에 태어나게 되셨다. 이는 매우 중요한 의미를 지니고 있다. 그것은 아담이 지은 죄악이 율법으로 인해 드러나게 되었으며, 그 가운데 살아가는 인간들이 소유한 죄에 관한 모든 문제를 율법의 성취를 통해 완성하게 된 사실을 말해주고 있기 때문이다. 따라서 예수님께서는, 자신이 구약성경에 기록된 모든 율법을 완성하기 위하여 친히 타락한 이 세상에 오신 사실을 증거하고 있다.

---

42) 이광호, 『다니엘서』, 서울: 칼빈 아카데미, 2011, pp.185-205.
43) 이광호, 위 같은 책, pp.205-207.

"내가 율법이나 선지자나 폐하러 온 줄로 생각지 말라 폐하러 온 것이 아니요 완전케 하려 함이로라" (마5:17)

이 말씀 가운데는 율법과 복음의 관계가 나타나고 있다. 제자들을 향해 선포하신 예수님의 말씀 가운데는 구약에 예언되어 온 하나님의 아들 메시아가 율법 아래 태어나심으로써 율법 아래서 죄인이 된 자기 자녀들의 법적인 처벌에 관한 문제를 해결하게 된 사실에 대한 선언적 의미가 내포되어 있다. 따라서 구약의 율법은 신약의 복음을 위한 기초가 되는 것이다.

4. '여자의 후손' 이 오신 목적(갈4:5)

하나님께서 독생자이신 예수 그리스도를 이 세상에 보내신 목적은 분명하다. 그것은 먼저 하나님 자신의 신실한 언약에 근거한다. 그는 창세전에 확정된 자기 자녀들에게 하신 모든 약속을 결코 파기하지 않는 분이다. 비록 인간이 타락하여 하나님을 버렸다고 할지라도 사랑의 하나님께서는 그렇게 하지 않으셨다. 그것은 전적으로 사랑이 넘치는 그의 신실한 성품 때문이다.

그리고 이와 더불어 확인되는 것은 창세전에 선택받은 성도들에게 '아들의 명분'을 주시기 위한 하나님의 뜻이다. 이는 호칭에 연관된 이름뿐 아니라 하나님의 것들을 상속받는 지위를 허락하시는 것에 연관되어 있다. 예수 그리스도께서 이 세상에 오신 중요한 목적은 율법 아래 있는 자들을 속량하심과 동시에 창세전에 약속한 대로 자기 자녀들에게 예비하신 모든 것들을 상속해 주기 위해서라는 사실을 잊어서는 안 된다.

5. '아들'의 신분과 효력(갈4:6,7)

하나님의 아들이신 예수 그리스의 십자가 사역으로 말미암아 그에게 속한 자들은 이제 그의 아들이 되었다. 그리하여 피조물인 인간이 감히 전능하신 여호와 하나님을 '아바, 아버지'라 부를 수 있도록 허락된 것이다. 이는 인간의 종교적인 판단과 결단에 의한 것이 아니라 전적으로 하나님께서 보내신 성령의 사역에 기초하고 있다. 이 사실은 실로 엄청난 일이 아닐 수 없으며 인간들로서는 상상조차 할 수 없는 사건이었다. 하나님이 성도들의 아버지가 된 점은 단순한 호칭에 머무는 것이 아니라 성도들에게 그의 상속자가 되는 놀라운 특권이 주어졌음을 말해주고 있다.

교회에 속한 성도들이 하나님을 '아바, 아버지'로 부르는 것은 아무렇게나 가볍게 그렇게 하라는 의미가 아니다. 더군다나 단순히 친근한 마음으로 하나님을 아버지로 칭할 수 있게 되었음을 의미하지도 않는다. 그것은 하나님과 자기 백성 사이에 가로막혀 있던 담이 허물어짐으로써 예수 그리스도 안에서 아버지와 아들의 관계가 완전히 회복되었음을 의미한다.

그러므로 이제 하나님의 자녀들은 더 이상 율법 아래서 종의 신분을 가진 자들이 아니다. 종은 주인과 자유롭게 대화할 수 있는 지위에 놓여 있지 않다. 종의 신분에 있는 자들에게는 진정한 자유가 주어지지 않으며 주인의 명령에 따라 움직이며 복종하게 될 따름이다. 물론 오늘날 우리가 여전히 아들의 신분과 더불어 종의 신분을 동시에 소유하고 있는 것은 순종을 위한 하나님의 요구에 연관되어 있다.

이와 달리 천사들은 아무런 죄가 없이 순결한 상태를 유지하고 있음에도 불구하고 여호와 하나님을 보고 감히 아버지라 부르지 못한다. 천사는 하나님의 심부름을 하는 사환에 지나지 않기 때문이다. 인간이 천사보다 우위에 놓인 것은, 천사들에게는 하나님을 아버지라 부를 수 있는 특권이 없는 것에 연관되어 있다. 즉 그들은 거룩한 존재임에도 불구하고 그의 상속자가 될 수 없다. 하나님의 상속자가 될 수 있는 유일한 존재는 그의 형상을 닮은 인간밖에 없는 것이다.

제2장

타락한 인간의 본질과 선한 투쟁
(갈4:8-11)

(8)그러나 너희가 그 때에는 하나님을 알지 못하여 본질상 하나님이 아닌 자들에게 종노릇 하였더니 (9)이제는 너희가 하나님을 알뿐더러 하나님의 아신바 되었거늘 어찌하여 다시 약하고 천한 초등 학문으로 돌아가서 다시 저희에게 종노릇하려 하느냐 (10)너희가 날과 달과 절기와 해를 삼가 지키니 (11)내가 너희를 위하여 수고한 것이 헛될까 두려워 하노라

1. 본질상 진노의 자식(갈4:8)

범죄한 아담은 자기 자신뿐 아니라 장차 자기의 몸을 통해 이 세상에 태어날 모든 인간들을 헤아날 수 없는 타락의 늪에 빠뜨렸다. 인간의 범죄는 단순한 윤리적인 차원에서 해석될 문제가 아니다. 그것으로 말미암아 인간들은 진리에 대한 기본적인 인식을 포함한 모든 것을 상실하게 되었다.

그러므로 타락한 인간들에게는 진정한 선과 악에 대한 분별을 할 수 있는 능력이 존재하지 않았다. 하나님으로부터 온 선한 것과 타락한 세상으로부터 온 추하고 악한 것 사이를 알지 못하게 되었다. 즉 범죄한 인간들에게는 그 선을 행하는 능력뿐 아니라 인식 자체를 할 수 없게 되어 버렸다. 뿐만 아니라 무엇이 진정으로 선한 것이며 죄악인지에 대한 분별 능력이 사라져버린 것이다.

그것은 모든 인간들이 예외 없이 그 본질적 성품상 진노의 자식이 되었

다는 사실을 말해준다. 하나님의 선택받은 백성들 역시 예비된 특별한 은
혜가 베풀어지기 전에는 마찬가지였다. 성경은 그에 대한 사실을 선포하
고 있다. 바울은 에베소 교회에 보내는 편지에서도 그점을 명시적으로 기
록하고 있다.

> "전에는 우리도 다 그 가운데서 우리 육체의 욕심을 따라 지내며 육체와
> 마음의 원하는 것을 하여 다른 이들과 같이 본질상 진노의 자녀이었더니"
> (엡2:3)

이처럼 아담의 자손으로 태어난 모든 인간들은 처음부터 거룩한 하나님
이 아니라 악한 사탄에게 속하게 되었다. 여호와 하나님을 알지 못하는 인
간들은 사탄과 그의 졸개들을 추종하는 자리에 머물며 살아가야 했다. 진
리를 떠난 인간들은 오염된 세상에서 형성된 이성과 경험을 배경으로 하
여 상대적인 가치관을 세워갔으며, 하나님과 아무런 상관이 없거나 하나
님의 원수가 된 자들에게 순종하며 저들의 종노릇을 하게 되었던 것이다.
그것은 곧 육신적인 욕망을 추구하는 죽음과 패망의 길이지만 미련한 인
간들은 그에 대한 아무런 깨달음을 소유할 수 없었다.

2. 진노의 세계로의 회귀 성향(갈4:9)

하나님의 아들 예수 그리스도께서 이 세상에 오신 근본 목적은 창세전
에 택하신 자기 자녀들을 영원한 나라로 불러 모으시기 위한 것이었다. 그
것은 사탄이 지배하는 세상과의 결별을 필연적인 조건으로 삼고 있다. 세
상에 궁극적인 의미를 둔 사고와 행동을 하면서 동시에 하나님의 나라에
속해 살아갈 수는 없다. 세상을 통치하는 사탄과 거룩한 하나님 사이에는
아무런 동질성이 없는 정반대의 속성을 지니고 있기 때문이다.

하나님께서는 자기의 형상을 닮은 인간을 유혹함으로써 자신의 아름다운 피조세계를 망가뜨린 사탄을 만왕의 왕이신 예수 그리스도를 통해 심판하시고자 했다. 그가 이 세상에 오셔서 천상의 나라와 이땅을 심판하게 될 왕국의 출현과 완성을 위해 십자가 사역을 이룩하셨다. 그로 말미암아 지상 교회에 속한 하나님의 자녀들은 계시된 말씀을 통해 하나님을 알아갈 수 있게 되었다.

그것은 여호와 하나님께서 성령 하나님을 통해 우리에게 허락하신 특별한 은혜에 기인한다. 즉 인간 스스로 하나님을 인식하게 된 것이 아니라 하나님의 섭리로 말미암아 그렇게 되었다. 우리가 여기서 반드시 기억해야만 할 보다 중요한 사실은, 우리 자신이 하나님에 의하여 알게 된 귀한 존재가 되었다는 사실이다.[44] 우리가 하나님을 알게 되었을 뿐 아니라 하나님께서 먼저 우리를 인격적으로 알게 되었다는 것은 놀라운 사건이 아닐 수 없다.

이와 같은 은혜로운 일로 인해 우리는 예수 그리스도 안에서 하나님과 자유롭게 교제할 수 있는 지위를 소유하게 되었다. 그렇다면 타락한 세상에서 형성된 상대적인 가치관이 아니라 하나님의 요구와 계명에 따라 살아야 하는 것은 지극히 당연한 일이다. 나아가 구약의 율법에 대한 의미를 분명히 깨달아 은혜의 삶을 살아가야 한다. 율법 아래서 죄인으로 살아가던 자들이 예수 그리스도를 통해 하나님의 아들이 되었으면 참된 자유를

---

44) 우리는 이에 관한 사실을 이해하기 위하여 일반적인 경우를 예로 들어볼 수 있다. 아기가 산모의 태중에 잉태되면 온 가족이 그 사실을 알고 기뻐한다. 그리고 그가 태어나면 모두가 즐거워한다. 하지만 정녕 그 아기 자신은 그 사실을 전혀 인식하지 못한다. 따라서 당사자인 아기의 인식여부와 상관없이 그 아기는 잉태되고 출생하게 되며 모든 가족들의 기쁨의 대상이 되는 것이다. 이처럼 하나님의 자녀들에 대해서도, 하나님께서 가장 먼저 그 사실을 알고 계시며 그가 속한 지상교회가 당사자에 앞서 그것을 알게 된다. 그 과정을 통해 당사자가 하나님에 관한 올바른 지식을 소유할 수 있게 되는 것이다. 이에 대한 올바른 이해를 하는 것은 교회론적으로 매우 중요하다.

소유한 그의 자녀로 살아가야만 하는 것이다.

하나님을 자신의 '아버지'로 부르는 자녀가 되었음에도 불구하고 여전히 과거의 습성을 버리지 않고 종의 모습으로 살아간다는 것은 말이 되지 않는다. 아들이면 아들로서 살아가야 하며 아들이 종의 행세를 한다면 격에 어울리지 않을 뿐더러 아버지를 진노케 하는 원인이 된다. 그러므로 사도 바울은 하나님의 고귀한 자녀의 신분을 회복한 자들이 다시금 과거의 약하고 천한 초등학문과 같은 율법을 따르면서 그것을 지켜야 한다고 주장하는 자들과 그에 종노릇하려는 자들에 대하여 강한 책망을 하고 있다.

3. 절기를 지키고자 하는 자들(갈4:10)

어리석은 인간들은 타락한 세상에서 전개되는 자기 자신의 안정과 평안을 도모하기 위해 신앙생활을 하고자 한다. 즉 종교를 통해 이 세상에서의 삶 가운데 적절한 이득을 얻고자 하는 것이다. 따라서 신앙이 어린 교인들은 대개 특별한 종교적인 행위를 하지 않으면 불안한 마음을 가지게 된다. 자신의 종교적인 노력과 그로 말미암아 얻게 될 세속적인 복이 정비례하는 것처럼 여기게 되기 때문이다. 그런 자들은 하나님의 은혜를 온전히 받아들이지 못하며 자기가 무언가를 해야만 한다는 종교적인 강박관념에 사로잡혀 있다.

율법주의자들이 스스로 자신의 신앙을 인정하며 떳떳하게 내세울 수 있는 종교 행위라고 판단하는 것은 구약성경에 기록된 율법적 요구를 다시금 끄집어내는 일이다. 다시 말해 구약의 율법을 가져와 그것을 행하고 지킴으로써 하나님을 위해 자기가 할 수 있는 최선의 행위를 한 것으로 여기며 만족스러워 한다. 그런 자들은 그것을 충족시키기 위해 구약의 절기들 곧 날과 달과 절기와 해를 지킴으로써 자신의 정당성을 확보하고자 하는 것이다.

그러나 구약의 율법에 기록된 절기를 지킴으로써 종교적인 의무를 행하고자 하는 것은 그리스도의 사역을 멸시하는 것과 같다. 즉 그것은 예수 그리스도로 말미암은 하나님의 복음에 반하는 행위에 지나지 않는다. 따라서 신약성경에는 그에 대한 강조를 하고 있다. 바울은 골로새 교회에 보내는 편지에서도 날과 절기를 지키는 행위에 관한 문제를 언급했다.

> "그러므로 먹고 마시는 것과 절기나 초하루나 안식일을 이유로 누구든지 너희를 비판하지 못하게 하라 이것들은 장래 일의 그림자이나 몸은 그리스도의 것이니라"(골2:16,17)

신약시대의 교회 가운데서 구약의 율법을 지킴으로써 자기의 의를 드러내고자 하는 자들은 하나님께서 그 율법을 허락하신 근본적인 이유를 알지 못하고 있다. 그 모든 법조항들은 우주만물의 주인이신 하나님께서 자신을 드러내 보여주시고자 하는 동시에 죄에 빠져 신음하는 선택된 자녀들을 위해 메시아를 보내주시겠다는 약속에 연관되어 있다. 즉 모세의 율법은 하나님의 선하심과 인간의 불의함을 드러내고 있다. 따라서 구약의 모든 율법은 장차 오실 메시아와 직접 연관되어 있었던 것이다.

하나님의 아들이신 예수 그리스도가 인간의 몸을 입고 이 세상에 오심으로써 구약의 율법이 온전히 성취되었다. 그럼에도 불구하고 갈라디아 지역의 어리석은 교인들 가운데는 구약의 습성대로 날과 달과 절기와 해를 지키려는 자들이 상당수 있었다. 그것은 신앙이 어린 교인들의 심성 가운데 존재하는 종교적인 불안감을 해소하는 역할을 하게 된다.

이는 죄의 끈을 완전히 놓지 못한 연약한 인간의 마음속에서 자연스럽게 일어나는 성격을 지니기도 했다. 나아가 그것은 유대교에 속한 거짓 교사들이 저들을 부추기기 때문에 발생하는 문제이기도 했다. 그러나 그와 같은 행동은 하나님의 복음에 대한 전적인 수용을 하지 못하고 있다는 반증이 된다.

물론 구약성경에 기록된 율법의 근본적인 원리는 완전히 폐기된 것이 아니라 그대로 살아 있어서 신약시대의 교회에도 항상 중요한 교훈을 주고 있다. 따라서 우리는 율법을 불필요한 것으로 주장하는 율법폐기론자들과 여전히 율법을 지켜야 한다고 주장하는 율법주의자들을 동시에 경계하지 않으면 안 된다. 교회의 성숙한 성도들은 구약의 율법이 지니는 본질적인 의의와 더불어 하나님의 복음을 올바르게 깨달아야만 한다.

4. 사도의 안타까운 심정(갈4:11)

당시 갈라디아 지역에 흩어져 있던 교회들 가운데 어리석은 교인들은 율법주의자들의 말을 듣고 미혹되는 경우가 많이 있었다. 그들은 율법의 요구에 따른 가시적인 행위를 함으로써 종교적인 만족감을 얻고자 했다. 그 사람들은 또한 그것을 통해 더 열성적으로 하나님을 섬기고자 하는 인위적인 환경을 조성했던 것이다.

하지만 그것은 사도 바울이 전한 예수 그리스도의 십자가 사역으로 인해 허락된 하나님의 복음과 정면으로 배치된다. 따라서 바울은 구약의 율법을 준수해야 된다는 사고를 가지고 그것을 지키려는 자들을 보며 안타까운 마음을 전하고 있다. 율법을 따르는 것은 단순한 종교적인 판단의 문제가 아니다. 보다 중요한 사실은 그것을 지키려는 이유가 과연 무엇인가 하는 점에 달려 있다.

복음이 선포된 신약시대에 구약의 율법을 지킨다는 것은 약속에 따라 이땅에 오신 예수 그리스도의 사역이 완전하지 않다는 사고에 근거한다. 그런 자들은 하나님께서 복음을 위해 행하신 구원 사역에 무언가 부족한 것이 있는 것처럼 여기고 있다. 즉 하나님의 구원을 완성하기 위해 인간들의 종교적인 행위가 어느 정도 보충되어야 하는 것으로 여긴다.

그렇게 되면 그리스도께서 우리를 위해 행하신 모든 사역 이외에 아직도 인간들이 감당해야 할 일들이 남아 있는 것처럼 착각하게 된다. 그것은 하나님의 복음을 충분히 받아들이지 않은 결과로서 나타나는 종교적인 현상이다. 따라서 바울은 복음의 맛을 본 자들이 율법을 지키기 위해 과거로 회귀하는 것을 보며 자기의 수고가 헛될까 두려워한다는 말을 했다.

그럼에도 불구하고 다시금 구약의 율법을 준수하고자 하는 자들은 그렇게 하는 것이 더 철저한 신앙생활을 하기 위한 방편이 된다고 주장할 것이 분명했다. 하지만 그것은 하나님께서 허락하신 복음을 근본적으로 배척하는 것과 같다. 즉 그것은 예수 그리스도로 말미암아 허락된 순전한 복음을 거부하는 행위가 되는 것이다.

제3장

바울의 고백과 흔들리는 교인들에 대한 권면
(갈4:12-20)

(12)형제들아 내가 너희와 같이 되었은즉 너희도 나와 같이 되기를 구하노라 너희가 내게 해롭게 하지 아니하였느니라 (13)내가 처음에 육체의 약함을 인하여 너희에게 복음을 전한 것을 너희가 아는 바라 (14)너희를 시험하는 것이 내 육체에 있으되 이것을 너희가 업신여기지도 아니하며 버리지도 아니하고 오직 나를 하나님의 천사와 같이 또는 그리스도 예수와 같이 영접하였도다 (15)너희의 복이 지금 어디 있느냐 내가 너희에게 증거하노니 너희가 할 수만 있었더면 너희의 눈이라도 빼어 나를 주었으리라 (16)그런즉 내가 너희에게 참된 말을 하므로 원수가 되었느냐 (17)저가 너희를 대하여 열심 내는 것이 좋은 뜻이 아니요 오직 너희를 이간 붙여 너희로 저희를 대하여 열심 내게 하려 함이라 (18)좋은 일에 대하여 열심으로 사모함을 받음은 내가 너희를 대하였을 때뿐 아니라 언제든지 좋으니라 (19)나의 자녀들아 너희 속에 그리스도의 형상이 이루기까지 다시 너희를 위하여 해산하는 수고를 하노니 (20)내가 이제라도 너희와 함께 있어 내 음성을 변하려 함은 너희를 대하여 의심이 있음이라

1. 사도와 교회의 동질성(갈4:12)

　바울은 본문 가운데서 사도와 교회 즉 성도들 사이의 동질성에 관한 언급을 하고 있다. 그는 자기가 갈라디아 교회 성도들처럼 된 것같이 저들도 자기와 같이 되기를 요구했다. 그것은 선택의 문제가 아니라 마땅히 그렇게 되어야만 하는 당위성을 띠고 있다. 우리는 여기서, 바울이 저들에 대

해 일방적인 입장에 서있는 것이 아니라 하나님의 몸된 교회로서 존중하는 자세를 보이고 있음을 기억해야만 한다.

이는·바울과 갈라디아 교회의 관계뿐 아니라 모든 사도들과 지상에 존재하는 모든 참된 교회들 사이의 관계를 나타내 보여주고 있다. 사도들은 전적으로 하나님께 속한 특별한 직분자들이며 지상에 흩어져 존재하는 참된 교회들 역시 천상에 속해 있다. 하나님께서는 지상에 존재하는 교회를 자기의 거룩한 피로 값주고 사셨으며 저들에게 특별히 택하신 사도들을 보내셨던 것이다.

그러므로 사도들의 교훈과 지상에 존재하는 교회들은 서로간 조화되는 성격을 지녀야만 한다. 사도 바울이 처음 복음을 들고 갈라디아 지역을 방문했을 때 저들은 바울을 배척하지 않고 적극적으로 환영했다. 이는 개인적인 형편을 말하는 것에 앞서 하나님의 사도로서 바울을 영접했다는 사실을 보여준다. 이 말은 곧 바울과 갈라디아 교회가 동일한 하나님께 속해 있음을 증거하고 있다.

이에 대해서는 오늘날 우리 시대 역시 마찬가지다. 우리가 속한 교회가 하나님께서 피로 값주고 사신 참된 교회라면 사도들의 교훈과 동일동질의 성격을 지니고 있어야만 한다. 바울을 비롯한 사도들의 가르침에서 완전히 벗어나거나 그것을 소홀히 여긴다면 거짓 교회일 뿐 올바른 교회라 말할 수 없는 것이다.

2. 바울의 육체적 연약성과 하나님의 복음(갈4:13)

바울에게는 영적이거나 정신적인 부분이 아닌 가시적인 측면에서 다른 사람들이 쉽게 알 수 있을 만큼 심각하게 약한 부분이 있었다. 그것이 과연 건강상의 문제인지 아니면 다른 특별한 문제가 있었는지에 대해서는 단정적으로 말하기 어렵다. 하지만 우리는 그의 몸에 심각한 고통이 새겨져 있었다는 사실은 분명히 알 수 있다. 그는 고린도 교회에 보내는 두 번 째 편지에서도 자기의 육체에 '가시' 가 있다는 사실에 대한 언급을 했다.

"여러 계시를 받은 것이 지극히 크므로 너무 자고하지 않게 하시려고 내 육체에 가시 곧 사단의 사자를 주셨으니 이는 나를 쳐서 너무 자고하지 않게 하려 하심이니라"(고후12:7)

이처럼 바울은 육체적으로 연약한 면이 있었던 것이 틀림없다. 그는 육체적으로 겪고 있는 '가시' 곧 그 고통을 '사탄의 사자' 라 표현하고 있다.[45] 이 말은 그 가시가 단순한 질병이나 상처로 확정적인 단정을 짓기 어려운 면을 지니고 있다. 이는 과거 유대교에 빠져 있을 때 얻게 된 어떤 질병이나 연약함일 수 있으며 당시의 배도에 빠진 거짓 교사들과 연관되어 있을 수도 있다.

그렇게 볼 수 있는 근거는 앞에 기록된, "내가 처음에 육체의 약함을 인하여 너희에게 복음을 전했노라"(갈4:13)고 한 사실 때문이다. 바울은 여기서 자기가 복음을 전하게 된 것이 자신의 '육체의 약함' 때문이라고 했다. 즉 자신의 '육체의 약함' 과 복음을 전파한 일 사이에 어떤 관계가 있다는 것이다.

하여튼, 분명한 사실은 고린도후서에서 언급한 '육체의 가시' 와 갈라디아서에서 말한 '육체의 약함' 은 동일한 것이란 사실이다. 다수의 성경 번역본들은 여기서 언급된 육체의 약함을 질병(illness)으로 번역하고 있지만, 영어성경 KJV에서는 그것을 결점(infirmity)으로 번역하고 있다. 물론 우리는

---

45) 이 말씀은 바울을 괴롭히는 주체가 사탄이었음을 말해주고 있다. 그러나 하나님께서는 그것을 바울을 위해 유익한 역할을 하도록 해주셨다. 즉 바울이 당하는 고통 가운데서도, 하나님의 경륜이 역사하고 있었던 것이다. 이에 대해서는 오늘날 우리도 그와 같은 형편 가운데 살아가고 있으며 그와 동일한 교훈을 얻어야만 한다.

그 단어 자체에 얽매여 본문을 해석하고자 시도하는 것은 아니다.

하지만 명확한 점은 누가 보아도 쉽게 알 수 있는 '심각한 무언가'가 그의 육체에 가시적으로 드러나고 있었다는 사실이다. 그것은 하나님의 사도로서 사람들에게 오해를 불러일으킬 만한 것이었으며, 감추려고 해도 감출 수 없는 성격이었을 것이 틀림없다. 그럼에도 불구하고 갈라디아 지역의 성도들은 바울이 전하는 교훈과 가르침을 그대로 받아들였다.

바울 서신 전체를 살펴볼 때 그가 말하는 '육체의 약함'은 일단 일반적이지 않은 특수한 신체적인 질병이나 건강상의 문제와 연관된 것으로 생각해 볼 수 있다. 즉 그것은 건강상의 특이한 질환에 연관될 수도 있다. 하지만 배도자들로 인한 환난과 핍박으로부터 오게 된 심각한 핍박과 연관된 것으로도 해석이 가능하다.

하나님의 사도가 된 바울은 세상에서 말하는 넘치는 복을 받은 것이 아니라 도리어 유대인으로부터 견디기 어려운 엄청난 매를 여러 차례 수 없이 맞았으며 상당한 기간을 감옥에서 고생하며 보내야만 했다. 뿐만 아니라 자연 현상으로 인해 당하는 고통을 여러 차례 겪기도 했다. 고린도 교회에 보낸 그의 두 번째 편지에서 고통받은 모든 사실들을 나열하듯이 기록하고 있다.

"저희가 그리스도의 일군이냐 정신 없는 말을 하거니와 나도 더욱 그러하도다 내가 수고를 넘치도록 하고 옥에 갇히기도 더 많이 하고 매도 수없이 맞고 여러 번 죽을뻔 하였으니 유대인들에게 사십에 하나 감한 매를 다섯 번 맞았으며 세번 태장으로 맞고 한번 돌로 맞고 세 번 파선하는데 일주야를 깊음에서 지냈으며 여러 번 여행에 강의 위험과 강도의 위험과 동족의 위험과 이방인의 위험과 시내의 위험과 광야의 위험과 바다의 위험과 거짓 형제 중의 위험을 당하고 또 수고하며 애쓰고 여러 번 자지 못하고 주리며 목마르고 여러 번 굶고 춥고 헐벗었노라"(고후11:23-27)

위의 본문에서 볼 때 사도 바울은 육체의 고난으로 말미암아 건강을 많이 상하고 몸에 심각한 후유증이 남아 있었을 가능성이 크다. 신앙이 어린 교인들은 그것을 보며, 자기가 보낸 사도를 보호하지 않은 하나님의 의도와 능력을 의심했을 수도 있다. 나아가 배도자들은 바울의 그런 모습을 보며 그가 하나님으로부터 인정받지 못하는 증거인 양 비아냥댔을지도 모른다. 저들은 경륜에 따른 하나님의 놀라운 뜻 보다는 겉으로 드러나는 현상을 보고 즉시 판단하기를 좋아했다.

앞서 언급한 것처럼, 바울이 기록한 '육체의 약함'이나 '육체의 가시'는 유대교 신봉자로서 행한 그의 과거 전력에 연관지어 생각해볼 만한 여지가 남는다. 고린도후서에서 바울이 그것을 '사단의 사자'로 묘사하고 있는 점은 그에 관한 의미를 지닌 것으로 볼 수 있기 때문이다. 과거에 모르고 저질렀던 자신의 악한 행적으로 인한 괴로움과, 배도에 빠진 유대교 신봉자들 곧 거짓 교사들로 인한 현재의 핍박 등이 '사단의 사자'이자 '육체의 가시'로 연관될 수 있는 것이다. 분명한 사실은, 이 가시가 사도 바울을 쳐서 자고하지 않도록 해주신 하나님의 은혜로 받아들여지게 되었다는 점이다.

3. 교회의 사도에 대한 자세(갈4:14,15)

바울은 자기의 육체에 지니고 있는 연약함이 갈라디아 교회 성도들에게 '시험거리'가 될 만한 요소를 지니고 있음을 말하고 있다. 그것은 '하나님의 사람'으로서 충분히 인정받을 만한 외적인 요소가 온전히 갖추어지지 않은 것처럼 비쳐질 수 있었다.[46] 그럼에도 불구하고 그들은 바울을 전혀

---

46) 우리 시대의 기복주의자들은 그에 관하여 잘못된 믿음을 가지고 있다. 예수를 열심히 잘 믿으면 이 세상에서 건강하고 부자가 되며 남부럽지 않은 삶을 누리게 된다고 주장하는 것은 올바른 것이라 말할 수 없다.

업신여기거나 배척하지 않았다. 만일 그들이 하나님께 진정한 관심을 가지지 않은 미련한 자들이었다면 그와 같은 바울의 상태를 보고 비아냥거리거나 업신여겼을 수도 있었을 것이다.

갈라디아 교회 성도들은 그와 같은 심각한 결함을 가진 바울을 보고도 마치 '하나님의 천사'와 같이 대우했다. 그리고 마치 예수 그리스도를 영접하듯이 기쁜 마음으로 대했다. 이는 물론 그들이 바울을 영웅화나 우상화 했다는 의미가 아니다. 그들은, 바울이 '하나님께서 보내신 사자'이자 '예수 그리스도의 사도'로서 진리를 전파하는 임무를 맡은 자라는 사실을 분명히 알고 있었음을 말해준다. 바울의 모든 가르침은 전해진 그대로 아무런 가감 없이 받아들일 수 있는 진리였던 것이다.

그런 경건한 자세로 사도 바울을 영접하고 그의 말을 완벽한 진리로 받아들였던 성도들이 가장 복된 자들이었다. 이에 대해서는 오늘날 우리도 그와 동일하다. 그런데 당시 갈라디아 교회 교인들 가운데 일부는 바울로 인해 소유하게 된 참된 복을 가볍게 여기고 그것을 포기하는 자들이 생겨났다. 과거에는, 가능하면 저들의 눈이라도 빼어서 바울에게 줄 만큼 신뢰를 보이던 자들이었다.[47]

그러나 유대교의 율법주의에 빠져 있는 거짓 교사들의 속임수에 넘어간 자들은 자신의 종교적인 욕망을 추구할 목적으로 하나님의 진리를 멀리하고자 했다. 그렇게 하는 것이 개인의 인생을 위해 종교적으로 더욱 의욕을 부추기는 방편이 될 수 있었기 때문이다. 갈라디아 지역에 형성된 그와 같은 참된 신앙에 대한 부정적인 분위기가 사도 바울에게는 여간 안타깝지 않았을 것이다.

---

47) 이 말을 두고 바울이 가진 신체적인 질병이 '안질(眼疾)'이라고 생각하는 자들이 있다. 그러나 그것은 무리한 주장이다. 그 말은 과거에 저들이 바울을 얼마나 신뢰하고 믿었던가 하는 점을 말해주고 있을 따름이기 때문이다.

4. 거짓 교사의 미혹과 참된 복음으로부터 이탈(갈4:16,17)

성경은 항상 하나님의 뜻에 합당하게 가르쳐져야 한다. 그러나 타락한 세상에는 하나님의 말씀이 올바르게 전파되는 것을 훼방하는 세력이 있다. 사탄은 졸개들을 동원하여 지상 교회 가운데 가라지를 뿌리며 믿음의 사람들을 미혹한다. 그런데 문제가 되는 것은 진리에 반하는 거짓이 오히려 더 논리적으로 인식될 수 있다는 사실이다.

그러므로 어리석은 자들은 그 거짓 가르침에 쉽게 넘어간다. 그로 말미암아 배도에 빠지게 되면 진리에 대항하는 사악한 행위를 일삼게 된다. 그들은 하나님의 사도들에게 반기를 들어 저항한다. 즉 그런 자들은 타락한 인간의 이성에 근거하여 참된 진리에 비판을 가하며 그 원수의 자리에 앉고자 하는 것이다.

사도 바울은 거짓 교사들의 미혹하는 달콤한 말에 귀를 기울이는 갈라디아 교회의 일부 교인들을 향하여 단호하게 말했다. 자기가 저들에게 참된 진리를 전했다는 이유로 이제는 원수의 자리에 앉게 되었느냐며 책망하며 다그쳤던 것이다. 그러면서 저들에게 하나님의 복음을 짓밟는 악한 자들이 전하는 유혹에 속아 넘어가지 말라는 당부를 했다. 이는 그에게 아직 저들에 대한 깊은 사랑과 관심이 남아 있었음을 말해준다.

사탄의 지배를 받는 사악한 자들이 신앙이 어린 교인들을 향해 열심을 내는 것은 결코 선한 뜻이 있었기 때문이 아니다. 그들은 자기의 종교적인 욕망을 달성하기 위해 어리석은 자들을 이용하고자 할 따름이었다. 나아가 저들에게는 지상 교회를 분열시키고 교인들간에 서로 이간을 붙이고자 하는 목적이 있었다. 그런 자들은 그것을 통해 교인들로 하여금 자기를 위해 열심을 내게 하려는 악한 의도를 가지고 있다는 것이었다. 그것은 저들의 배후에 악한 사탄이 역사하고 있다는 사실을 말해주고 있다.

5. 진정한 열성의 소중함(갈4:18)

배도자들의 종교적인 열성은 하나님의 뜻에 저항하는 사악한 행위에 지나지 않는다. 그와 같은 경우라면 열심을 내면 낼수록 위험한 역할을 하게된다. 즉 하나님의 뜻을 깨닫지 못하는 자들이 아무리 대단한 종교적인 열심을 낸다고 할지라도 그것은 도리어 복음 사역에 방해되는 역할을 하게될 따름이다.

나아가 악한 자들은 어리석은 사람들을 미혹하기 위해 친절하게 잘 대해 준다. 그것은 하나님을 경외하는 진실한 자세가 아니라 이기적인 목적을 달성하고자 위장된 선심을 베푸는 것과 같다. 타락한 세상에서 발생하는 여러 문제들로 인해 낙심에 빠진 자들은 그에 쉽게 넘어지게 된다.

그러므로 우리는 그에 대한 확실한 분별력을 가져야 한다. 신앙을 기초로 한 인격적인 관계가 형성되지 않은 상태에서 접근해오는 자들에 의해의도적으로 베풀어지는 친절은 항상 조심하지 않으면 안 된다. 도리어 하나님의 자녀들은 종교적으로 접근해오는 그런 자들에 대해 철저히 경계하는 자세를 유지해야만 한다.

참된 교회에 속한 성숙한 성도들은 하나님의 말씀과 성령의 도우심에힘입어 선한 일에 대한 열심을 사모하며 그렇게 살아가고자 애쓴다. 따라서 모든 성도들은 하나님의 말씀을 증거하고 지상 교회를 온전히 세우는일에 열심을 기울이게 된다. 이는 형식적으로 떠들썩하고 분주한 종교적인 분위기를 연출하는 것을 의미하지 않는다. 진정한 열심은 계시된 하나님의 말씀에 근거해야 하며 진리에 붙잡혀 있을 때만 가능하다.

이에 대해서는 세상의 다양한 이성적 사상에 노출되어 있는 우리 시대의 교회들이 귀담아 들어야 한다. 종교적인 행사에 치중하며 세상에서 얻은 모든 것들을 교회 내부로 투여하는 것을 두고 복음을 위한 참된 열성이라 말할 수 없다. 하나님의 말씀에 온전히 순종하고자 하는 마음을 가지고 이 세상에서 치열하게 살아가는 것이 진정으로 열심을 다하는 성도의 삶이라 말할 수 있다.

6. '그리스도의 형상' 과 복음을 위한 해산의 수고(갈4:19)

갈라디아서 본문에 기록된 '너희 속에 그리스도의 형상이 이루기까지' (until Christ is formed in you)라는 말은 '예수 그리스도를 닮아간다' 는 의미와 더불어 '그리스도의 형상의 회복' 과 밀접하게 연관된다. 이는 단순한 상태적인 변화가 아니라 존재론적인 의미를 내포하고 있다. 또한 그 형상은 '하나님의 형상' 과 동일한 의미를 지니고 있는 것으로 이해해야 한다.

창세기는 하나님께서 우주만물을 창조하실 때 자신의 형상에 따라 인간을 지으신 사실을 증거하고 있다. 그 형상이 구체적으로 무엇인가에 대해서는 단정적으로 말하기 쉽지 않다. 하지만 하나님께서 자기의 형상에 따라 인간을 창조하신 목적은 분명하다. 그것은 자신이 창조한 세계를 인간들에게 대리통치를 맡기시기 위해서였다. 창세기의 천지창조에 연관된 내용 가운데는 그에 대한 사실이 선명하게 기록되어 있다.

"하나님이 가라사대 우리의 형상을 따라 우리의 모양대로 우리가 사람을 만들고 그로 바다의 고기와 공중의 새와 육축과 온 땅과 땅에 기는 모든 것을 다스리게 하자 하시고 하나님이 자기 형상 곧 하나님의 형상대로 사람을 창조하시되 남자와 여자를 창조하시고 하나님이 그들에게 복을 주시며 그들에게 이르시되 생육하고 번성하여 땅에 충만하라, 땅을 정복하라, 바다의 고기와 공중의 새와 땅에 움직이는 모든 생물을 다스리라 하시니라"(창 1:26-28)

아담과 그의 자손들은 창세기에 기록된 것처럼 하나님의 특별한 목적을 위해 그의 형상대로 지어진 존재이다. 그러나 사탄의 유혹에 넘어간 아담

은 하나님을 배신함으로써 자기에게 맡겨진 그 거룩한 임무를 박탈당하게
되었다. 나아가 하나님께서 아름답게 창조하여 인간에게 맡기신 우주만물
은 완전히 오염되어 버렸다. 그것은 하나님과 인간 사이의 관계가 완전히
단절되었음을 말해주고 있다. 그로 말미암아 인간들은 위태로운 국면에
처하게 되었다.

　따라서 타락한 인간들은 더 이상 하나님의 형상에 따른 기능을 할 수 없
는 비참한 존재로 바뀌었다.[48] 분명한 사실은, 성경의 교훈에 비추어 볼
때 인간이 범죄함으로써 하나님의 형상의 기능이 완전히 상실되어 버렸다
는 점이다. 창세전 하나님으로부터 선택받은 백성이라 할지라도 타락한
인간들에게는 하나님의 형상의 기능이 마비되어 버린 것이다. 하지만 완
벽한 하나님의 형상이신 예수 그리스도가 이땅에 오심으로써 비로소 망가
뜨려진 그 형상이 회복되었다.

　　"그는 보이지 아니하시는 하나님의 형상이요 모든 창조물보다 먼저 나신
　　자니"(골1:15); "그 중에 이 세상 신이 믿지 아니하는 자들의 마음을 혼미케
　　하여 그리스도의 영광의 복음의 광채가 비취지 못하게 함이니 그리스도는
　　하나님의 형상이니라"(고후4:4)

　우리는 위에 기록된 말씀의 의미를 올바르게 깨달아야만 한다. 대다수
신학자들은 인간들의 지정의知情意가 하나님의 형상이라고 주장하지만 그
것은 별 타당성이 없다. 만일 그런 논리가 적용된다면 하나님을 알지 못하

---

48) 이를 이해하기 위해 한 예를 들어 볼 수 있다: 만일 자동차 엔진이 완전히 망가
져 더 이상 기능을 하지 못한다면 그것은 더 이상 엔진이라 말할 수 없다. 사람들
이 그 형태를 보고 엔진이라 언급할 수 있겠지만 그것은 더 이상 엔진이 아니다.
그것이 엔진이 되기 위해서는 그것을 고쳐 엔진의 기능을 할 수 있어야만 한다.
하나님의 형상도 인간이 저지른 죄로 말미암아 완전히 망가져 더 이상 하나님의
형상의 기능을 감당할 수 없었지만, 완벽한 하나님의 형상인 예수 그리스도를 통
해 그의 자녀들은 그 기능을 온전히 회복하게 된 것이다.

는 불신자들에게 지정의를 통한 하나님의 형상이 뚜렷이 나타나게 되는데 반해 하나님의 자녀들 가운데서도 그것이 나타나지 않는 경우가 있다는 이상한 논리가 생겨나기 때문이다.

하나님의 형상을 인간의 지정의와 연관짓게 된 배경에는 인간과 동물을 구분짓는 것을 기준으로 하여 제시된 논리가 존재한다. 그러나 우리는 그 이상의 의미를 기억해야만 한다. 즉 하나님의 형상이라는 말이 타락한 인간의 관점에서 동물과 다른 존재로서 인간의 특성을 드러내는 의미가 아니다.

우리는 이 세상에 존재하는 모든 인간들이 하나님의 형상을 소유한 것으로 주장해서는 안 된다. 창세전에 하나님의 선택을 받은 자들은 하나님의 형상을 가진 자들이다.[49] 하지만 그들도 성령으로 말미암아 거듭 태어나기 전에는 하나님의 형상의 기능이 망가진 채로 그것을 상태적으로 소유하고 있었을 따름이다. 그와 같은 형편에서 완벽한 하나님의 형상이신 예수 그리스도를 통해 기능을 온전히 회복하게 된 것이다.

참된 교회에 속한 성도들이 완벽한 하나님의 형상인 예수 그리스도를 통해, 원래 인간이 소유했던 하나님의 형상의 기능을 회복하게 된 사실은 매우 중요한 의미를 지닌다. 우리가 계시된 말씀과 성령의 도우심에 힘입어 하나님을 자유롭게 경배하며 찬양할 수 있는 것은 우리 속에 하나님의 형상이 온전히 회복되었기 때문에 가능한 일이다. 하나님의 형상의 회복을 통해 하나님의 자녀가 되는 권세를 가지게 되었던 것이다.

---

49) 우리 주변에는, 인간들의 일반적으로 인정(人情)으로 인해 모든 인간은 '하나님의 형상'을 닮았다고 주장하는 자들이 많이 있다. 이 세상의 논리에 근거하여 설명한다면, 그것은 도리어 불신자들에게 결례가 될 수 있다. 예를 들어, 불교의 승려나 힌두교의 사제, 혹은 무속신앙을 가진 무당이나 점쟁이들에게 "당신은 기독교의 여호와 하나님의 형상을 지닌 자입니다"라고 말한다면 오히려 저들에게 결례를 행하는 것이 아니겠는가? 우리는 기독교인의 입장에서 다른 사람들을 본질적으로 정의내리는 것이 옳지 않다는 사실을 기억해야만 한다.

그것은 하나님의 자녀들에게 일순간에 선물로 주어지기도 하지만 그 기능의 원만한 회복을 위해서는 상당한 기간이 걸릴 수 있다. 사도 바울은 갈라디아 교회 성도들에게 그에 대한 언급을 하고 있다. 자기는 저들 가운데 그리스도의 형상이 이루어지기까지 해산하는 수고를 하고 있음을 말했던 것이다. 이는 타락한 세상의 모든 논리들을 포기하고 하나님의 형상을 통한 성숙한 신앙인으로 자라나 회복되기까지는 세상과 맞서 싸우며 투쟁하는 필수적인 과정을 거쳐야만 하기 때문이다.

7. 복음 선포자로서 사도의 단호함(갈4:20)

바울은 이제라도 과거처럼 저들과 함께 동일동질의 신앙을 유지함으로써 갈라디아 교회를 향한 자신의 비판적인 어조를 바꿀 수 있으면 좋겠다는 말을 했다. 이는 저들에게 엄하기는 했지만 책망하듯이 말하지 않고 대화로 권면하기를 바란다는 의미를 지니고 있다. 갈라디아 교회 교인들이 하나님의 은혜로 드러난 참된 복음을 멀리하고 인간의 행위를 강조하는 율법주의를 따라가는 것을 보며 조용히 넘어갈 수 없다는 것이었다.

갈라디아 교회에 속한 신앙이 어린 교인들 가운데는 율법적인 행위를 통해 자신의 종교성을 내세우며 적절하게 이중적인 태도를 보이는 자들이 상당수 있었다. 바울이 전한 복음도 받아들이고 유대인들의 율법주의적인 가르침도 수용하겠다는 것이었다. 그런 자들은 그렇게 함으로써 복음을 완전히 버리지 않은 채 율법을 통한 적극적인 종교행위를 하며 자기가 원하는 종교성을 충족시키고자 했다.

그러나 사도 바울은 예수 그리스도를 통해 은혜로 허락된 복음과 구약의 율법주의적인 요구를 동시에 받아들여 행하는 것이 불가능하다는 말을 하고 있다. 영원한 구원을 받게 된 성도들은 오직 하나님의 은혜로 말미암아 그것을 선물로 받았을 따름이다. 따라서 율법주의적인 행위를 통해 자신의 의를 창출하거나 내세우려는 것은 가당치 않은 일이며, 그와 같은 종교적인 행위로써 구원에 더욱 가까이 나아가려 하는 것은 하나님의 은혜를 파기하는 것과 마찬가지다. 우리는 진정한 복음이 전하는 교훈이 약화된 기독교 시대에 살아가면서 이 말씀이 의미하는 바를 마음속 깊이 간직해야만 한다.

제4장

율법과 언약
(갈4:21-31)

(21)내게 말하라 율법 아래 있고자 하는 자들아 율법을 듣지 못하였느냐 (22)기록
된바 아브라함이 두 아들이 있으니 하나는 계집 종에게서, 하나는 자유하는 여
자에게서 났다 하였으나 (23)계집 종에게서는 육체를 따라 났고 자유하는 여자
에게서는 약속으로 말미암았느니라 (24)이것은 비유니 이 여자들은 두 언약이라
하나는 시내산으로부터 종을 낳은 자니 곧 하가라 (25)이 하가는 아라비아에 있
는 시내산으로 지금 있는 예루살렘과 같은 데니 저가 그 자녀들로 더불어 종노
릇하고 (26)오직 위에 있는 예루살렘은 자유자니 곧 우리 어머니라 (27)기록된바
잉태치 못한 자여 즐거워하라 구로치 못한 자여 소리질러 외치라 이는 홀로 사
는 자의 자녀가 남편 있는 자의 자녀보다 많음이라 하였으니 (28)형제들아 너희
는 이삭과 같이 약속의 자녀라 (29)그러나 그 때에 육체를 따라 난 자가 성령을
따라 난 자를 핍박한 것 같이 이제도 그러하도다 (30)그러나 성경이 무엇을 말하
느뇨 계집 종과 그 아들을 내어 쫓으라 계집 종의 아들이 자유하는 여자의 아들
로 더불어 유업을 얻지 못하리라 하였느니라 (31)그런즉 형제들아 우리는 계집
종의 자녀가 아니요 자유하는 여자의 자녀니라

1. 구약 율법의 의미(갈4:21)

사도 바울은 율법주의자들의 주장에 미혹되는 자들을 향해 그에 속지

말라는 당부를 하고 있다. 그들은 구약의 율법을 매우 중시하는 것처럼 사고하고 행동하기를 좋아하는 듯 했지만 실상은 전혀 그렇지 않았다. 그들은 율법의 진정한 의미와 그 역할을 알지 못하고 있었던 것이다.

신약시대 교회에 속한 성도로서 구약성경에 기록된 율법을 올바르게 이해하는 것은 매우 중요하다. 그 율법은 단순한 법조항에 머무는 것이 아니었다. 이스라엘 백성에게 거룩한 율법이 주어진 데는 분명한 목적이 있었다. 하나님께서는 천상으로부터 계시된 특별한 율법을 주심으로써, 자신의 궁극적인 의도가 이 세상에 속한 나라의 것들과 전혀 다르다는 사실을 보여주셨다.

하나님께서는 또한 언약을 소유한 백성들에게 인간의 종교적인 구상이나 열정이 아니라 계시된 말씀에 따라 자기를 섬기도록 요구하셨다. 따라서 하나님의 자녀들은 원칙적으로 율법을 지킴으로써 자기가 하나님의 왕국에 속한 시민이라는 사실을 드러내야만 했다. 이와 더불어 백성들은 그 율법을 통해 자신이 하나님 앞에서 사악한 죄인이라는 사실을 깨달을 수 있게 되었다.

그러므로 구약의 율법과 언약은 타락의 늪에 깊숙이 빠진 하나님의 자녀들에게 예수 그리스도의 형상이 이루어져 가는 과정에 놓여있게 된다. 언약의 백성들에게는 그것이 궁극적인 목표가 되어 있었다. 그로 인해 장차 인간의 모습으로 이땅에 오실 메시아를 기다리며 여호와 하나님 앞으로 더욱 가까이 나아가게 되는 것이다.

하지만 어리석은 자들은 구약의 율법을 지키는 행위를 통해 종교 생활을 하고자 했다. 이는 그들이 하나님의 율법을 자신의 의를 나타낼 수 있는 도구 정도로 여기고 있었기 때문에 발생하는 문제였다. 그러나 그와 같은 사고와 행동은 예수 그리스도의 복음과 하나님의 뜻에 벗어난 악한 행위에 지나지 않는다.

2. 아브라함과 두 아들 : 이삭과 이스마엘(갈4:22,23)

사도 바울은 율법과 언약을 설명하기 위해 아브라함의 가족을 실체적이며 영적인 표본으로 삼았다. 하나님께서는 갈대아 우르에 살고 있던 아브라함 부부를 불러 장차 저들에게 자식을 주시겠노라는 약속을 하셨다. 당시는 사라의 태가 완전히 닫힌 상태였기 때문에 자식을 가질 수 없는 몸이었다. 그럼에도 불구하고 하나님께서는 아브라함 부부에게 자녀를 주시리라고 약속하셨다.

갈대아 우르를 떠난 아브라함은 나중에 두 명의 특별한 아들 곧 이스마엘과 이삭을 얻게 되었다. 후에 낳은 또 다른 자식들이 있었지만 그것은 예외로 생각할 수 있다. 아브라함의 두 아들은 출생 과정과 성격이 본질적인 측면에서 볼 때 전혀 달랐다. 이스마엘은 사라의 계집종이었던 하갈의 몸에서 태어났으며 이삭은 아브라함의 아내 사라에게서 출생했다. 그들은 어머니가 달랐음에도 불구하고 모두 아브라함의 씨로 태어났다.

그 두 자식들은 아브라함이 육신의 아버지였으므로 당연히 그를 아버지라 부를 수 있었다. 그러나 하나님께서는 그들 모두를 아브라함의 자녀로 인정하지 않으셨다. 이삭은 하나님의 약속의 자녀였으므로 아브라함의 아들로 인정했지만, 이스마엘은 하나님의 약속과 상관없이 인간적인 판단과 의도에 따라 태어났으므로 하나님께서 인정하지 않으셨다. 따라서 성경은 '독자 이삭' 이라는 말을 즐겨 사용하고 있다(창22:2,12,16 참조).

우리가 익히 아는 바대로 이스마엘은 아브라함과 사라의 하나님에 대한 인본적인 충성심으로 인해 태어나게 되었다.[50] 그들은 하나님의 약속이

---

50) 우리는 여기서, 이스마엘은 아브라함과 사라의 인간적인 판단과 의도에 따라 출생한 자녀란 사실을 기억해야 한다. 즉 그 과정은 처음부터 하갈의 의도와 아무런 상관이 없는 상태에서 진행되어 갔다. 사라의 몸종이었던 하갈은 주인인 사라의 요구에 따랐을 따름이다. 그러므로 우리는 하갈의 잘못된 행동을 지적하기에 앞서, 아브라함과 사라의 인간적인 충성심에 대한 잘못된 행동에 대해 올바른 이해를 해야 할 필요가 있다.

이루어지도록 하기 위해, 즉 실수하지 않는 하나님으로 만들어주고자 하여 억지로 아브라함과 하갈 사이에 이스마엘이 태어나도록 했다. 하지만 그는 하나님의 거룩한 작정에 의해 출생한 자식이 아니었다. 그는 믿음으로 말미암아 태어난 약속의 아들이 아니었던 것이다.

이에 반해 이삭은 하나님의 약속에 따라 출생한 자식이다. 아브라함과 사라는 갈대아 우르를 떠나기 전 하나님의 약속을 받았으나 잉태와 출산 기간의 지연으로 인해 그 약속을 전적으로 받아들이지 못했다. 이삭이 출생하기 직전 무렵에는 사라의 몸에서 자식이 태어나게 되리라는 사실을 완전히 포기하고 있었다. 그런 가운데 하나님께서 저들에게 약속의 자녀 이삭을 허락하셨다. 바울은 이를 통해 갈라디아 교회 성도들에게 하나님으로 말미암은 언약을 설명하고자 했다.

3. '두 언약' : 시내산과 예루살렘(갈4:24-26)

사도 바울은 아브라함의 아들 이스마엘과 이삭을 '두 언약'에 연관지어 설명하고 있다. 성경은 육체로 난 것과 약속으로 난 것을 비유로 해석하며 저들을 출산한 두 여인을 두 언약이라 말하고 있다. 바울은 또한 육체로 난 자를 시내산으로부터 종을 낳은 것으로 설명했으며, 약속으로 말미암아 태어난 자를 위에 있는 천상의 예루살렘으로부터 난 자유자라 설명했다. 즉 하갈은 종의 표상으로서 그가 낳은 아들 이스마엘과 더불어 종들의 조상이 되며, 사라는 여주인으로서 이삭과 더불어 자유하는 자의 조상이 된다.

우리가 또한 여기서 절대로 간과하지 말아야 할 점은 아브라함과 사라와 하갈, 그리고 이삭과 이스마엘이, 아직 시내산과 예루살렘의 존재뿐 아니라 그 의미가 전혀 드러나기 전에 살았던 인물들이었다는 사실이다. 당시에는 시내산에서 모세 율법이 주어지지 않았으며 하나님의 도성 예루살

렘과 그 가운데 성전이 건립되지도 않았다. 따라서 우리는 시내산과 예루
살렘의 의미가 역사적으로 소급되어 저들에게 적용되고 있음을 보여준다.

　이 사실은 구약의 구속사 가운데서 매우 중요한 의미를 드러내 보여주
고 있다. 이는 시내산과 예루살렘의 의미가 비록 아브라함 시대뿐 아니라
그보다 훨씬 앞선 시대인 노아와 그 이전의 성도들에게도 소급되어 동일
한 의미로 적용될 수 있음을 시사해주고 있기 때문이다. 이와 같은 역사적
사실은 또한 시간과 공간을 넘어 천상의 예루살렘에 그대로 연결되어 적
용되고 있다.

　우리는 천상의 나라가 인간의 역사와 시간을 초월하는 특수한 개념을
지니고 있다는 사실을 기억하지 않으면 안 된다. 시내산과 예루살렘의 실
체와 그 의미가 가시적으로 드러나기 전부터 천상의 나라는 이미 존재하
고 있었으며, 그 가운데 영원한 예루살렘이 영적이며 실체적인 상태로 존
재하고 있었다. 그것은 영적인 현실로서 초월적인 의미를 지니고 있다. 따
라서 그 의미는 오늘날 우리 시대의 성도들에게도 동일하게 적용되어야
할 내용이다.

　그러므로 바울은 약속의 자녀인 이삭을 낳은 사라가 '천상에 속한 자유
자' 라는 사실을 언급하고 있다(갈4:22,26 참조). 이는 지상에 존재하는 모든
성도들은 언약적인 의미상 자유자인 사라에게 속해 있으며, 그 여인은 그
리스도께 속한 언약의 자손들의 신령한 어머니가 된다는 사실을 말해준
다. 이 말은 지상에 존재하는 성소와 성전을 배경으로 한 율법이 지니는 실
제적인 진정한 의미를 드러내 보여주고 있다. 따라서 하나님의 약속을 받
아 구원의 은혜를 누리는 성도들은 이에 대한 분명한 이해를 하지 않으면
안 된다.

　우리가 또한 성경 본문 가운데서 주의 깊게 살펴보아야 할 점은, 아라비
아에 있는 시내산을 사도교회 시대의 예루살렘과 동일한 관점에서 이해하
고 있다는 사실이다. 지상에 존재하는 예루살렘은 예수 그리스도를 통한

구원사역이 완성될 때까지 율법적인 성격을 지니고 있었다. 그리하여 바울은 여기서 하갈이 자신의 아들 이스마엘과 함께 시내산과 동일한 율법적 성격을 지닌 예루살렘에서 종노릇했다는 사실을 언급했다(갈4:25). 이는 구약의 율법이 제정된 시내산과 그것이 구체적으로 적용된 예루살렘이 동일한 율법 가운데 존재한다는 사실을 말해주고 있다.

그렇지만 아브라함과 사라와 이삭에게 속한 약속의 자녀들은 더 이상 율법 아래 놓여 있지 않다. 예수 그리스도를 통해 복음을 알게 된 성도들은 시내산과 율법적 예루살렘으로부터 자유롭게 되어 천상의 예루살렘에 속하게 되었기 때문이다. 그런 상황에서 다시금 시내산과 지상의 예루살렘으로 회귀하여 그에 얽매일 필요가 없었던 것이다.

4. 약속의 성취(갈4:27)

사도 바울은 아브라함과 사라를 통해 성취된 하나님의 약속에 관한 내용을 기록하고 있다. 그것은 사람들이 예상하지 못하던 놀라운 일이었다. 태가 닫혀 불임여성이 되어 있던 사라를 통해 자식이 태어나리라고 생각하는 자들은 아무도 없었다. 선지자 이사야는 아브라함 언약과 연관된 예언을 하면서 그에 대한 언급을 했다.

> "잉태치 못하며 생산치 못한 너는 노래할찌어다 구로치 못한 너는 외쳐 노래할찌어다 홀로 된 여인의 자식이 남편 있는 자의 자식보다 많음이니라 여호와의 말이니라"(사54:1)

바울이 갈라디아서에서 인용한 이사야서의 이 예언은 매우 중요한 의미를 드러내 보여주고 있다. 사라가 비록 하나님에 대한 인본적인 충성심으로 인해 자신의 몸종 하갈을 남편의 첩으로 제공하는 행동을 취하기는 했지만 그것은 근본적으로 잘못된 판단에 의한 것이었다. 사라는 하나님께서 자신의 몸을 통해 아브라함의 자손을 주시겠다고 하신 약속을 순전한 마음으로 믿지 못했던 것이다.

그리하여 윤리적으로도 큰 문제가 될 수 있는, 자기의 몸종인 하갈을 남편 아브라함의 첩으로 내어주게 되었다. 그것은 그녀에게 매우 고통스런 일이었지만, 감히 하나님의 약속 이행을 도우려고 하는 경건치 못한 심성으로 그렇게 했다. 따라서 하나님께서는 저의 인본적인 충성을 기쁨으로 받아들이지 않으셨으며 도리어 믿음이 부족한 저를 강하게 책망하셨다. 그 결과 사라는 일시적으로 남편을 자기의 몸종에게 빼앗기는 결과를 가져왔다. 원래는 그럴 마음이 아니었지만 결과적으로 그렇게 되어 버린 것이다.

그러므로 자식을 잉태하거나 출산하지 못하는 사라는 심한 괴로움에 빠질 수밖에 없었다. 그런 중에 약속에 신실하신 하나님께서는 아내의 자리를 상실한 사라에게 그 지위를 회복시켜 주셨다. 사라는 아브라함의 아내로서 자신의 자리를 박차버렸지만 하나님께서는 저를 제자리로 돌려 놓으셨던 것이다.

우리가 여기서 기억해야 할 바는, 하나님의 관심은 아브라함과 그의 아내 사라를 통해 허락하실 언약의 자손에 있었다는 사실이다. 그로 말미암아 죄에 빠진 언약의 백성들을 악의 구렁텅이로부터 구출해 내시고자 하셨기 때문이다. 사라는 그것을 위해 아브라함의 씨를 잉태하여 약속의 자녀 이삭을 낳게 되었던 것이다.

그 결과 잉태치 못하여 슬픔에 빠져 있던 사라가 여호와 하나님을 찬양하는 목소리를 크게 드높일 수 있었다. 일시적이기는 했지만 사랑하는 남편을 빼앗겨 홀로 된 여성이 되었던 그녀가 남편을 두었다고 기고만장해하던 하갈보다 더 많은 언약의 자손을 얻을 수 있게 되었다. 하나님께서 홀로 그 모든 일을 작정하시고 거룩한 뜻에 따라 그것을 구체적으로 성취하셨기 때문이다.

5. '육체의 자녀'에 의해 핍박당하는 '약속의 자녀' (갈4:28,29)

사도 바울은 갈라디아 교회 성도들에게 저들이 이삭과 같은 약속의 자녀라는 사실을 강조하여 말했다. 이 말은 하나님께서 피로 값 주고 사신 교회에 속한 성도들은 더 이상 시내산이나 지상의 율법적인 예루살렘이 아니라 천상의 거룩한 예루살렘에 속했다는 사실을 의미하고 있다. 따라서 천상에 속한 성도들은 더 이상 지상의 시내산과 예루살렘의 율법을 지킬 필요가 없었다. 그 모든 것들은 인간의 몸을 입고 이 세상에 오신 예수 그리스도를 통해 이미 완성되었기 때문이다.

그러므로 하나님의 자녀들은 이제 '예수 그리스도 안'(in Jesus Christ)에 존재해야만 한다. 하지만 지상의 성도들은 약속의 자녀이면서 여전히 육체를 입고 타락한 이 세상 가운데 살아갈 수밖에 없다. 그렇기 때문에 과거 아브라함 시대에 예표로 제시된 바와 같이 육체를 따라서 난 이스마엘이 성령을 따라서 난 이삭을 핍박했듯이 오늘날도 그와 동일한 행태가 그대로 나타나고 있다.

그러므로 지금도 여호와 하나님을 올바르게 알지 못하는 율법적 배도자들은 자신의 판단과 종교적인 행동을 의로 내세우는 가운데, 구약성경을 임의로 들먹이며 교회와 어린 성도들을 혼란스럽게 하여 괴롭히기 위해 온갖 술수를 다 쓰고 있다. 하나님의 자녀들은 그로 인해 타락한 세상에 살아가면서 약자가 되어 악한 자들로부터 환난과 핍박을 받게 된다. 예수님께서는 제자들에게 그에 연관된 말씀을 하셨다.

"이것을 너희에게 이름은 너희로 내 안에서 평안을 누리게 하려함이라 세상에서는 너희가 환난을 당하나 담대하라 내가 세상을 이기었노라 하시니

라"(요16:33)

위에 기록된 말씀처럼 하나님의 자녀들은 복음으로 인해 예수 그리스도 안에서 참된 평안을 누리게 된다. 그것은 타락한 세상에서 경험할 수 있는 성질의 것이 아니다. 그럼에도 불구하고, 이 세상에서 살아가는 성도들은 환난과 핍박을 면할 수 없다. 언약의 백성은 그런 가운데서도 천상의 영원한 소망을 가지고 담대한 마음으로 살아가야 한다. 우리는 이에 대한 분명한 이해를 함으로써 악한 세력에 강력하게 저항하며 저들의 술수에 대하여 엄히 경계할 수 있어야만 한다.

6. 상속자로서 약속의 자녀(갈4:30,31)

성경은 하나님께서 아브라함에게 계집종과 그 아들을 바깥으로 내어쫓으라고 명령한 사실에 관한 언급을 하고 있다. 즉 하갈과 이스마엘을 집으로부터 쫓아내라는 것이었다. 이 명령 가운데 나타나는 중요한 의미는 언약의 본질을 소유한 약속의 자녀와 형식만 지닌 육체의 자녀를 완전히 분리시키라는 것이다. 여기에는 장차 하나님의 약속에 따라 출생하게 될 메시아 언약이 들어 있다.

하나님께서 요구하시는 이스마엘과 이삭의 영원한 분리 문제에 대해서는 아무도 대항하거나 거절할 수 없었다. 이스마엘의 육신적 아버지로서 그를 사랑하는 마음을 가진 아브라함에게는 그것이 매우 고통스러운 일이었을 것이 틀림없다. 그럼에도 불구하고 그는 하나님의 요구에 순종하지 않을 수 없었다.

우리는 또한 여기서 계집종과 본처 사이에 근본적으로 다른 신분이 존재한다는 사실을 기억해야 한다. 본처인 사라와 그의 아들 이삭은 주인의 신분을 소유하고 있었지만 계집종과 그의 아들 이스마엘은 하나님께서 인정하시는 아들이 아니었으므로 영적인 유산을 상속받을 수 없었다. 따라서 이삭은 상속자가 되어 아버지로부터 믿음의 유산을 이어받기로 작정되어 있었는데 반해 이스마엘은 그렇지 못했다.

이는 아브라함으로부터 주어지는 유산에 국한되는 것이 아니라, 하나님께서 자기 자녀들에게 선물로 주시는 영원한 상속에 밀접하게 연관되어 있다. 바울은 참된 교회에 속한 성도들에게 그에 연관된 언급을 했다. 참된 교회에 속한 성도들은 계집종의 자녀가 아니라 본처의 자녀라는 것이다. 이는 우리에게 하나님으로 말미암은 영원한 상속이 약속되어 있다는 사실을 말해주고 있는 것과도 같다.

우리는 사도 바울이 전하는 이 말이 지상 교회와 세상 사이의 경계를 짓고 있음과 교회의 권징사역과도 일맥상통하는 의미를 지니고 있다는 사실을 기억해야 한다. 참된 교회라면 무분별하게 아무나 언약공동체 내부로 받아들이지 않는다. 즉 본처의 자녀들은 교회 안으로 받아들여야 하지만 계집종의 자녀들은 그럴 수 없다. 이는 성도의 무리 가운데서 행해지는 저들의 공적인 신앙고백을 통해 확인하게 된다. 하나님의 자녀로서 올바른 믿음을 소유한 자들은 거룩한 성도로서 받아들여지게 되지만 신앙을 고백하지 않는 자들은 교회 밖으로 내어보내야 하는 것이다.

이처럼 지상에 존재하는 참된 교회는 하나님의 상속자로서 내부적으로 참된 사랑이 넘치는 가운데 경건한 면모를 지니고 있어야 한다. 이에 반해 바깥세상의 불의에 대해서는 단호하고 엄격한 자세를 유지해야 한다. 그것은 지상 교회가 주님의 재림 때까지 하나님의 언약 가운데서 복음을 선포하며 거룩하게 보존 되어가야 한다는 사실을 말해 주고 있다.

갈라디아서 _ 5장

제1장

자유의 본질과 유지
(갈5:1-15)

⑴그리스도께서 우리로 자유케 하려고 자유를 주셨으니 그러므로 굳세게 서서 다시는 종의 멍에를 메지 말라 ⑵보라 나 바울은 너희에게 말하노니 너희가 만일 할례를 받으면 그리스도께서 너희에게 아무 유익이 없으리라 ⑶내가 할례를 받는 각 사람에게 다시 증거하노니 그는 율법 전체를 행할 의무를 가진 자라 ⑷율법 안에서 의롭다 함을 얻으려 하는 너희는 그리스도에게서 끊어지고 은혜에서 떨어진 자로다 ⑸우리가 성령으로 믿음을 좇아 의의 소망을 기다리노니 ⑹그리스도 예수 안에서는 할례나 무할례가 효력이 없되 사랑으로써 역사하는 믿음뿐이니라 ⑺너희가 달음질을 잘 하더니 누가 너희를 막아 진리를 순종치 않게 하더냐 ⑻그 권면이 너희를 부르신 이에게서 난 것이 아니라 ⑼적은 누룩이 온 덩이에 퍼지느니라 ⑽나는 너희가 아무 다른 마음도 품지 아니할 줄을 주 안에서 확신하노라 그러나 너희를 요동케 하는 자는 누구든지 심판을 받으리라 ⑾형제들아 내가 지금까지 할례를 전하면 어찌하여 지금까지 핍박을 받으리요 그리하였으면 십자가의 거치는 것이 그쳤으리니 ⑿너희를 어지럽게 하는 자들이 스스로 베어 버리기를 원하노라 ⒀형제들아 너희가 자유를 위하여 부르심을 입었으나 그러나 그 자유로 육체의 기회를 삼지 말고 오직 사랑으로 서로 종노릇 하라 ⒁온 율법은 네 이웃 사랑하기를 네 몸 같이 하라 하신 한 말씀에 이루었나니 ⒂만일 서로 물고 먹으면 피차 멸망할까 조심하라

1. 위로부터 허락된 자유(갈5:1)

하나님께서는 자기 자녀들에게 참 자유를 주셨다. 여기서 우리는 그 의

미를 올바르게 깨닫지 않으면 안 된다. 성경에서 말하는 이 자유는 인간들이 타락한 세상에서 경험하는 일반적인 자유와는 그 성격이 전혀 다르다. 따라서 예수 그리스도로 말미암아 주어진 자유는 아무렇게나 거리낌 없이 말하고 행동할 수 있는 것을 의미하지 않는다. 나아가 그 자유란 영적인 방종을 일컫는 것도 아니다.

성경에서 말하는 자유란 악한 사탄으로부터의 완전한 해방을 의미한다. 그것은 예수 그리스도의 십자가 사역과 하나님으로부터 계시된 말씀을 통해 허락된 자유와 직접 연관되어 있다. 예수님께서는 이전에 자기를 따라오는 유대인들에게 그에 연관된 말씀을 하셨다. 참 자유는 그냥 제공되는 것이 아니라 하나님의 특별한 사역을 통해 예수 그리스도의 제자가 될 때 비로소 가능한 일이다.

> "그러므로 예수께서 자기를 믿은 유대인들에게 이르시되 너희가 내 말에 거하면 참 내 제자가 되고 진리를 알찌니 진리가 너희를 자유케 하리라"(요 8:31,32)

죄에 빠진 인간이 타락하여 오염된 상태에 놓인 세상을 거부하고 예수 그리스도의 말씀 안에 거할 때 비로소 그의 참 제자가 될 수 있다. 즉 인간에게 허락된 진정한 자유는 아무런 과정적인 조건 없이 주어지는 자유가 아니며 단순한 선언적인 의미도 아니다. 그 자유란 사탄의 지배에서 벗어나 예수 그리스도의 통치 안으로 들어가는 것을 의미한다. 하나님의 자녀들이 진리로 말미암아 진정한 자유를 누릴 수 있게 되는 것이다.

따라서 사도 바울은 갈라디아 교회 성도들에게 다시는 율법주의가 억압하는 종의 멍에를 메지 말라는 당부를 했다. 그렇게 하기 위해서는 신앙 안에서 굳세게 서야만 한다는 사실을 동시에 언급하고 있다. 인간은 본질상참 자유에는 익숙하지 않으며 종의 멍에를 메는 데는 익숙해 있기 때문이다(엡2:2).

사탄에게 속한 세상의 자체적인 논리는 교활한 유동성을 띠고 있기 때문에 말씀 위에 굳게 서 있지 않으면 안 된다. 이 말은 믿음을 굳게 하여 다시는 과거에 주어진 율법의 짐을 지지 말아야 한다는 사실에 연관되어 있다. 사랑을 받는 아들이 자기 아버지 앞에서 종의 행세를 한다는 것은 이상한 일이 아닐 수 없는 것이다.

우리는 여기서 매우 중요한 문제를 만나게 된다. 그것은 구약시대 모세의 율법이 곧 종의 멍에가 된다는 사실을 의미하고 있기 때문이다. 율법은 구속사 가운데서, 창세전에 선택받은 백성이 아직 예수 그리스도의 십자가 사역을 통해 아들로 입적되기 전 언약의 백성을 그 가운데 묶어두는 역할을 했다.

이는 구약의 모든 율법을 완성함으로써 사탄의 멍에로부터 해방시켜 저들에게 참된 자유를 제공하실 메시아가 오시게 된다는 사실에 직접 연관되어 있다. 이땅에 오신 예수 그리스도께서 완성하신 모든 사역은 그것의 성취를 말해 준다. 따라서 이제 하나님의 아들이 된 성도들은 더 이상 종의 율법 아래서 멍에를 멘 채 살아갈 필요가 없게 된 것이다.

2. 할례와 복음(갈5:2,3)

구약시대의 할례는 아브라함에게 속한 언약의 백성이라면 모든 남성들이 반드시 행해야 할 의례였다. 남자 아기가 태어나면 여드레 만에 베풀어야 하는 할례는 그 자체로서 대표성을 띠고 있다. 또한 그것은 이방인으로서 이스라엘 민족 내부로 들어가는 데 요구되는 필수적인 관문이다.

그런데 사도 바울은 이제 더 이상 모세 율법에서 요구하는 할례를 행할 필요가 없음을 언급하고 있다. 율법에 따른 할례는 예수 그리스도로 말미암아 허락된 참된 자유를 억압하는 것과 마찬가지다. 따라서 바울은, 복음을 알게 된 자들은 할례를 받지 말아야 한다는 사실을 강조하고 있다. 만일 할례를 받으면 그리스도께서 행하신 모든 사역이 성도들에게 아무런 유익이 없게 된다는 것이었다.

바울은 누구든지 육신의 할례를 받음으로써 율법의 의무를 이행하려는 자가 있다면 그는 구약성경에 기록된 율법 전체를 지켜야 한다는 사실을 강조했다. 율법 조항의 한 부분을 시행하는 것은 모든 의무를 감당하는 것이 아니기 때문이다. 사도 바울이 이와 같은 언급을 한 것은 새롭게 된 언약 공동체와 연관되어 있다. 이는 하나님의 자녀들이 혈통을 배경으로 한 육신적인 이스라엘 민족 공동체가 아니라 그리스도의 나라 안으로 들어가게 된 사실을 말해주고 있다.

즉 하나님의 자녀들은 더 이상 할례를 통해 이스라엘 민족 공동체에 속하게 되리라고 기대하거나 그것을 목적으로 삼지 않는다. 그 대신 예수 그리스도의 복음을 통해 주님의 몸된 교회인 신앙 공동체에 속하는 것을 목적으로 삼아야 한다. 이로써 지상 교회에 속한 성도들은 구약시대 율법이 주어진 그 궁극적인 의미를 확증하게 되는 것이다.

3. 율법의 완성과 믿음에 의해 주어지는 의(갈5:4-6)

하나님의 아들이신 예수 그리스도께서 인간의 몸을 입고 이땅에 오셔서 모든 사역을 완성하신 터에 구약의 율법을 지킴으로써 의롭다 함을 얻으려 하는 사람은 지극히 어리석은 자가 아닐 수 없다. 그것은 단순히 잘못된 신앙적 오해가 아니라 그리스도의 사역을 온전히 받아들이지 않음으로써 그를 욕되게 하는 행위가 된다. 이는 예수 그리스도로 말미암아 성취된 구속사역을 온전히 믿지 않는 것이 되기 때문이다.

그럼에도 불구하고 어리석은 자들은 율법을 지킴으로써 자신의 의를 드러내 보이고자 한다. 이는 거짓 교사들이 율법주의를 선전하며 어린 교인들을 속이고 있기 때문이다. 따라서 사도 바울은 그와 같은 율법주의자들을 두고 예수 그리스도로부터 끊어진 자라 말하고 있다. 그들은 하나님으로부터 허락된 은혜와 아무런 상관이 없는 자들이다. 미련한 자들은 스스로 그렇게 하는 것이 하나님의 율법에 순종하는 행위라고 여기겠지만 실상은 하나님의 복음을 배척하고 있는 것이다.

그런 사람들은 성경을 가지고 있으면서도 그것을 통해 말씀하시고자 하는 하나님의 궁극적인 뜻에는 아무런 관심이 없다. 구약의 율법이 죄인들을 구원하시기 위해 이땅에 오실 예수 그리스도를 예언하고 있다는 사실을 모르고 있기 때문이다. 그들은 장차 임하게 될 실체의 그림자로서 기능했던 율법이 예수 그리스도를 통해 성취되었음에도 불구하고 그 복음을 받아들이지 않았던 것이다.

교회에 속한 하나님의 자녀들은 성령으로 말미암는 믿음을 선물로 받아 소유하고 있다. 그것을 통해 하나님으로부터 의로운 자로 인정받는 것이 성도들이 이 세상에서 얻게 되는 최상의 즐거움이자 소망이 된다. 이는 예수님의 십자가 사역이 아니고는 결코 우리에게 허락될 수 없는 신령한 성격을 지니고 있다.

그러므로 예수 그리스도 안에서는 할례나 무할례가 아무런 의미나 효력이 없다. 즉 할례를 받는다고 해서 의롭게 되는 것이 아니며, 할례를 받지 않는다고 해서 그것 자체로서 더 의로운 결과를 가져오지도 않는다. 하나님의 자녀들에게 있어서 가장 중요한 것은 예수 그리스도의 사랑으로 주어지게 되는 믿음이다. 그것이 죄로부터 구원받은 하나님의 자녀를 의롭게 하는 유일한 방편이 되기 때문이다.

우리가 여기서 눈여겨보아야 할 점은 의에 연관된 믿음과 소망과 사랑이다. 이는 일반적인 관점에서 말하는 것과는 본질적으로 다른 성격을 지니고 있다. 즉 성경에 언급된 그것들은 이 세상의 이성과 경험이 아니라 영원한 천상에 연결되어 있으며, 예수 그리스도의 십자가 사역을 통해 허락된다. 이는 또한 사도 바울이 고린도 교회에 보내는 편지에서 언급한 믿음, 소망, 사랑(고전13:13)을 떠올리게 한다.

4. 진리를 가로막는 작은 누룩(갈5:7-9)

타락한 세상과 배도의 시대에 하나님을 올바르게 믿고 섬기며 살아간다는 것은 결코 쉬운 일이 아니다. 하나님의 백성으로서, 공간적으로는 천상을 향해 눈을 고정시키고 역사적으로는 앞으로 임하게 될 주님의 재림의 날을 주시하지 않고는 주님 안에서 성실한 삶을 살아갈 수 없다. 따라서 세상의 다양한 유혹거리들이 주변에 널려 있는 상황에서는 여간 주의를 기울이지 않으면 안 된다.

사도 바울은 먼저 갈라디아 교회 성도들에게 그동안 저들이 달음박질을 잘 했다는 말로 격려했다. 이는 그들이 마치 단거리나 장거리 달리기 경주를 하듯이, 주변을 두리번거리지 않고 오로지 목표점을 향해 성실하게 달려 왔다는 사실에 대한 언급이다. 이 말은 그들이 지금까지 오로지 진리를 향해 최선을 다해 살아왔음을 말해주고 있다. 그런데 그와 같은 자세로 신앙생활을 하던 교인들에게 심각한 문제가 발생하게 된 것이다.

그러므로 바울은 어떤 악한 자들이 온전한 삶을 살아가던 어린 교인들을 가로막아 진리를 순종치 않게 했느냐고 다그치고 있다. 어리석은 자들 가운데는 저들의 잘못된 가르침에 귀를 솔깃해 하는 자들이 상당수 있었다. 따라서 그 말 가운데는 어떻게 해서 악한 자들의 미혹에 넘어가게 되었느냐는 책망이 섞여 있다. 거짓 교사의 미사여구美辭麗句에 속아 넘어가지 말아야 할 자들이 저들의 속임수에 넘어가게 되었기 때문이다.

지상 교회와 성도들을 어지럽히고자 하는 사탄의 계략에는 사람들의 일반적인 사고를 넘어서는 교활함이 들어있다. 그를 추종하는 악한 세력은 형식상 위협적이기보다 오히려 달콤하고 그럴듯한 수법으로 접근해 온다.

그러므로 어리석은 자들은 정신을 바짝 차리지 않을 경우 저들에게 미혹 당하기 십상이다. 바울은 고린도 교회에 보내는 두 번째 편지에서 그에 대한 언급을 분명히 하고 있다.

"저런 사람들은 거짓 사도요 궤휼의 역군이니 자기를 그리스도의 사도로 가장하는 자들이니라 이것이 이상한 일이 아니라 사단도 자기를 광명의 천사로 가장하나니 그러므로 사단의 일군들도 자기를 의의 일군으로 가장하는 것이 또한 큰 일이 아니라 저희의 결국은 그 행위대로 되리라"(고후 11:13-15)

우리가 여기서 분명히 알 수 있는 점은 사탄의 통치와 지도를 받는 거짓 교사들이 참 교사들보다 훨씬 더 매력적이고 고상하게 보일 수 있다는 사실이다. 그들은 무서운 괴물의 모습을 띠고 있는 것이 아니라 광명한 천사로 가장하고 신앙이 어린 교인들 앞에 나타난다. 나아가 자기를 마치 의로운 일군이라도 되는 양 위장하고 있다. 그렇기 때문에 순박한 많은 사람들이 그에 동요되어 속아넘어가게 된다.

그러므로 지상 교회에 속한 성숙한 성도들은 항상 이에 대하여 깊은 주의를 기울이지 않으면 안 된다. 그래야만 저들이 전하는 거짓 가르침이 하나님으로부터 난 것이 아니라 사탄으로 말미암은 것이란 사실을 깨달아 알 수 있게 된다. 악한 자들이 성경에 기록된 율법을 임의로 인용하여 부분적으로 제시하며 진리를 허물려고 할 때 성도들은 정신을 바짝 차리지 않으면 그에 쉽게 속아넘어갈 우려가 있다.

사도 바울은 하나님의 자녀들로 하여금 그와 같은 거짓 교사들을 아예 가까이 하지 못하도록 당부하고 있다. 저들의 주장이 조금이라도 교회 안으로 들어오는 것을 용납하지 말라는 것이다. 만일 그와 같은 상황을 가볍게 여기고 방치하게 되면 그것이 누룩이 되어 전체 교회를 어지럽히게 될 것이기 때문이다(고전5:6 참조). 바울은 적은 누룩이 온 덩이에 퍼지게 된다는 말을 하며 그에 대한 경계를 요구하고 있다.

5. '다른 마음'을 품도록 선전하는 자들에게 임할 심판(갈5:10)

하나님의 진리를 소유한 성도들은 결코 사탄이 지배하는 악한 세상과 타협해서는 안 된다. 이는 단순히 종교적인 독선을 요구하는 의미가 아니라 진리에 대한 보존에 연관된 말이다. 그러므로 사도 바울은 갈라디아 교회의 성도들에게 '다른 마음'을 품는 것이 얼마나 위태로운가 하는 점을 언급하고 있으며, 저들이 그리스도로 말미암아 소유한 온전한 신앙심을 버리지 말아야 함을 강조하고 있다.

그럼에도 불구하고 신앙이 어린 어리석은 교인들 가운데는 악한 자들의 교묘하게 치장된 매력적인 면모에 관심을 가지는 경우가 많다. 저들 가운데는 하나님에 대한 불신앙에도 불구하고 세상적인 관점에서 볼 때 훌륭한 인품을 갖춘 자들이 많을 수 있다. 또한 가난한 자들이나 고통에 빠져 신음하는 자들을 위한 구제와 더불어 소박한 삶을 살아가는 모습을 보여줄 수도 있다. 하지만 그것은 하나님의 진리에 근거한 것이 아니라 일반 윤리적인 측면에 연관되어 있을 따름이다.

하나님의 자녀들은 타락한 세상의 가치를 버리고 오직 진리의 편에 서야만 한다. 이를 위해서는 교회에 속한 성도들이 하나님의 진리와 세속적인 윤리를 올바르게 분별할 수 있는 능력을 소유하는 것은 매우 중요한다. 진리는 영원한 데 반해 일반 윤리는 세상에 존재하는 일시적인 현상에 지나지 않는다. 다시 말해 참된 진리는 영원불변하지만 세상의 윤리는 시대와 장소에 따라 끊임없이 변천하는 속성을 지니고 있다. 그러므로 시대와 장소에 얽매일 수밖에 없는 속성을 지닌 인간들은 항상 주변 상황에 민감하게 반응할 수밖에 없다.

우리는 여기서 본문에 언급된 '다른 마음'에 대하여 주의 깊게 생각해 보아야 한다. 여기서 말하는 '다른 마음'은 기독교 신앙을 가졌다고 주장하는 자로서 '두 마음'(double-minded)을 품는 것과 밀접하게 연관되어 있다. 성경은 그런 자들을 강하게 질책하고 있다. 시편 기자는 그에 관한 노래를 하고 있으며, 야고보서에도 그에 관한 기록이 나타나고 있다.

> "내가 두 마음 품는 자를 미워하고 주의 법을 사랑하나이다"(시119:113); "오직 믿음으로 구하고 조금도 의심하지 말라 의심하는 자는 마치 바람에 밀려 요동하는 바다 물결 같으니 이런 사람은 무엇이든지 주께 얻기를 생각하지 말라 두 마음을 품어 모든 일에 정함이 없는 자로다"(약1:6-8); "하나님을 가까이 하라 그리하면 너희를 가까이 하시리라 죄인들아 손을 깨끗이 하라 두 마음을 품은 자들아 마음을 성결케 하라"(약4:8)

하나님의 자녀들은 믿음 위에 모든 가치관을 세워두고 있으므로 오직 믿음으로 하나님께 간구하며 나아가야 한다. 따라서 시편 기자와 신약시대의 야고보 선생은 하나님의 말씀을 통해 허락된 진리와 교훈에 대하여 추호의 의심도 하지 말아야 한다는 사실을 강조하고 있다. 그것을 의심하는 자들은 그로 인해 주변의 환경에 의해 형성된 잘못된 사고와 세속적 가치관의 영향을 받고 있다는 사실을 입증하고 있을 따름이다.

그러므로 하나님의 자녀들은 '세상'과 '하나님' 양쪽에 마음과 발을 걸쳐두어서는 안 된다. 그것은 '다른 마음'을 가지게 됨으로써 '두 마음'을 품는 것과 같다. 이에 대해서는 예수님께서도 산상수훈 가운데서, 성도들은 오직 '하나님' 한 분만을 섬겨야 하며 하나님과 세상의 재물을 동시에 섬기지 못한다는 사실을 말씀하셨다.

> "한 사람이 두 주인을 섬기지 못할 것이니 혹 이를 미워하며 저를 사랑하거나 혹 이를 중히 여기며 저를 경히 여김이라 너희가 하나님과 재물을 겸하

여 섬기지 못하느니라"(마6:24)

예수 그리스도의 은혜를 입어 하나님의 자녀가 된 자들은 타락한 세상에 대해서는 죽은 자들이다. 즉 성도들은 세상에 대하여는 죽고 하나님에 대해서는 다시 살아나게 되었다. 그런 사람들은 세상에서 발생한 의미를 포기해야만 한다. 이는 불변하는 영원한 가치에 연관되어 있다. 그럼에도 불구하고 진리에서 벗어난 어리석은 자들은 세상의 것들을 더 많이 소유하는 것을 하나님의 축복인 양 가르친다.

하나님의 사역과 그의 은혜가 아니라 율법을 통한 인간의 선행을 강조하며 그것으로써 영원한 의에 도달할 수 있을 것처럼 가르치는 자들은 배도에 빠진 자들로서 궁극적인 심판을 피할 수 없게 된다. 그것은 예수 그리스도의 십자가 사역을 소멸시키는 것과 마찬가지이기 때문이다. 하나님의 자녀들은 그에 대한 온전한 자세를 유지하지 않으면 안 된다.

6. 바울이 전하는 십자가의 도(갈5:11,12)

사도 바울은 진리의 복음을 알고 난 후 사탄에 속한 대적자들에 의해 엄청난 핍박을 받았다. 하나님의 놀라운 은혜로 인해 영혼은 참된 자유를 얻었지만 그의 육신은 전에 겪어보지 못한 심한 고초를 겪어야만 했다. 은혜와 자유는 그 성격에 비추어 볼 때 박해와 고초와는 정반대적인 성격을 지니고 있다. 그러나 하나님의 자녀가 된 성도들의 삶 가운데는 결코 공존할 수 없을 것 같은 그 현상들이 동시에 존재하며 나타나게 된다.

바울은 과거 유대교에 속해 있으면서 주님의 교회를 심하게 핍박했었다. 그런데 이제는 자기가 도리어 옛 동료들로부터 그 심한 핍박을 받게 되었다. 하나님을 올바르게 알지 못하던 지난날의 바울은 숱하게 많은 하나님의 자녀들을 체포하여 감옥에 가두거나 고문했으며 심지어는 죽이기까지 했다(행7:57-60). 그는 저들에게 하나님을 모독하고 이스라엘 민족주의에 저항한다는 죄 몫을 적용해 그리스도를 따르는 무리를 심하게 박해했던 것이다.

그런데 바울은 이제 자신이 핍박하던 바로 그 범죄자의 무리에 속하게 되었다. 이제 그의 모든 신앙은 예수 그리스도께 집약되어 있었다. 따라서 그는 자기가 만일 할례를 전하고 그것을 통해 하나님과 이스라엘 민족의 특별한 존재 의미를 지속적으로 인정하고 강조했다면 그런 박해를 받을 이유가 전혀 없었으리라고 말하고 있다. 만일 그렇게 했다면 십자가가 저 들에게 걸림돌이 되지 않았으리라는 사실을 강조했던 것이다.

예수 그리스도의 십자가는 모든 인간들을 구원과 멸망으로 갈라놓는 역할을 하게 된다. 그로 말미암아 영원한 생명을 얻게 되는 자들이 있는가 하면 동일한 십자가로 말미암아 영원한 멸망에 빠지는 자들이 있다. 사도 바울은 고린도 교회에 편지하면서 그에 관한 내용을 언급하고 있다.

"십자가의 도가 멸망하는 자들에게는 미련한 것이요 구원을 얻는 우리에 게는 하나님의 능력이라"(고전1:18)

하나님의 자녀들에게 있어서 예수님의 십자가 사역은 절대적인 의미를 지니고 있다. 그 영향은 불신자들에게도 그대로 미치게 된다. 그것을 통해 하나님의 구원의 능력이 드러나고 있기 때문이다. 따라서 지상 교회에 속 한 성도들은 그 도를 믿음으로써 영생을 소유하게 되는 것이다. 하지만 하 나님을 알지 못하는 악한 자들은 교회 안으로 침투해 들어와 그 의미를 약 화시키며 율법적인 행위를 강조한다.

그러므로 사도 바울은 유대교에 빠져 있으면서 아직도 구약의 율법을 지킬 것을 강조하며 지상 교회를 어지럽히는 자들 곧 거짓 교사들에 대하 여 신랄한 비판을 가하고 있다. 따라서 할례를 요구하며 하나님의 교회를 어지럽히는 자들은 할례뿐 아니라 몸의 '더 큰 부위'마저 잘라버리기를 원한다고 했다. 이는 생식기의 끄트머리 일부뿐 아니라 생식기 자체를 잘라버리기를 바란다는 극단적인 표현을 하고 있다.

바울에게 있어서 중요한 것은 하나님께서 피로 값 주고 사신 지상 교회의 온전한 보존이었다. 그것을 위해서는 교회가 단호한 자세를 유지해야 하며 잘못된 율법주의를 용납하지 말아야 한다. 우리는 교회와 성도들을 사랑하는 사도 바울의 간절한 심정을 올바르게 깨달아 받아들이지 않으면 안 된다.

7. 자유의 올바른 활용(갈5:13-15)

하나님의 자녀들은 세상에서 경험하는 자유와는 전혀 다른 진정한 자유를 위해 부르심을 받았다. 즉 사탄의 통치로부터 해방되어 참된 자유를 되찾게 된 것이다. 따라서 하나님께 속한 성도들은 사탄의 세력으로부터 해방되어 하나님께서 허락하신 진정한 자유를 누릴 수 있게 되었다.

하지만 그 자유는 결코 개인의 욕망을 위해서 사용해서는 안 된다. 물론 그것은 그런 성격을 지니고 있지도 않다. 즉 엄밀한 의미에서 본다면 그 자유는 그렇게 사용하려고 해도 사실상 불가능하다. 그러나 어리석은 자들은 자유라는 용어를 익혀 마치 그것이 자기의 욕망을 추구하는 방편으로 사용할 수 있는 것처럼 착각하고 있다.

그러므로 사도 바울은 하나님으로부터 선물로 받은 그 자유를 육체의 기회로 삼지 말아야 한다는 사실을 강조했다. 즉 그것을 이기적인 욕망을 채우기 위한 도구로써 사용해서는 안 된다는 것이다. 그 자유는 개인의 사사로운 목적을 위한 것이 아니라 도리어 하나님과 이웃을 위한 것이란 사실을 깨닫는 것은 매우 중요하다.

사도 바울은 이에 대한 설명을 하면서 오직 사랑으로 서로 종노릇하라는 교훈을 주고 있다. 이는 하나님께서 예수 그리스도를 통해 허락하신 진정한 자유를 자기 자신이 아니라 이웃을 위해 사용하라는 의미를 지니고 있다. 그것은 하나님의 나라에 속한 백성으로서 가져야 할 기본적인 덕목이 된다.

그러므로 구약의 율법은 이웃을 자신의 몸과 같이 사랑하라는 요구를 하고 있다. 이는 선택의 여지가 없는 하나님의 법령이다. 예수님께서도 이에 연관하여, 구약의 십계명이 가지는 진정한 의미를 말씀하셨다. 이웃에 대한 참된 사랑이 곧 율법이 교훈하고 있는 바 총합이 된다는 것이다.

> "원수를 갚지 말며 동포를 원망하지 말며 이웃 사랑하기를 네 몸과 같이 하라 나는 여호와니라"(레19:18); "예수께서 가라사대 어찌하여 선한 일을 내게 묻느냐 선한이는 오직 한 분이시니라 네가 생명에 들어 가려면 계명들을 지키라 가로되 어느 계명이오니이까 예수께서 가라사대 살인하지 말라, 간음하지 말라, 도적질하지 말라, 거짓증거하지 말라, 네 부모를 공경하라, 네 이웃을 네 몸과 같이 사랑하라 하신 것이니라"(마19:17-19)

사도 바울은 위에 기록된 성경 말씀들을 기초로 하여 형제에 대한 사랑을 기술하고 있다. 갈라디아서 본문에 언급된 이웃이란 일반적인 주변인이 아니라 교회 중심으로 해석되어야 한다(갈5:13,14 참조). 이는 일반적인 개념에서의 이웃을 지칭하기에 앞서 교회에 속한 지체인 성도들을 말하고 있으며, 저들 사이에 상호 사랑이 베풀어져야 함을 말해주고 있다.

하나님을 진정으로 경외하는 성도라면 이 말씀에 온전히 순종하지 않으면 안 된다. 만일 저들이 하나님께서 허락하신 특별한 자유를 이기적인 목적으로 사용하여 서로 물고 뜯는다면 피차 멸망하게 될 따름이다. 지상 교회와 그에 속한 모든 성도들은 타락한 세상에 살아가면서 그 의미를 풍성히 드러내는 가운데 신앙인의 삶을 살아가야만 한다.

제2장

성령 하나님의 이끌림을 받는 성도

(갈5:16-26)

(16)내가 이르노니 너희는 성령을 좇아 행하라 그리하면 육체의 욕심을 이루지 아니하리라 (17)육체의 소욕은 성령을 거스리고 성령의 소욕은 육체를 거스리나니 이 둘이 서로 대적함으로 너희의 원하는 것을 하지 못하게 하려 함이니라 (18)너희가 만일 성령의 인도하시는 바가 되면 율법 아래 있지 아니하리라 (19)육체의 일은 현저하니 곧 음행과 더러운 것과 호색과 (20)우상 숭배와 술수와 원수를 맺는 것과 분쟁과 시기와 분냄과 당 짓는 것과 분리함과 이단과 (21)투기와 술 취함과 방탕함과 또 그와 같은 것들이라 전에 너희에게 경계한것 같이 경계하노니 이런 일을 하는 자들은 하나님의 나라를 유업으로 받지 못할 것이요 (22)오직 성령의 열매는 사랑과 희락과 화평과 오래 참음과 자비와 양선과 충성과 (23)온유와 절제니 이같은 것을 금지할 법이 없느니라 (24)그리스도 예수의 사람들은 육체와 함께 그 정과 욕심을 십자가에 못 박았느니라 (25)만일 우리가 성령으로 살면 또한 성령으로 행할찌니 (26)헛된 영광을 구하여 서로 격동하고 서로 투기하지 말찌니라

1. 성령의 사역과 육체의 소욕(갈5:16,17)

사도 바울은 갈라디아 교회의 성도들에게 '성령을 좇아 행하라' 는 요구를 하고 있다. 이는 세상에서 익힌 이성적인 판단에 의존하지 말라는 의미를 내포하고 있다. 또한 그것은 단순한 요구가 아니라 명령에 가까운 당부였다. 따라서 교회에 속한 하나님의 자녀들은 그 말씀에 온전히 순종하지

않으면 안 된다.

우리는 여기서 바울이 한 이 말의 의미를 주의 깊게 곱씹어 볼 필요가 있다. 어리석은 자들은 마치 자신의 결단에 의해 육체의 욕심을 버릴 수 있는 것처럼 생각한다. 지상 교회에 속한 교인들 가운데도 그와 같이 생각하는 자들이 많이 있다. 그들은 종교적인 수양修養이나 연단 혹은 소위 자기 비움을 통해 그것이 가능할 것으로 여긴다.

그러나 사도 바울은 그렇게 말하지 않는다. 육체의 소욕을 버릴 수 있는 유일한 비결은 성령 하나님의 도우심을 힘입어 그를 따라 행하는 것이다. 이는 성령의 사역과 육체의 소욕은 서로간 정반대적인 성격을 지니고 있다는 사실을 시사하고 있다. 따라서 성령을 좇아 행하게 되면 달리 특별히 의도하지 않는다 할지라도 자연스럽게 육체의 욕심을 내려놓게 되는 것이다. 이는 물론 하나님의 적극적인 도우심에 의해 가능하게 된다.

그럼에도 불구하고 죄에 빠진 인간들은 스스로 형성한 종교성을 통해 자신을 합리화하고자 애쓴다. 나아가 자신의 종교적인 판단과 하나님의 뜻을 동일시하려고 한다. 그렇게 되면 자기가 바라는 것이 곧 하나님이 원하시는 것인 양 착각하게 된다. 나아가 배도에 빠진 자들은 의도적으로 연약한 이웃을 미혹하여 자신의 종교사상을 따르도록 한다.

그러나 우리가 반드시 기억해야 할 바는 자연인으로서 '내'가 바라는 것과 하나님께서 원하시는 것은 서로 상충한다는 사실이다. 우리는 성도들의 삶 가운데서 육체의 소욕과 성령의 원하시는 바가 끊임없이 상호 다투고 있다는 사실을 잊어서는 안 된다. 타락한 아담의 자손으로 태어나 원죄를 지닌 인간에게는 본능적으로 육체의 소욕을 지니고 있다. 하지만 세상에 대하여 죽고 그리스도와 더불어 새로 태어난 하나님의 자녀들에게는 성령께서 그 가운데 거하고 계시기 때문에 자신의 더러운 욕망을 포기하기에 이른다.

그러므로 타락한 세상에 살아가는 성도들의 마음 가운데는 항상 하나님

의 선하심과 인간의 악한 것이 서로 대립하여 다투기를 지속한다. 사탄은
우리 가운데서 육체의 소욕을 활성화시킴으로써 하나님의 자녀들이 원하
는 참된 선을 행하지 못하도록 가로막는다. 따라서 하나님께 속한 성도들
은 육체의 욕망과 맞서 싸우는 가운데 자신의 모든 것을 성령 하나님께 맡
겨야만 하는 것이다.

2. 성령과 율법의 관계(갈5:18)

하나님께 속한 백성들은 성령의 사역에 대하여 올바른 깨달음을 가져야
한다. 따라서 지상 교회와 그에 속한 모든 성도들은 항상 성령 하나님의 통
치와 인도하심을 받아야 한다. 이 말은 세상의 논리에 기초한 인간적인 판
단에 따른 사고와 행동을 주의해야 하는 의미와 더불어 하나님 나라에 속
한 자들은 더 이상 구약에 기록된 율법의 제약을 받아서는 안 된다는 의미
를 내포하고 있다. 이는 모세 이후 시작된 구약의 율법 시대가 예수 그리스
도를 통해 끝난 사실에 연관된다.

구약의 율법은 그 동안 하나님의 아들이 이땅에 오시는 길을 예비하고
인도하는 역할을 감당해왔다. 물론 거기에는 하나님을 섬기는 구체적인
규례와 선지자들의 모든 예언들이 포함되어 있다. 하지만 성자 하나님이
신 예수 그리스도께서 인간의 몸을 입고 이 세상에 오셔서 구원에 관한 모
든 약속을 성취하심으로써 이제 그 일차적인 사역이 완료되었다.[51]

그러므로 사도 바울은, 지상 교회에 속한 성도들이 계시된 말씀과 성령
하나님의 인도하심을 따르기 시작한 후로는 더 이상 율법 아래 놓여 있지

---

[51] 예수 그리스도의 십자가 사역으로 말미암아 창세전 선택받은 하나님의 자녀
들에 대한 일차적인 구원이 완성되었다. 그러나 무덤에 장사되었다가 사흘 만에
부활하여 승천하신 예수님께서 재림하시게 되면 그의 구원이 궁극적으로 완성
된다.

않다는 사실을 말했다. 따라서 신약시대의 성도들은 구약의 율법을 과거와 같이 율법적인 관점에서 지킬 필요가 없게 된 것이다. 이는 하나님의 자녀가 된 성도들은 율법을 지킴으로써 그 조항에 직접 순종할 것이 아니라 성령 하나님의 인도하심에 따라 순종해야 한다는 사실을 말해주고 있다.

우리는 물론 무율법주의나 율법의 무용성을 앞세우는 자들의 주장을 지지하지 않는다. 오히려 그리스도로 말미암아 성취된 율법이 가진 본질적인 의미를 올바르게 깨닫는 것이 중요하다. 지금도 여전히 구약의 율법은 지상 교회 안에 존재하며 그것이 주는 본질적인 교훈을 끊임없이 발산하고 있다. 하지만 성도들로 하여금 율법을 준수하여 지키도록 요구하거나 그것이 성도들의 삶을 억압하는 역할을 하지는 않는다.

3. 경계해야 할 '육체의 일' 과 하나님 나라의 상속조건(갈5:19-21)

성령에 반하는 일은 곧 육체의 일이다. 하나님을 알지 못하여 성령의 인도하심이 없는 상태에서 발생하는 인간의 모든 행위는 육체의 일에 속한다. 죄에 빠진 인간들에게는 항상 그 위태로운 성향이 잠재해 있다. 우리가 주의 깊게 이해해야 할 바는 그것이 겉으로 표출되느냐 하는 현상적인 문제보다 항상 인간들에게 내재해 있다는 사실이다.

육체로부터 나오는 모든 것들은 다양한 형태로 드러나게 된다. 그것은 음행과 더러운 추태와 방탕과 우상숭배와 마술과 원수 맺는 것과 다툼과 시기와 분냄과 분쟁과 분열과 파당 짓는 것과 이단과 질투와 술주정과 허랑방탕한 것과 그와 같은 성질의 것들이다. 이 모든 악한 성향은 죄에 빠진 인간들의 심성에 잠재되어 있어서 언제든지 밖으로 튀어나올 수 있는 속성을 지니고 있다.

우리는 위에 언급된 육체의 일에 연관된 내용들을 몇 가지로 나누어 생각해 볼 수 있다. 먼저 이기적인 인간의 육체적인 만족을 위한 것으로는 음행과 추태와 호색과 술주정과 방탕 같은 것들이다. 그리고 하나님을 대적하는 종교적인 것으로는 우상숭배와 마술과 이단적인 종교행위 등이 있다. 또한 이웃과의 관계에서 드러나는 악행은 다툼과 시기와 분노, 그리고 분쟁과 분열 및 파당과 질투 등이 존재한다. 이 모든 것들은 하나님의 나라와 정면으로 배치되는 성격을 지니고 있다.

사도 바울은 하나님의 교회에 속한 성도들에게 그와 같은 이기적인 것들을 조심하여 멀리 하도록 강력하게 경고했다. 그런 악한 생각과 추한 행위를 일삼는 자들은 결코 거룩한 하나님의 나라를 유업으로 상속받지 못한다. 하나님의 자녀로서 악한 것들에 빠져들지 않기 위해서는 성령 하나님의 인도하심을 받아야 한다. 우리는 그와 같은 육체적인 일을 파하기 위해 성령의 인도하심을 받는 가운데 온전한 신앙을 유지할 수 있어야 한다.

4. 성령의 열매(갈5:22,23)

육체의 열매는 하나님의 뜻에 반하는 것으로서 죄로 얼룩진 더러운 것들밖에 없다. 거기서는 결코 의로운 것들이 발생하지 않는다. 설령 외관상 그럴듯하게 보인다 해도 그 본질적 실상은 전혀 그렇지 않다. 이에 반해 성령으로 말미암아 맺어지는 열매는 근원적으로 아름다운 것들이다. 사도 바울은 갈라디아서 본문에서 사랑과 희락 곧 기쁨과 화평과 인내와 자비와 양선(goodness)과 충성과 온유와 절제 등이 성령의 열매라 말하고 있다.

이 모든 것들은 성도들의 삶 가운데 드러나야 하는 것들로서 예수 그리스도와 천상의 나라에 연결되어 있다. 이는 천상에서 허락된 것들로 이 세상에서 일반 사람들이 경험하는 것들과 전혀 다른 성격을 지니고 있다. 하지만 그 양상을 비교해 볼 때 연속성과 불연속성의 성질을 어느 정도 동시에 지니고 있다. 이 모든 것들은 지상에 존재하는 주님의 몸된 교회 가운데 지속적으로 생동하며 드러나야 한다.

　그러므로 우리가 여기서 주의 깊은 관심을 기울여야 할 점은 이와 같은 것들이 일반 윤리적인 측면에서 해석될 성질의 것이 아니란 사실이다. 보통 사람들의 안목으로 본다면 위에 언급된 것들은 하나님의 자녀들뿐 아니라 불신자들에게도 충분히 나타나는 것으로 인식될 수 있는 여지가 남아 있다. 즉 불신자들에게도 성령의 사역과 상관이 없으나 인간의 보편적 개념에 근거한 사랑과 희락과 화평의 속성이 있으며, 오래 참음과 자비와 양선과 충성과 온유와 절제의 품성이 존재한다는 것이다.

　그렇지만 우리는 불신자들에게서 나타나는 그런 것들을 성령의 특별한 사역에 의한 것이라 말할 수 없다. 이는 모든 인간들에게 허락된 일반은총적인 면에서 해석되어야 한다. 하지만 그것들은 외관상 보기에 하나님의 자녀들에게서 나타나는 양상과 거의 유사하게 보이는 것이 사실이다. 물론 일반사회의 가치관과 윤리적인 측면에서 볼 때 그것들은 인간들의 다른 악한 행위들에 비해 좋은 것이라 말할 수 있다.

　하지만 그렇다고 해서 불신자들에게서 나타나는 그와 같은 것들을 성령의 사역의 결과라 말해서는 안 된다. 겉보기에 거의 동일한 성품과 행동으로 비쳐질지라도 죄에 빠진 인간들의 육체에서 나온 것이라면 그것은 성령의 사역으로 인한 것이라 볼 수 없다. 중요한 점은 인간들에게서 드러나는 겉보기에 좋아 보이는 품성 자체가 아니라, 그것이 성령으로 말미암은 것인가 아니면 육체에 의한 것인가 하는 사실에 달려 있다.

　단지 하나님의 성령으로 말미암아 거듭 태어난 성도들로부터 그와 같은 속성이 나타날 때 그것은 성령의 아름다운 열매가 될 수 있다. 그것들을 통해 지상 교회가 유지되며 온전히 세워져가게 된다. 우리가 여기서 기억해야 할 바는 구약의 율법으로써 그와 같은 것들을 중단시키거나 금지하지 못한다는 사실이다. 이는 성경에 묘사되는 본질상 아름다운 품성들이 인간의 율법적인 노력에 의해 맺게 되는 것이 아니라 전적인 하나님의 은혜로 말미암아 허락된다는 사실을 밝혀주고 있다.

5. 십자가에 못 박힘(갈5:24)

예수 그리스도를 유일한 구주로 믿는 성도들은 이 세상에서 살아가고 있지만 타락한 세상에 속한 자들이 아니다. 그들이 소속된 지상 교회는 이 땅에 존재하고 있으나 세상으로부터 완전히 독립된 왕국이다. 그러므로 교회는 영원한 천상의 나라에 속해 있으며, 그에 속한 성도들은 본질상 세상 왕국이 아니라 천국에 속한 시민이다. 사도 바울은 빌립보 교회에 보내는 편지에서 그에 관한 기록을 남기고 있다.

> "그러나 우리의 시민권은 하늘에 있는지라 거기로부터 구원하는 자 곧 주 예수 그리스도를 기다리노니" (빌3:20)

사도 바울이 위의 본문에서 언급하고 있는 것처럼 하나님의 백성은 영원한 하늘나라 곧 천상의 나라 시민권을 가지고 있다. 따라서 그들은 이땅에서 마치 지나가는 나그네처럼 살아가게 된다. 주인이 아니라 나그네가 되어 타락한 세상에 살아가는 성도들은 항상 천상에 존재하는 본향을 바라볼 수밖에 없다. 그곳으로부터 성취될 예수 그리스도의 재림을 간절히 기다리고 있기 때문이다.

그러므로 교회에 속한 성도들은 타락한 이 세상에 집착할 하등의 이유가 없다. 그들은 자연스럽게 이땅의 것이 아니라 장차 소유하게 될 천상의 영원한 것들을 간절히 사모하게 된다(골3:1,2). 그것이 장차 임하게 될 하나님의 나라에 소망을 두고 살아가는 성도들이 추구하는 궁극적인 목표가 된다.

예수 그리스도의 지체가 되어 그의 몸에 붙어 있는 성도들은 본질상 세상의 것들로부터 완전히 돌아선 자들이다. 그들은 세상의 가치관을 포기하고 참된 진리를 받아들였다. 따라서 새로운 신분을 소유한 성도들은 이제 더 이상 세상의 것들을 탐하거나 타락한 세상에 궁극적인 소망을 두지 않는다. 이는 그들이 세상의 모든 정욕과 탐심을 십자가에 못 박은 것에 연관되어 있다. 이 말은 예수님께서 십자가에 달려 죽으실 때 그에게 속한 성도들도 의미상 그와 함께 십자가에 달려 죽은 사실을 말해준다.

6. '참된 영광' 과 '헛된 영광' (갈5:25,26)

하나님의 자녀들은 예수 그리스도의 십자가 사건과 성령의 특별한 사역으로 말미암아 천상의 나라로부터 새로운 생명을 공급받게 되었다. 따라서 지상 교회에 속한 성도들은 성령 하나님의 통치를 받는 가운데 세상을 살아가야 한다. 이는 세상에서 익힌 인간들의 이성과 경험에 따른 가치관에 의해 살아가지 말아야 한다는 사실을 말해주고 있다.

그러므로 영원한 천상의 나라에 시민권을 두고 살아가는 성숙한 성도들은 참된 영광과 세상의 헛된 영광을 구별할 수 있는 안목을 가지고 있어야 한다. 타락한 세상에는 천국 시민이 부러워할 만한 참된 영광이 아예 존재하지 않는다. 이 세상의 모든 것들에는 궁극적인 값어치가 존재하지 않기 때문이다.

인간들이 세상에서 누릴 수 있는 진정한 영광은 예수 그리스도와 연관될 때만 가능하다. 그리스도로부터 떠난 상태라면 그 어떤 것들이라 할지라도 본질적인 값어치가 없는 헛된 것들에 지나지 않는다. 따라서 하나님의 자녀로서 이 세상의 것들로 인해 자랑할 이유가 없으며 그것으로 인해 교만하게 되거나 잘난체 할 까닭이 전혀 없다. 이땅에는 죄에 얼룩진 헛된 영광만 존재하게 될 따름이다.

그럼에도 불구하고 어리석은 인간들은 세상의 헛된 영광을 추구하기에

여념이 없다. 그 모든 것들은 일시적인 영광에 지나지 않지만 사람들은 그 것으로 인해 잘난체 하거나 남에게 자랑하기를 좋아한다. 복음을 멀리하 는 자들은 그로 인해 교만하게 되든지 비굴하게 된다. 그렇게 되면 서로 간 불필요한 비교를 하며 세상에 집착하거나 세상의 것들에 관심을 가지고 저들끼리 서로 다투거나 질투하는 추한 일들이 발생하게 된다.

하나님의 자녀들이라 할지라도 성령 하나님의 통치나 간섭을 받지 않고 거부하면 그와 같은 일에 직면하기 마련이다. 따라서 사도 바울은 새로운 생명을 공급받아 거듭난 성도들은 그렇게 살지 말아야 한다는 사실을 강 조했다. 복음을 알지 못하는 사람들은 아무런 의미 없는 헛된 것들을 두고 서로간 경쟁하거나 투기하는 행위를 되풀이 하지만 천상의 나라에 소망을 둔 성도들은 그렇지 않다.

그러므로 우리는 타락한 세상의 모든 영광은 헛된 것인 반면, 참된 영광 은 오직 하나님으로 말미암아 주어지며 천상의 것에 직접 연관되어 있다 는 사실을 기억하고 있어야 한다. 하지만 그 영광은 보통 사람들의 눈에 보 이지 않거나 크게 드러나지 않는 특성을 지니고 있다. 진리를 소유한 채 세 상에 존재하는 성숙한 교회와 그에 속한 성도들은 이에 대한 분명한 깨달 음을 가지지 않으면 안 된다.

갈라디아서 _ 6장

제1장

교회의 권징 사역

(갈6:1-5)

(1)형제들아 사람이 만일 무슨 범죄한 일이 드러나거든 신령한 **너희는** 온유한 심령으로 그러한 자를 바로잡고 네 자신을 돌아보아 **너도** 시험을 받을까 두려워하라 (2)**너희가** 짐을 서로 지라 그리하여 그리스도의 법을 성취하라 (3)만일 누가 아무것도 되지 못하고 된줄로 생각하면 스스로 속임이니라 (4)각각 자기의 일을 살피라 그리하면 자랑할 것이 자기에게만 있고 남에게는 있지 아니하리니 (5)각각 자기의 짐을 질 것임이니라

1. 무관심해서는 안 되는 이웃의 죄(갈6:1)

어리석은 자들은 타인의 죄를 무조건 감싸주거나 그에 대하여 관대한 것을 미덕으로 여긴다. 그러나 하나님의 자녀들은 그에 대하여 여간 민감하지 않으면 안 된다. 특히 교회 내부에서 발생하는 문제들에 대해서는 더욱 그렇다. 따라서 성숙한 성도라면 교회에 속한 성도들의 죄악에 민감하게 반응해야 한다. 이는 하나님이 거룩하기 때문이며 성도들은 항상 그 거룩하신 하나님 앞에 살아가기 때문이다.

물론 이 말은 세상의 윤리적인 관점에서 죄를 해석하는 것과는 상당한 차이가 난다. 일반적인 관점에서 보는 죄는 대개 동일 시대, 동일 지역에 살아가는 사람들 사이에 형성된 어느 정도 공통적인 인식을 전제로 한다. 하지만 항상 그런 것은 아니다. 어떤 문제는 전혀 공통의 인식을 전제하지

않을 경우도 있다. 예를 들자면, 최근 들어 누룩처럼 번지고 있는 동성애와 동성 결혼의 경우 분명한 죄이지만 죄가 아니라고 주장하는 사람들이 우리 사회에는 상당수 있는 것이다.

성경을 통해 언급된 죄란 하나님과 그의 말씀을 무시하거나 그에게 저항하는 모든 사고와 행위를 통틀어 일컫고 있다. 즉 여기서 말하는 죄는 일반적인 범죄행위가 아니라 영적인 범죄에 연관되어 있다. 따라서 하나님을 알지 못하는 불신자들은 그것이 죄라는 사실을 전혀 인식할 수 없다.

그러므로 하나님을 모르는 불신자들이 선한 것이라 평가하고 주장할지라도 실상은 더러운 죄에 해당되는 것이 많이 있을 수 있다. 성숙한 성도들은 계시된 말씀을 통해 그 죄의 여부를 판단할 수 있는 능력을 갖추는 것이 중요하다. 그렇지 않으면 죄를 도리어 선한 것인 양 착각할 수 있기 때문이다.

또한 교회 공동체에 속한 형제라 여겨지는 자가 범죄하면 그를 바로 잡을 수 있어야 한다. 바울은 본문 가운데서 교회를 '신령한 공동체' 로 이해하고 있다. 부정하고 악한 요소는 근본적으로 그리스도의 순결한 신부인 교회와 어울리지 않는다. 따라서 그 악한 것을 무조건 감싸 안거나 모른척하는 것은 결코 올바르지 않다.

하나님을 진정으로 경외하는 신령한 성도라면 그와 같이 범죄한 자들로 하여금 올바른 자세를 회복하도록 잡아주어야만 한다. 물론 그 과정에는 이웃을 사랑하는 온유한 마음이 동반되어야 한다. 여기서 말하는 온유한 마음이란 그냥 부드러운 마음 상태를 의미한다기보다 사랑하는 자녀를 올바른 길로 인도하기 위해 매서운 채찍을 드는 부모의 마음과 통하는 개념이다.

우리가 여기서 특히 관심을 가져야 할 바는 권징사역을 행하는 자들은 그것을 통해 자신을 돌아보아야 한다는 사실이다. 따라서 권징사역은 매우 중요한 은혜의 방편이 된다. 즉 범죄자에 대한 권징은 교회와 그에 속한 모든 성도들에게 진정한 유익이 되어야 한다.

물론 악한 범죄를 저지른 자가 잘못을 깨달아 인정하고 즉시 뉘우치고 돌이킬 수 있다면 크게 다행한 일이다. 그와는 달리 악한 죄성으로 인해 자기 죄를 인정하지 않고 스스로 변호하거나 더욱 깊은 죄로 빠져들어 갈 수도 있다. 예수님께서는 교회의 순결과 성도들을 보호하기 위해 범죄자에게 어떤 과정을 거쳐 신앙적으로 대응해야 할지 분명한 교훈을 주고 있다.

"네 형제가 죄를 범하거든 가서 너와 그 사람과만 상대하여 권고하라 만일 들으면 네가 네 형제를 얻은 것이요 만일 듣지 않거든 한 두 사람을 데리고 가서 두 세 증인의 입으로 말마다 증참케 하라 만일 그들의 말도 듣지 않거든 교회에 말하고 교회의 말도 듣지 않거든 이방인과 세리와 같이 여기라 진실로 너희에게 이르노니 무엇이든지 너희가 땅에서 매면 하늘에서도 매일 것이요 무엇이든지 땅에서 풀면 하늘에서도 풀리리라"(마18:15-18)

예수 그리스도께서는 형제의 잘못에 대해 직접 찾아가 권면하라는 요구를 하고 있다. 그럼에도 불구하고 그 죄의 문제가 해결되지 않을 경우 절차에 따라 다른 형제들과 더불어 그 잘못을 지적하라고 했다. 그래도 받아들이지 않는다면 교회에 이야기하여 판단과 결정을 맡기라는 요구를 했다.[52] 지상 교회에 그 권세가 주어졌다는 것이다.

이 말 가운데는 이웃의 잘못을 알게 되었을 때 다른 사람에게 먼저 그 사실을 언급하는 것을 금하는 내용이 들어 있다. 그것은 이웃을 사랑하기 때문에 나오는 행위가 아니기 때문이다. 따라서 하나님의 자녀들은 형제의 잘못을 두고 뒷말을 하거나 수군거리지 말아야 한다. 모든 성도들은 항

---

52) 여기서 교회에 이야기하라는 것은 교회 회의를 통해 악한 행위를 한 사람의 죄를 공개적으로 드러내라는 의미가 아니다. 이는 교회의 감독 직분을 맡은 당회로 하여금 그 문제를 해결하도록 하는 것과 연관되어 있다.

상 이웃을 사랑하는 마음으로 절차에 따라 형제의 잘못을 올바르게 교정
해야 할 의무를 지니고 있다.

우리는 예수님께서 위에 소개된 성경 본문에서, 제자들에게 하신 이 교
훈을 단순한 권면 정도로 이해해서는 안 된다. 이는 장차 지상에 세워지게
될 거룩한 교회를 위한 절대적인 지침이 되어야 하기 때문이다. 따라서 권
징 사역은 올바른 말씀선포와 성례와 더불어 지상 교회를 위한 중요한 표
지가 된다.

우리가 여기서 잘 생각해야 할 바는 성도들로 하여금 남을 정죄하라고
이 말씀을 주신 것이 아니라는 사실이다. 이는 형제를 죄의 자리에서 나오
도록 돕기 위한 사랑의 표현으로 드러나야 한다. 따라서 그 판단과 권면은
항상 공적인 성격을 동반해야 하며 단순히 개별 성도들에게 맡겨진 사역
이 아니라 지상 교회에 맡겨져 있다. 사랑이 없는 무분별한 주관적인 권징
사역은 도리어 위험한 역할을 할 수 있다는 사실을 잊어서는 안 된다.

그러므로 사도 바울은 본문 가운데서 범죄한 형제를 온유한 마음으로
바로 잡으라는 당부를 하고 있다. 그와 같은 과정을 통해 범죄를 저지른 당
사자뿐 아니라 온 교회와 권면하는 형제 자신에게도 유익이 된다. 그것을
통해 자기 자신을 돌아보아 시험을 받지 않도록 두려운 마음으로 조심하
게 될 것이기 때문이다. 사도 바울은 갈라디아 교회 성도들에게 그와 같은
마음을 가지도록 간곡한 당부를 하고 있다.

2. 이웃을 기억하는 삶(갈6:2)

타락한 인간들은 본성적으로 이기적인 성향을 지니고 있다. 외견상 다
른 사람을 위하는 듯 생각하고 행동하지만 결국은 자기를 위해 그렇게 하
는 것이 일반적이다. 그것은 물론 이기적인 계산 아래 그렇게 한다는 것이
아니다. 연약한 자와 가난한 이웃을 도와주는 것이 훌륭한 일이지만 경험

에 익숙한 인간들은 그렇게 함으로써 자기에게 돌아오는 만족의 정도를 충분히 알고 있다.

그렇지만 하나님을 진심으로 사랑하는 사람들은 이기적인 삶을 살지 말아야 한다. 따라서 하나님의 자녀들은 자기 자신의 개인적인 만족감 때문에 선행을 하려는 태도를 최대한 절제하게 된다. 우리는 계시된 말씀이 성도들에게 그렇게 요구하기 때문에 순종하는 삶을 살아가고자 애쓰게 될 따름이다.

모든 인간들은 주변의 이웃 없이 혼자 살아가지 못하는 특성을 지니고 있다. 그러므로 일반 철학자들은 인간을 '사회적 동물'이라 표현하기도 한다. 이와 유사한 관점에서 하나님의 백성들도 언약의 가정을 기초로 한 여러 성도들과 더불어 교회 공동체를 이루어 살아가게 된다.

우리는 가족 구성원이 가정 내에서는 궁극적으로 이타적利他的이란 사실은 쉽게 이해할 수 있다. 즉 가족간에는 자기 자신을 위해서가 아니라 가족 구성원들을 위해 살아가는 것이 자연스러운 일이다. 지상에 존재하는 교회 공동체 가운데도 그와 동일한 원리가 적용되어야 한다.

특히 단위 공동체를 이루고 있는 지교회에서는 그것이 구체적으로 드러나게 된다. 사도 바울은 이를 두고 '서로가 이웃의 짐을 져주라'는 말로 당부하고 있다. 그렇게 함으로써 예수 그리스도의 법을 성취할 수 있게 된다는 것이다. 이와 같은 삶이 교회에 속한 성도들에게 주어진 신앙의 기본적인 원리가 된다는 사실을 기억하는 것은 매우 중요하다.

갈라디아서 본문에서 언급된 '그리스도의 법'은 사랑의 법을 의미한다. 예수님께서는 자신을 곤경에 빠뜨리기 위해 질문을 한 서기관에게 답변하시면서, "네 마음을 다하고 목숨을 다하고 뜻을 다하여 주 너의 하나님을 사랑하라 하셨으니 이것이 크고 첫째 되는 계명이요 둘째는 그와 같으니 네 이웃을 네 몸과 같이 사랑하라 하셨으니 이 두 계명이 온 율법과 선지자의 강령이니라"(마22:37-40)고 말씀하셨다. 이처럼 갈라디아서에 기록된 그

리스도의 법을 성취하라는 요구는 이와 밀접하게 연관된 것으로 이해해야
한다.

3. 본질적 겸손(갈6:3)

모든 인간들은 금방 부서질 수 있는 나약한 질그릇과 같다. 하나님의 은
혜를 입은 성도들에게도 그것은 예외가 아니다. 잠시만 한눈을 팔면 그대
로 깨어져 산산조각날 수 있다. 나아가 하나님을 믿는 백성들 주변에는 항
상 사탄과 그의 세력이 도사리고 있어서 잠시도 방심할 수 없는 형편에 놓
여 있다.

신앙이 성숙해진다는 것은 세련된 종교인으로 변화 발전되어 간다는 의
미가 아니다. 점차 윤리적으로 변모해 가는 인간의 품성도 그 중심에 자리
잡고 있지 않다. 물론 하나님을 진정으로 경외하기 때문에 훨씬 고귀한 윤
리의식을 소유하게 되지만 그것이 종교적인 훈련이나 신앙 활동을 통한
발전 단계에 따라 그렇게 되지는 않는다.

그러므로 성숙한 하나님의 자녀들은 스스로 '잘난 자'라 생각하지 못한
다. 어떤 경우에도 그런 태도를 가질 수 없다. 즉 하나님을 진정으로 알고
그를 경외하는 성도로서 거룩한 하나님 앞에 서있다면 죄인인 자신을 된
줄로 생각하는 것이 가능하지 않다. 바울은 만일 그런 사람이 있다면 그는
스스로 자신을 기만하는 것에 지나지 않는다고 말했다.

그럼에도 불구하고 인간들은 자신에 대해 착각하기 쉽다. 그렇게 되면
아무것도 되지 못한 상태에서 무언가 된 것처럼 여기게 된다. 개인적인 취
향에 따라 자신과 남을 적절히 비교하는 가운데 자신을 상대적 우위에 놓
기를 좋아하는 것이다. 하지만 그와 같은 삶의 태도는 지극히 오만한 자기
기만에 지나지 않는다.

이는 물론 하나님의 자녀들로 하여금 무기력하고 소극적인 삶을 살도록

요구하는 것이 아니다. 창세전에 하나님의 선택을 받아 영원한 구원에 참여한 성도들은 도리어 악한 세상에 강력하게 저항하는 가운데 더욱 적극적인 삶을 살아가게 된다. 단지 그와 같은 삶이 세상에서의 개인적인 인생을 살찌우기 위한 방편이 되지 말아야 하며, 그것을 통해 자긍하는 마음을 먹는 것 자체에 대해서는 경계하는 자세를 유지하지 않으면 안 된다.

4. 자신에 대한 냉철한 잣대(갈6:4,5)

하나님의 자녀들은 항상 자신과 자신의 삶을 주의 깊게 살펴보아야만 한다. 성도들은 하나님 앞에서(Coram Deo) 거룩하게 살아가야 할 자들이다. 인간들은 잠시도 하나님의 눈길을 피하거나 그를 속일 수 없다. 어리석은 자들은 하나님의 눈을 의식하지 않은 채 자기 멋대로 살아가지만, 인간들의 삶은 저들의 일거수일투족一擧手一透足 뿐 아니라 속마음까지도 하나님 앞에 그대로 드러나고 있다.

그와 같은 상태에서 인간이 하나님 앞에서 자고自高할 수 있다는 것은 말이 되지 않는다. 따라서 하나님께서 지켜보고 계시는 가운데서 다른 사람들에게 자신의 행위를 자랑할 수는 없다. 인간들은 이 세상의 모든 사람의 눈을 속일 수 있을지 모른다. 하지만 인간들은 항상 모든 것을 하나님께 낱낱이 들키고 있는 상태에 놓여 있다.[53]

그럼에도 불구하고 바울은 자기의 일을 살펴보면 자랑할 만한 것이 있다는 사실을 고백적으로 언급하고 있다. 그렇게 하면 자랑할 것이 남에게 돌아가지 않고 자기에게만 남게 된다는 것이다. 이는 하나님의 말씀에 온전히 순종하고자 하는 성도들의 삶의 자세와 밀접하게 연관되어 있다. 교회는 이 말씀이 제시하는 진정한 의미를 올바르게 깨달아야만 한다.

---

53) 이광호, 『개혁조직신학』, 서울: 칼빈아카데미, 2012, p.132. 참조.

우리는 갈라디아서 6장 4절의 이 본문에 대한 적합한 번역으로 이해되는 영어성경을 통해 좀 더 선명한 도움을 받을 수 있다: "Each one should test his own actions. Then he can take pride in himself, without comparing himself to somebody else" (Gal6:4, NIV). "각 사람은 자기 자신의 행위들을 살펴야 한다. 그렇게 하면 그는 자신을 다른 사람들과 비교하지 않고 스스로 자긍할 수 있게 된다." 바울의 이 교훈이 각 성도들의 삶 가운데 적용되어야 한다.

이처럼 우리는 항상 계시된 하나님의 말씀에 비추어 자기 자신의 삶을 살필 수 있어야만 한다. 그리고 다른 어느 누구와도 비교하지 말고 오직 자신의 삶을 하나님께 온전히 드려 순종할 수 있어야 한다. 사도 바울은 그것이 각 성도들 자신에게 자랑거리가 될 수 있다는 사실을 말하고 있다. 이는 앞에서 이미 언급한 것처럼 하나님께서 각 성도들에게 요구한 대로 자신은 기꺼이 이웃의 짐을 져주되, 다른 사람이 자기와 이웃에게 한 일을 두고 비교하거나 그것을 통해 자긍할 필요가 없다는 사실을 의미하고 있다.

또한 바로 앞 구절에서 '서로가 이웃의 짐을 져주라' (갈6:2)고 요구한 바울이, 뒤이어 '각각 자기의 짐을 지라' (갈6:5)는 요구를 한 것은 이에 밀접하게 연관되어 있다. 그것은 결코 서로 상충되거나 모순되지 않는다. 이 말은 하나님의 자녀들이 당연히 취해야 할 신앙적인 삶의 기본 원리를 제공하고 있다.

그러므로 지교회 공동체에 속한 모든 성도들은 각각 자기의 짐을 스스로 지도록 최선을 다하는 가운데 다른 이웃의 짐을 져줄 수 있어야 한다. 다시 말해 이 세상에 살아가는 성도들은 다른 사람들로부터 무엇이든지 바라지 말고 오직 이웃을 위해 짐을 져주고자 하는 자세로 살아가야 한다는 것이다. 이는 지상 교회에 속한 모든 성도들이 소유해야 할 신앙의 근본적인 원리이며 그것이 곧 저들에게 겸허한 자랑거리를 제공하게 된다.

제2장

교회의 말씀 선포자
(갈6:6-8)

⑹가르침을 받는 자는 말씀을 가르치는 자와 모든 좋은 것을 함께 하라 ⑺스스로 속이지 말라 하나님은 만홀히 여김을 받지 아니하시나니 사람이 무엇으로 심든지 그대로 거두리라 ⑻자기의 육체를 위하여 심는 자는 육체로부터 썩어진 것을 거두고 성령을 위하여 심는 자는 성령으로부터 영생을 거두리라

1. 교회의 교사와 일반 성도들(갈6:6)

교회에서 하나님의 말씀을 가르치는 교사인 목사는 매우 중요한 직책을 소유하고 있다. 그것은 목사가 직분상 장로나 집사보다 계층적인 우위에 있다는 것을 의미하지 않는다. 이는 매주일 공예배 시간에 하나님의 말씀을 선포하는 직분의 특성에 밀접하게 연관된 사실을 말해준다.

우리가 분명히 깨달아야 할 점은, 목사는 결코 사람들이 부러워할 만한 명예직이 아니란 사실이다. 나아가 특별히 지상 교회에서 남다른 권한을 소유한 직분자도 아니다. 목사는 교회에 속한 여러 성도들의 회중 가운데서 진리의 말씀을 선포하며 가르치는 직분을 위임받은 한 형제일 따름이다.

그럼에도 불구하고 교회의 교사로 세워진 목사 직분은 다른 직분자들과 구별되어야 한다. 장로와 집사 직분과 마찬가지로 그 직분은 개인적인 능력과 관심으로 쟁취할 수 없다. 즉 신학 공부를 열심히 하여 특정 신학교를

졸업하면 목사 자격을 획득하게 되는 것이 아닐 뿐더러 자원해서 목사가 될 수 있는 것도 아니다.

여타의 직분자들과 마찬가지로 계시된 말씀과 성령의 인도하심에 따라 교회 공동체가 목사를 세워야 한다. 그것은 교회의 교사로 세워질 당시에만 신앙 공동체인 교회의 적법한 절차와 공적인 의사에 따르는 것이 아니라, 그 직분을 감당하는 동안 항상 맡겨진 직무를 신실하게 수행해야만 한다. 따라서 목사 직분을 가진 형제는 교회의 의사에 근거하여 그 직분이 종료될 때까지 그점을 기억하고 있지 않으면 안 된다.

그리고 사도 바울은 갈라디아서 본문 가운데서 '가르침을 받는 자는 말씀을 가르치는 자와 모든 좋은 것을 함께 나누라'는 특별한 당부를 하고 있다. 이는 정신적인 면과 물질적인 면을 동시에 언급하고 있는 것으로 이해해야 한다. 나중 디모데에게 보내는 바울의 첫 번째 편지에서는 그에 대한 내용이 더욱 구체적으로 드러나고 있다.

> "잘 다스리는 장로들을 배나 존경할 자로 알되 말씀과 가르침에 수고하는 이들을 더할 것이니라 성경에 일렀으되 곡식을 밟아 떠는 소의 입에 망을 씌우지 말라 하였고 또 일군이 그 삯을 받는 것이 마땅하다 하였느니라"(딤전 5:17,18)

지상 교회와 그에 속한 모든 성도들은 목사의 직임을 맡긴 형제에게 특별히 성실한 자세로 잘 대해야 한다. 이는 치리하는 장로들에 대해서도 마찬가지다. 그것은 개인이 아니라 주님의 몸된 교회를 위해서이다. 나아가 그렇게 하는 것은 개별 성도들 자신을 위한 의미를 지니고 있다. 만일 목사가 교인들로부터 가해지는 어떤 부당한 사정으로 말미암아 마음이 불편하여 하나님의 말씀을 살피고 연구하며 성도들을 돌아보는 일에 방해를 받게 된다면 교회에 엄청난 해가 될 수밖에 없다.

그러므로 교인으로서 다른 성도들을 괴롭히는 것도 죄가 되지만, 특히 목사의 마음을 불편하게 하는 것은 결코 있어서는 안 될 매우 악한 행위가 될 수 있다. 이는 물론 말씀에 신실한 참된 목사일 경우에 해당된다. 성경을 살펴 매주일 공적인 설교를 하는 목사가 주님 안에서 영적으로 안정되고 평온한 마음으로 말씀을 준비하고 기도하도록 배려하는 것은 모든 성도들에게 주어진 신령한 의무에 해당한다. 특히 교회의 다른 직분자들과 더불어 목사의 가족은 항상 이에 대하여 각별히 신경 쓰지 않으면 안 된다.

우리가 여기서 기억해야 할 바는 하나님의 말씀을 올바르게 설교하고 가르치는 목사와 관계가 악화되는 것은 성도들에게 있어서 가장 불행한 일이라는 사실이다. 그 나쁜 관계가 당사자로 하여금 온전한 예배에 참여하는 것을 방해하는 역할을 하기 때문이다. 즉 존경하는 마음이 없이 목사를 불신한다면 그의 입술을 통해 선포되는 말씀을 순전히 받아들이기 어려울 수밖에 없다. 가르치는 교사와 모든 좋은 것을 공유해야 하는 이유가 거기 있는 것이다. 따라서 자신이 속한 교회의 신뢰할 만한 목사와 좋은 것을 함께 나누는 것은 자신을 사랑하는 가장 소중한 방편이 된다.

물론 이 말은 모든 면에서 무조건 목사에게 순종하고 잘해야 한다는 의미가 아니다. 다시 말하자면 일반 성도들로부터 좋은 대접을 받는 것이 목사에게 주어진 특권이라 말할 수 없다. 만일 목사가 하나님의 교훈을 벗어나 불성실하게 살아가거나 하나님의 말씀을 변개하여 왜곡되게 설교하고 가르친다면 감독 책임을 맡은 장로들의 모임인 당회는 마땅히 그에게 시정을 요구해야 한다. 성숙한 모든 성도들은 항상 그것을 위해 깨어 있어야만 한다. 그럼에도 불구하고 그가 당회의 의사를 무시한다면 당연히 그를 교회로부터 내보내야만 한다.

성경은 또한 교회의 전임사역자인 목사가 교회의 재정적인 지원을 받아야 한다는 사실을 기록하고 있다(신25:4; 딤전5:17,18 참조). 이와 더불어 우리가 신중하게 생각해 보아야 할 점은, 목사가 교회에서 경제적인 생활을 보장 받지 않고 자비량으로 사역하는 것은 바람직한 것으로 말할 수 없다는 사실이다.[54] 사도 바울이 자비량으로 복음전파 사역을 감당한 적이 있었던 것은 그가 사도교회 시대의 특별한 직분자였기 때문에 용이한 일이었다. 사도교회 시대가 끝난 보편교회 시대에는 디모데전서 5장 17,18절에 기록된 원리대로 자비량하지 않는 것이 일반적인 원칙으로 받아들여지고 있다.

가르치는 교사인 목사가 교회로부터 경제적인 생활을 보장받는 중요한 이유는 개인적인 취향에 따른 목회를 방지하는 것에 연관되어 있다. 즉 목사는 개인의 신념대로 목회하려고 해서는 안 되며 공교회의 고백과 질서에 따라야 한다. 교회로부터 생활비를 지원받는다는 것은 교회의 뜻에 따라 맡겨진 사역을 감당해야 한다는 사실을 말해준다.

그러므로 어떤 목사가 자비량으로 사역을 하겠다며 고집하는 것은 교회의 의사가 아니라 개인의 판단에 따라 목회를 하겠다는 표현이 될 우려가 있다. 주님의 교회에서는 목사가 자의적으로 성경을 해석하여 가르치거나 개인의 종교적인 목적을 달성하기 위해 목회해서는 안 된다. 오직 말씀과 성령과 참된 교회의 의사에 따라 하나님의 진리를 선포하며 목회를 해야 하는 것이다.

2. 하나님의 말씀에 충실해야 할 교회의 교사(갈 6:7,8)

지상 교회에서 하나님의 말씀을 선포하고 가르치는 교사는 항상 주님 안에서 신실한 자세를 유지해야 한다. 신앙 인격적인 면과 성품도 그렇지

---

54) 규모가 작거나 재정적으로 매우 어려운 교회가 목사의 생활비를 부담하기 어려운 특수한 경우에는 목사가 생계를 위한 다른 직업을 가질 수 있다. 그럴 경우에는 목사 개인의 판단이 아니라 교회의 동의를 얻어 그렇게 해야 한다. 이는 특별한 경우에 해당되는 것으로 이해하여야 하며 일반화하여 적용할 수는 없다. 원칙적인 측면에서 볼 때, 소속 교단의 목사가 생계가 어려울 때는 형편이 괜찮은 교회들이 그 짐을 분담해 져야 한다.

만 성경을 가르치고 전하는 교사로서의 근본적인 자세가 그러해야 한다. 겉보기에 아무리 윤리적이고 훌륭한 인품을 가졌다 할지라도 성경의 교훈을 왜곡되게 가르치고 전파한다면 그는 나쁜 목사라 할 수밖에 없다.

어떤 측면에서 볼 때는 차라리 일반적인 성격상 다소 부족한 점이 있다고 하더라도 하나님의 말씀을 올바르게 전하는 것이 훨씬 더 중요하다. 이는 목사에게 인격적 결함이 있어도 괜찮다는 것을 의미하지 않는다. 인간들 가운데 완벽한 인격을 갖춘 자가 없으므로 하나님을 진정으로 경외한다면 점차 그 인격이 다듬어져 갈 수 있다.

그러므로 교회의 교사인 목사는 자기 자신이 아니라 하나님의 몸된 교회를 위해 존재하는 직분자라는 사실을 분명히 깨달아야 한다. 하나님의 이름을 빗대어 개인의 종교적인 목적을 추구하거나 교회를 위한다고 하면서 실상은 자신의 욕망을 추구한다면 그것은 스스로 속이는 행위에 지나지 않는다.

신앙이 어리거나 무지한 많은 교인들은 악한 지도자들의 종교적인 욕망이 분출되는 상황 가운데서 거짓 가르침에 쉽게 속아 넘어갈지 모르지만 하나님은 결코 인간들에 의해 조롱당하시는 분이 아니다. 그럼에도 불구하고 하나님께서 거하시는 지상 교회 가운데는 항상 하나님의 자녀들을 기만하는 무리들이 있어왔다. 그런 사람들은 하나님을 멸시하는 자로서 결코 교회 안에 용납되어서는 안 된다.

그러므로 교회의 교사인 목사는 항상 정신을 바짝 차리고 있어야 하며, 개인적인 종교 사상을 내세울 것이 아니라 기록된 하나님의 말씀인 성경을 올바르게 가르치고 전해야 할 의무가 있다. 특히 공예배 시간에 하나님의 말씀을 선포할 때는 자기의 주장을 극소화하려는 노력을 기울이지 않으면 안 된다. 목사는 성경에 기록된 진리를 교회 앞에서 사실 그대로 전하려는 선한 자세를 유지해야만 하는 것이다.

따라서 목사의 공적인 설교는 개인의 종교적인 주장이나 견해를 전달하는 시간이 아니라 하나님의 말씀을 기록된 그대로 선포하는 사역이라는 사실을 기억하는 것은 매우 중요하다. 가르치는 교사인 목사가 주의해야 할 점은 개인의 신학사상과 자기가 목적하는 바를 하나님의 말씀이라 주장하며 교인들에게 강압적으로 주입시키려 해서는 안 된다는 사실이다. 그것은 하나님과 자신을 속이는 사악한 행위가 되기 때문이다.

사도 바울은 본문 가운데서 '사람이 무엇으로 심든지 그대로 거둔다'고 말했다. 이는 개인의 일반적인 삶을 의미하는 동시에, 교사로 말미암은 하나님의 말씀 선포에 연관된 것으로 이해하는 것이 자연스럽다. 즉 가르치는 목사가 올바른 가르침을 베푼다면 교회가 올바르게 성장해 갈 것이며, 잘못된 가르침을 베푼다면 비뚤어지게 성장해 갈 수밖에 없다.

누구든지 자기의 육체적인 욕망을 위해 씨앗을 뿌리고 심는다면 썩어질 것을 거두게 될 수밖에 없다. 그러나 성령을 위해 심는 자는 성령으로부터 영원한 생명을 거두게 된다. 이는 목사의 설교를 통해 하나님의 말씀을 받게 되는 성도가 얼마나 순수한 말씀을 받아들이게 되는가 하는 점과 밀접하게 연관된다.

거듭 강조하지만, 교사 직분을 맡은 목사는 하나님의 말씀을 선포해야 할 공예배 시간에 개인적인 의도와 종교적인 목적을 달성하기 위해 설교해서는 안 된다. 그렇게 하는 것은 하나님의 뜻을 벗어나 개인을 위해 교회의 직분을 악용하는 것과 다르지 않다. 우리는 목사의 잘못된 설교가 지상 교회를 어지럽히는 주범이 된다는 사실을 분명히 기억해야만 한다.

제3장

교회적 삶: 선을 행해야 할 성도들

(갈6:9,10)

⑼우리가 선을 행하되 낙심하지 말찌니 피곤하지 아니하면 때가 이르매 거두리라 ⑽그러므로 우리는 기회 있는대로 모든 이에게 착한 일을 하되 더욱 믿음의 가정들에게 할찌니라

1. 선을 행하는 것은 고통스러운 일(갈6:9)

세상에 살아가는 사람들은 나름대로 선하게 살아가고자 하는 마음을 소유하고 있다. 이는 일반은총의 개념과 어느 정도 연관되어 있다. 따라서 대다수 사람들은 세상의 윤리적인 선을 지향하고 있음이 분명하다. 모든 부모들이 자기 자녀들로 하여금 선한 삶을 살아가도록 교육하는 것은 그것을 보여준다. 하지만 저들이 생각하는 선이란 일반 윤리적인 선일 뿐 성경이 말하는 바 진리에 기초하는 선과 다른 성격을 지니고 있다.

세상에서 일컫는 선은 역사적 각 시대와 더불어 형성되는 사회적인 통념에 기초하고 있다. 즉 특정 사회와 그 사회에 속한 사람들이 전반적으로 선한 것으로 받아들이면 자연스럽게 선한 것이 되어 버린다. 이에 반해 다수의 사람들이 다른 판단을 내린다면 선에 대한 개념 자체가 달라진다. 따라서 사회 통념을 배경으로 한 윤리적인 선을 행하는 자들은 다른 사람들로부터 훌륭한 인물로 인정받게 된다.

이에 반해 하나님의 자녀들이 행하는 선은 그렇지 않다. 성경에서 말하

는 참된 선이란 일반 사회적인 통념과는 본질적인 상관이 없다. 부분적으
로는 그것이 세상의 윤리와 어느 정도 유사성을 가지기도 하지만 전체적
으로는 세상에 존재하는 것들과 본질적으로 다른 성격을 지니고 있다. 즉
하나님으로부터 말미암아 하나님께서 요구하시는 선은 타락한 세상 자체
에서 발생하는 그 어떤 것도 진정한 선으로 인정하지 않는다.

그러므로 타락한 세상에 속한 사람들은 교회와 그에 속한 성도들의 선
을 저들이 인식하는 선으로 받아들이지 않는다. 그 대신 그것을 종교적인
이념과 독선으로 받아들이게 된다. 이에 대해서는 잘못된 신앙을 가진 자
들이나 신앙이 어린 교인들 가운데도 쉽게 나타나는 현상이다. 분명한 사
실은 선에 대한 세상과 교회의 기준이 전혀 다르다는 점이다.

따라서 성경에 기록된 하나님의 말씀을 좇아 선을 행하는 성도들은 세
상의 가치관을 가진 보통 사람들로부터 칭찬을 듣는 것이 아니라 도리어
핍박을 당하게 된다. 이는 하나님으로 말미암는 가치관과 세상에서 형성
된 가치관은 서로 정반대적인 성격을 지니고 있음을 말해 주고 있다. 세상
에 속한 자들은 결코 하나님의 속성을 지닌 선을 받아들이지 못한다.

하나님의 말씀에 온전히 순종하여 선을 행하는 성도들의 경우 영적으로
는 세상이 알지 못하는 기쁨에 넘칠 수 있지만 겉으로 드러나는 일상생활
에서는 도리어 환난과 고통을 당하게 된다. 그것은 세상에 살아가는 성도
들로 하여금 낙심에 빠지도록 할 수 있다. 그와 같은 세상의 타락한 속성과
성도들이 처한 형편을 잘 알고 있는 바울은 갈라디아 교회를 향해 낙심하
지 말라는 당부를 하고 있다.

하나님의 은혜로 인해 거듭 태어남으로써 천상에 속하게 된 성도들은
지상의 모든 어려움을 믿음으로 감내할 수 있어야만 한다. 그들은 항상 영
원한 천상의 나라와 주님의 재림을 바라보는 가운데 참된 소망을 가지고
모든 것을 이겨낼 수 있게 된다. 바울은 세상의 힘든 형편 가운데서도 낙심
하지 않고 꾸준히 선을 행하다보면, 주님께서 허락하시는 아름다운 열매

를 거둘 때가 반드시 이르게 된다는 사실을 말해주고 있다.

2. 교회를 위한 선한 행위(갈6:10)

하나님의 자녀들은 타락한 이 세상에 궁극적인 소망을 두고 살아가지 않는다. 세상의 것들을 더 많이 소유하려는 마음을 버리고 그것을 탐하지 않는 것이 성도들의 기본자세이다(출20:17). 성숙한 성도라면 때로 그와 같은 유혹이 따를지라도 그 상황을 이겨내기 위해 하나님과 그의 말씀에 간절히 매달리게 된다.

그 대신 자신이 소유한 것들을 형편에 따라 이웃과 나누기를 힘써야 한다. 성도들이 소유한 모든 것들은 하나님께서 허락하여 맡기신 것으로서 각자는 그 선한 관리자가 되기 때문이다. 즉 교회에 속한 참된 성도들은 하나님께서 허락하신 건강과 재능과 기회를 통해 모든 것들을 얻게 된다. 따라서 사도 바울은 하나님께 속한 성도들을 향해 기회가 닿는 대로 그것들로써 모든 사람들을 위하여 선을 행하라는 요구를 하고 있다. 이는 홀로 세상에서 잘 살려고 하는 헛된 욕망을 버리라는 의미를 내포하고 있다.

그런데 우리가 성경 본문 가운데서 각별히 눈여겨보아야 할 대목은 모든 이에게 선한 일을 하되 더욱 '믿음의 가정들'에게 그렇게 하라고 언급한 부분이다. 이 말은 과연 어떤 의미를 지니고 있는 것일까? 교회에 속한 성도들은 남이 아니므로 그들의 어려움을 더욱 적극적으로 도와주라는 말인가? 물론 그와 같은 의미가 어느 정도 내포되어 있는 것이 틀림없다.

하지만 보다 중요한 것은, 바울이 그렇게 요구한 배경에는 교회를 든든히 세우고자 하는 그의 숭고한 의도가 자리잡고 있다는 사실이다. 즉 그것은 단순히 개별적인 선행에 국한되는 말이 아니다. 교회에 속한 어느 성도가 심각한 어려움을 당할 때 다른 믿음의 형제들의 사랑을 경험함으로써 교회가 더욱 든든히 서갈 수 있게 된다. 만일 신앙공동체라 불리는 지상 교회에 속해 있으면서 누군가 견디기 힘든 어려움을 겪을 때 그 형편을 외면한다면, 그것은 성도들간의 도리가 아닐 뿐더러 그로 말미암아 교회의 기능이 약화될 수밖에 없다.

바울이 모든 이에게 선한 일을 행하도록 요구한 것은 우리가 이해하는 바 일반적인 의미의 선행과 어느 정도 통하는 개념이다. 즉 그 선행은 하나님으로 말미암은 것이되 세상 사람들에게도 동일하게 비쳐지게 된다. 그것은 물론 당연한 의무에 해당되는 것이 아니라 개인의 판단에 따른 선택적인 선행의 성격을 지니고 있다. 따라서 고통당하는 이웃을 위해 자기의 것으로 구제한다면 다른 사람들로부터 칭찬받을 만한 일이 된다.

그렇지만 교회 내부에서 행해지는 선이란 사람들이 일반적으로 생각하는 구제와는 근본적으로 다른 성격을 지니고 있다. 엄밀한 의미에서 본다면 교회 공동체 내부의 성도들 상호간에는 구제라는 개념이 존재하지 않는다. 교회의 내부에서 다른 성도들의 고통을 분담하는 것은 선택적인 것이 아니라 당연한 의무에 해당되기 때문이다.

그러므로 교회 안에서 그렇게 하면 잘하는 것으로 여겨져 칭찬의 대상이 되는 것이 아니다. 도리어 그렇게 하지 않는다면 말씀의 요구를 거역하는 악행이 되어 책망을 받을 수밖에 없게 된다. 즉 교회에 속한 다른 성도들에게 잘하면 하나님으로부터 특별한 상을 받는 것이 아니라 그 의무를 이행하지 않으면 징계를 받게 될 따름이다.

이는 일반적인 가정에 연관지어 생각해보면 쉽게 이해할 수 있다. 가정 내부에서는 구제나 선행이라는 용어가 아예 존재하지 않는다. 경제적인 내용을 포함하여 특별한 어려움을 당하는 남에게는 개인적인 판단에 따라 자기의 소유물로써 구제와 선행을 할 수 있다. 하지만 가정에서는 그와 전혀 다르다. 즉 어려움을 겪는 가족에게는 구제와 선행이 아니라 가족을 위한 당연한 의무만 존재하게 된다.

그러므로 부모와 자식, 남편과 아내가 경제적으로 심한 고통을 당할 때 상호 구제하지 않는다. 그리고 가족 가운데 누가 어려운 일을 겪게 될 때 서로간 선행을 하는 것도 아니다. 즉 남편이 아내에게 구제 행위를 한다든지 자식이 부모에게 선별적인 선한 행동을 한다든지 하는 말 자체가 성립될 수 없다. 가족 구성원 상호간에는 오직 선한 의무만 존재할 따름이며, 선택적인 구제 행위란 개념이 존재하지 않기 때문이다.

이처럼 하나님의 자녀들로 구성된 지상의 교회 공동체 내부에서도 일반적인 의미의 구제와 선행이 존재하지 않으며, 오직 신실한 믿음의 자세로 서로간 삶을 나누며 함께 생활하게 될 따름이다. 그것은 지상 교회에 요구되는 집단적 의무에 해당된다. 따라서 모든 성도들이 그 말씀에 온전히 순종할 때 지상 교회가 든든히 세워져 갈 수 있게 되는 것이다.

제4장

바울의 마지막 당부와 축원
(갈6:11-18)

(11)내 손으로 너희에게 이렇게 큰 글자로 쓴 것을 보라 (12)무릇 육체의 모양을 내려 하는 자들이 억지로 너희로 할례 받게 함은 저희가 그리스도의 십자가를 인하여 핍박을 면하려 함 뿐이라 (13)할례 받은 저희라도 스스로 율법은 지키지 아니하고 너희로 할례 받게 하려 하는 것은 너희의 육체로 자랑하려 함이니라 (14)그러나 내게는 우리 주 예수 그리스도의 십자가 외에 결코 자랑할 것이 없으니 그리스도로 말미암아 세상이 나를 대하여 십자가에 못 박히고 내가 또한 세상을 대하여 그러하니라 (15)할례나 무할례가 아무 것도 아니로되 오직 새로 지으심을 받은 자 뿐이니라 (16)무릇 이 규례를 행하는 자에게와 하나님의 이스라엘에게 평강과 긍휼이 있을찌어다 (17)이 후로는 누구든지 나를 괴롭게 말라 내가 내 몸에 예수의 흔적을 가졌노라 (18)형제들아 우리 주 예수 그리스도의 은혜가 너희 심령에 있을찌어다 아멘

1. 바울의 강조점(갈6:11)

사도 바울이 하나님의 계시를 받을 때 다른 형제가 대필한 경우가 더러 있었다(고전16:21 참조). 갈라디아서가 기록되는 과정에서도 그와 동일한 과정을 거쳤다. 이는 바울이 하나님으로부터 계시를 받아 그 내용을 입술로 말하면 신실한 그의 동역자가 옆에서 받아 적는 형식을 취했을 것으로 보

인다. 이는 물론 저들이 서로간 의논해서 편지를 작성했다는 의미와는 전혀 다르다.

바울은 갈라디아서의 맨 마지막 부분에서 자기가 직접 큰 글씨로 쓴 것을 보라고 말했다. 이는 단순히 자기가 친필로 편지의 말미를 장식한다는 사실을 언급하고자 한 것이 아니었다. 그는 자기가 갈라디아 교회 성도들을 향해 중요하게 당부해야 할 내용을 직접 쓴다는 말을 강조하고자 했던 것이다.

여기에 포함되는 내용들은 앞에서 언급한 모든 말씀을 집약하는 성격을 지니고 있다. 그것은 지상 교회를 허물고자 하는 율법주의자들을 경계하여 저들에게 속지 말고 하나님의 사도인 자기의 말을 들으라는 것이었다. 그리하여 예수 그리스도의 십자가 은혜에 참여함으로써 이땅에 주님의 몸 된 교회가 온전히 세워지기를 원했던 것이다.

2. 육체의 겉모양을 꾸미는 율법주의자들의 악행(갈6:12,13)

인간들의 종교적인 열성은 항상 신중하게 해석되어야 한다. 아무리 순박한 마음을 가지고 열정적으로 종교 활동을 한다고 해도 그것 자체로서 올바른 신앙이라 말할 수 없다. 그것은 겉으로 드러나는 형태와 달리 내면적인 진실을 호도하는 경향성을 지니고 있기 때문이다. 어리석은 자들은 그 열성을 통해 종교적인 자기만족을 누리고자 하며, 이기적인 종교 지도자들은 그것으로써 어린 신도들을 부추겨 자기의 야망을 이루어가고자 한다.

사도 바울은 성도들을 향해 육체의 겉모양을 꾸미려 하는 율법주의자들을 경계하라는 말을 하고 있다. 그들은 종교적인 외양과 형식에 치중하기를 좋아한다. 그런 자들은 인간의 육체에 어떤 종교적인 표식을 가지는 것이 신앙을 증거하는 것으로 여기게 된다.

그러므로 율법주의자들은 순진한 교인들을 미혹하여 억지로 할례 받도록 강요하기를 지속했다. 그들은 마치 그렇게 해야만 성경의 교훈을 제대로 따르는 것인 양 착각하고 있었다. 따라서 그것으로 인해 하나님의 구원에 도달할 수 있는 것처럼 주장하며 선전하기를 게을리 하지 않았다.

하지만 교회 내부에 들어와 있으면서 율법주의에 빠져 할례를 주장하는 자들의 실제적인 이유 가운데 하나는 그렇게 함으로써 유대인들로부터 당하는 핍박을 모면하고자 하는 의도가 포함되어 있었다. 유대교를 신봉하는 자들이 할례를 거부하는 기독교인들을 심하게 핍박하고 있는 터에 교인들도 유대교의 할례를 받게 되면 모든 핍박을 피할 수 있다고 생각했던 것이다. 그것은 구약의 율법을 왜곡하여 교회 안으로 끌어들이고자 하는 전형적인 타협 행위에 지나지 않았다.

또한 율법주의자들은 어리석은 자들에게 할례를 받게 함으로써 그것을 자신의 종교적인 자랑거리로 삼고자 했다. 나아가 그들은 유대인 배경을 가진 자로서 이미 오래 전에 할례를 받았기 때문에 그로 인해 이방인들 앞에서 우월성을 주장할 수 있었다. 즉 이방인 출신 교인들에게 할례를 요구함으로써 태생적으로 저들이 더 우월한 듯 행세하고자 했다. 교회 안에서 육체에 가해진 종교적인 흔적을 통한 차별화를 시도함으로써 기득권을 누리고자 했던 것이다.

당시 할례를 강요하던 자들은 종교적인 이중 사상에 빠져 있었다. 그 사람들은 할례를 주로 강조했을 뿐 다른 율법들을 지키지는 않는 것이 일반적이었다. 물론 그들 가운데는 구약의 각종 절기들을 지키려는 자들도 있었다. 하지만 거짓 교사들 중에 다수는 구약의 율법을 이용하여 어린 교인들을 자신의 종교적인 목적을 위한 도구로 사용하고자 했을 따름이다. 따라서 바울은 본문 가운데서 복음을 소유한 지상 교회를 어지럽히는 그런 자들을 경계해야 한다는 사실을 강조하고 있다.

3. 예수 그리스도의 십자가 사건에 예속된 사도의 삶과 고백(갈6:14)

진정으로 하나님을 경외하는 성도들은 개인의 종교적인 목적을 달성하기 위한 인위적인 방편들을 동원하거나 강구하지 않는다. 하나님께서 이미 성경을 통해 우리에게 필요한 모든 것들을 계시해 두셨기 때문이다. 그것이 부족하다는 판단을 하거나 불필요한 열정을 가지게 되면 한눈을 팔 수밖에 없게 된다.

사도 바울은 이를 염두에 두고 자기의 신앙을 고백하고 있다. 그는 갈라디아 교회를 향해 예수 그리스도의 십자가 외에는 결코 자랑할 만한 것이 없다는 사실을 언급했다. 이 말은 그 십자가를 통하지 않고는 아무런 참된 삶이 생성되지 않는다는 점을 말해준다. 오직 예수 그리스도의 십자가 사역만이 인간들에게 진정한 삶의 의미를 제공할 수 있다는 것이다.

그러므로 바울은 하나님을 알기 전에 유익하게 여기던 모든 것들을 이제는 아무런 의미가 없는 것으로 간주했다. 그는 예수 그리스도로 인해 세상의 죄로 오염된 모든 것들을 해로운 것으로 여겼을 뿐 아니라 더러운 배설물로 여겼다. 빌립보 교회에 보내는 그의 편지 가운데는 그리스도와 그를 아는 지식이 가장 고상하며 그 외에 세상의 모든 것들을 포기하게 된 사실이 기록되어 있다.

"그러나 무엇이든지 내게 유익하던 것을 내가 그리스도를 위하여 다 해로 여길뿐더러 또한 모든 것을 해로 여김은 내 주 그리스도 예수를 아는 지식이 가장 고상함을 인함이라 내가 그를 위하여 모든 것을 잃어버리고 배설물로 여김은 그리스도를 얻고 그 안에서 발견되려 함이니 내가 가진 의는 율법에서 난 것이 아니요 오직 그리스도를 믿음으로 말미암은 것이니 곧 믿음으로 하나님께로서 난 의라"(빌3:7-9)

사도 바울은 오직 예수 그리스도와 그를 통한 영원한 진리만 참된 가치를 가진 것으로 이해했다. 그것들 이외에는 이 세상에서의 과정적인 것들에 지나지 않았다. 이와 같은 삶의 자세는 바울뿐 아니라 천상에 소망을 두고 살아가는 모든 성도들에게 공히 적용되어 나타나야 할 내용이다.

영원한 진리를 소유한 사도 바울은 갈라디아서 본문 가운데서 예수 그리스도와 그의 십자가 사역으로 인해 자기의 소속이 완전히 뒤바뀌게 된 사실을 언급하고 있다. 예수 그리스도로 말미암아 믿음을 소유한 바울의 입장에서 볼 때 타락한 세상은 죽은 것처럼 의미 없게 되었으며, 세상의 입장에서 보면 바울 자신이 죽었다는 것이다.

타락한 세상 가운데 존재하는 교회와 성도들은 이에 대한 분명한 깨달음을 가지지 않으면 안 된다. 그것은 모든 믿음의 선배들이 가진 공통된 신앙이었기 때문이다. 따라서 바울은 로마 교회에 보내는 편지에서, 하나님의 자녀들은 세상의 죄에 대해서는 죽고 하나님에 대하여는 산 자로 여길 것을 요구했다.

"이와 같이 너희도 너희 자신을 죄에 대하여는 죽은 자요 그리스도 예수 안에서 하나님을 대하여는 산 자로 여길찌어다"(롬6:11)

사도 바울의 이 고백과 요구 가운데는 우리가 반드시 기억해야만 할 매우 중요한 의미가 내포되어 있다. 그것은 타락한 세상과 거룩한 하나님의 교회 사이에는 상호간의 접촉점 곧 중첩되는 가치영역이 존재하지 않는다는 사실이 선포되고 있기 때문이다. 이는 물론 연속성과 불연속성 가운데 해석되고 이해되어야 할 문제이지만 본질적인 관점에서 볼 때 세상과 교회는 완전히 분리되어 관계가 두절된 상태에 놓여 있음을 분명히 말해주고 있다.

이에 관한 바울의 고백은 과거에 살았던 모든 믿음의 선배들이 소유했던 신앙고백이며 오늘날 우리의 신앙고백이 되어야 한다. 이 고백을 교회적 삶의 중심에 두고 있는 지상 교회가 주님 안에서 신실한 교회이자 장성한 교회라 할 수 있다. 그러나 겉보기에 아무리 세련되고 화려하게 보인다고 할지라도 이 고백이 구체적으로 살아있지 않다면 그 교회는 유아기적인 상태이거나 거짓 교회에 지나지 않는다.

4. 새로운 피조물과 지상 교회에 임하는 평강과 긍휼(갈6:15,16)

신약시대 교회에 속한 하나님의 자녀들에게 있어서 할례 자체는 이제 더 이상 아무런 의미가 없다. 구약시대에는 할례가 언약을 드러내는 징표로서 매우 중요한 역할을 했던 것이 틀림없다. 하지만 예수님께서 이 세상에 오셔서 구약의 모든 율법을 완성하신 후로는 더 이상 그것을 지켜 행해야 할 이유가 남아 있지 않다.

물론 신약시대에 살고 있는 우리에게도 구약의 율법에 속한 할례가 지니는 언약적 의미는 그대로 살아남아 있다. 그것은 신약 교회의 세례와 연관하여 세상과 구별되는 의미를 내포하고 있다. 우리는 그것들을 통해 하나님의 구원계획과 모든 과정을 통한 하나님의 사랑과 은혜를 깨닫게 된다. 우리가 신약성경과 마찬가지로 구약성경을 항상 가까이 두고 그 교훈을 살피는 이유는 바로 거기 있다.

우리가 여기서 반드시 기억해야 할 대상은, 할례나 무할례 자체가 아니라 그것이 예언적으로 보여준 예수 그리스도의 십자가 사역과 성령의 사역을 통해 새로 지으심을 받은 성도들 곧 교회이다. 따라서 옛것을 벗어버리고 새로운 피조물이 된 하나님의 자녀들이 소중할 뿐 형식적인 할례의 수용 여부가 아니다. 지상 교회는 율법과 관련하여 그에 대한 이해를 분명히 하지 않으면 안 된다.

사도 바울을 통해 하나님께서 제시하신 이 복음의 원리에 순종하는 사람들이 진정으로 복된 자들이다. 하나님께서는 예수 그리스도의 십자가 사역으로 말미암아 구약의 모든 율법을 완성하심으로써 성도들에게 천상의 나라에 속한 새로운 삶을 부여하셨다. 그리고 세상의 통치구조와는 전혀 다른 새로운 세계를 구축하셨다. 사도 바울은 영적인 이스라엘 백성이 된 그 하나님의 자녀들에게 타락한 세상에서는 결코 경험할 수 없는 참된 평강과 긍휼이 임하도록 기원했던 것이다.

5. '예수 그리스도의 흔적'(the marks)을 가진 사도 바울(갈6:17)

사도 바울은 하나님의 은혜로 말미암아 진리의 복음을 영접한 후 매우 심한 괴로움을 당했다. 이는 그가 이전에 유대교에 빠져 있을 때 교회와 성도들을 핍박하던 때와 정반대의 형편이었다. 과거에는 그가 교회와 여러 성도들을 괴롭혔을지언정 자기는 괴로움을 당하지 않던 사실과 크게 대비된다.

바울은 사도가 되어 지상 교회를 위해 최선을 다해 살아가던 당시에는 이중적인 괴로움을 당하고 있었다. 하나는 교회 밖의 유대주의자들로부터 가해지는 박해였으며, 다른 하나는 기독교 내부에서 발생하는 거짓 교사들의 문제와 연관되어 있었다. 외부의 박해에 대해서는 그것이 아무리 심하다고 할지라도 능히 참고 견딜 만 했다.

그렇지만 기독교 내부에서 생겨나 마치 누룩처럼 번져나가는 잘못된 신학에 대해서는 강력하게 대처하지 않을 수 없었다. 지상 교회를 허물며 해악을 끼치는 자가 주는 괴로움도 있었지만, 저들에게 미혹되는 순진한 교인들로 인한 괴로움이 훨씬 더 컸다. 이 모든 상황 가운데서 바울은 갈라디아 교회 성도들을 향해 어느 누구든 자기를 괴롭히는 행동을 하지 말라는 간곡한 당부를 하고 있다.

사도 바울은 그 말을 하면서 자기의 몸에 예수 그리스도의 흔적을 가지

고 있다는 사실을 언급했다. 이 흔적은 유대인들이 주장하는 할례와 구별
되는 정반대적 개념의 다른 흔적으로 이해해야 한다. 우리는 이 흔적이 바
울이 고문을 당한 후 얻게 된 신체적인 상처를 말하고 있으리라는 점을 염
두에 두게 된다. 예수 그리스도로 말미암아 엄청난 고통을 겪어야만 했던
사실이 성경에 기록되어 있기 때문이다.[55]

우리는 전체적인 맥락에서 볼 때, 갈라디아서 본문에서 바울이 말하는
흔적은 육체적인 면과 더불어 영적인 의미를 동시에 지니고 있는 것으로
받아들이는 것이 자연스럽다.[56] 그의 영혼 가운데는 예수 그리스도를 통
해 회복된 '하나님의 형상' 이 자리잡고 있었다. 성경에는 하나님의 신실
한 성도들에게는 신체의 한 부분인 이마에 표(the mark)가 있는 것으로 묘사
된 기록들이 종종 나타난다. 구약성경 에스겔서에 기록된 내용을 보면 다
음과 같다.

> "늙은 자와 젊은 자와 처녀와 어린 아이와 부녀를 다 죽이되 이마에 표
> (the mark) 있는 자에게는 가까이 말라 내 성소에서 시작할찌니라 하시매 그
> 들이 성전 앞에 있는 늙은 자들로부터 시작하더라" (겔9:6)

위의 에스겔서 본문에 기록된 것처럼, 신체의 일부인 이마에 하나님의
자녀임을 확인하는 표가 있다는 언급에도 불구하고 그 말은 상징적인 의
미를 지니는 것으로 받아들일 수 있다. 이는 모든 사람들이 하나님을 믿는

---

55) "저희가 그리스도의 일군이냐 정신없는 말을 하거니와 나도 더욱 그러하도다
내가 수고를 넘치도록 하고 옥에 갇히기도 더 많이 하고 매도 수없이 맞고 여러
번 죽을뻔 하였으니 유대인들에게 사십에 하나 감한 매를 다섯 번 맞았으며 세번
태장으로 맞고 한번 돌로 맞고 세번 파선하는데 일주야를 깊음에서 지냈으며"(고
후11:23-25).

56) 이는, 앞에서 언급된 갈라디아서 4:14의 '너희를 시험하는 것이 내 육체 가운
데 있다' 는 바울의 말과, 고린도후서 12:7에 기록된 '육체의 가시' 와 연관지어 생
각해 볼 수 있다.

성도들을 명확하게 구별해 알아볼 수 있다는 의미를 지니고 있는 것으로
이를 이해하는 것이 자연스럽다. 당시 백성들의 이마에 특별히 새겨진 표
가 있지 않았다는 것은 분명한 사실이다. 그럼에도 불구하고 성경에는 상
징적인 차원에서 그런 식으로 묘사되어 있다.

　이와 동일한 의미를 지닌 내용은 신약성경에도 나타난다. 그 가운데 우
리가 관심을 가지고 생각해 볼 수 있는 것은, 하나님을 알지 못하는 자들
이 가지는 표인 육백육십육(666)이란 숫자(계13:18)와 그와 대비되는 개념으
로서 성도들에게 특별히 주어진 인침의 표이다. 요한계시록에서는 '이마
에 인 맞은 성도들' 에 대한 내용이 기록되어 있다.

> "가로되 우리가 우리 하나님의 종들의 이마에 인치기까지 땅이나 바다나
> 나무나 해하지 말라 하더라 내가 인 맞은 자의 수를 들으니 이스라엘 자손의
> 각 지파 중에서 인 맞은 자들이 십사만 사천이니"(계7:3,4); "또 내가 보니 보
> 라 어린 양이 시온산에 섰고 그와 함께 십사만 사천이 섰는데 그 이마에 어
> 린 양의 이름과 그 아버지의 이름을 쓴 것이 있도다"(계14:1); "그의 얼굴을
> 볼터이요 그의 이름도 저희 이마에 있으리라"(계22:4)

　사도 요한은 구약시대 열두 지파에 해당되는 언약의 조상들과 믿음의
백성들이 이마에 인침을 받은 것으로 묘사하고 있다. 하지만 그것은 상징
적인 의미를 지니고 있음이 틀림없다. 이와 같이 사도 바울이 자신의 몸에
흔적을 가졌다는 말도 성경에 기록된 여러 내용들과 조화되는 관점에서
이해하는 것이 바람직하다.

　따라서 사도 바울이 말한 대로, 그의 몸에 지닌 흔적은 육체와 연관되는
동시에 영적인 관점에서 해석할 수 있다. 바울은 본문에서 자기만 홀로 그
흔적을 가지고 있는 것으로 주장하려고 하지 않는다. 물론 자신의 고백을
하면서 그에 연관된 언급을 하고 있지만, 오늘날의 모든 성도들은 바울을
비롯한 모든 믿음의 선배들이 가졌던 그 흔적을 그대로 간직하고 있음을

말해주고 있다.

　지상 교회와 그에 속한 성도들은, 바울이 그리스도의 흔적을 가진 자기를 괴롭히는 것은 곧 그리스도를 괴롭히는 것과 동일하다는 취지로 말하고 있는 점에 주의를 기울여 생각해 보아야 한다. 오늘날 교인들 역시 사도 바울의 교훈을 거부함으로써 그를 괴롭게 해서는 안 되며 성도들 상호간에도 결코 서로 괴롭히는 일을 하지 말아야 한다. 그것은 곧 그리스도께 저항하는 악한 행위가 되기 때문이다.

6. 주 예수 그리스도의 은혜에 대한 축원(갈6:18)

　사도 바울의 궁극적인 관심은 항상 하나님과 예수 그리스도께서 피로 값 주고 사신 그의 몸된 교회에 있었다. 창세전에 예정된 그의 자녀들은 아담의 타락으로 인해 시작된 사탄의 통치에서 벗어나 여호와 하나님을 찬양하고 경배하는 무리를 형성하게 되었다. 이것은 하나님의 절대적인 작정과 경륜에 따라 이루어진 일이다.

　오늘날 우리 역시 이 세상에 살아가는 동안 교회가 가장 소중한 자리를 차지하고 있다는 사실을 기억해야 한다. 원리적인 측면에서 볼 때 교회는 본질적으로 가정과 국가보다 중요한 성격을 지니고 있다. 교회에 심각한 문제가 발생할 경우 개별 성도의 가정이 그것을 해결하지 못한다. 또한 가정은 자신의 문제를 스스로 해결하기 어려울 경우가 많이 있다. 이에 반해 가정에 심각한 어려움이 닥쳤을 때는 교회가 그 문제를 해결할 수 있게 된다.

　우리의 신앙을 '하나님 중심, 성경 중심, 교회 중심'이라는 말로 고백하는 이유가 바로 거기 있다. 즉 우리는 '가정 중심, 직장 중심, 국가 중심'이라는 식의 고백을 하지 않는다. 이는 성도들의 모든 삶의 원리가 성경에 계시된 하나님과 그의 몸된 교회에 집약되어 있음을 의미하고 있다.

사도 바울은 지상 교회에 속한 성도들에게 주 예수 그리스도의 은혜가 저들의 심령 가운데 임하기를 기원했다. 그것으로 인해 하나님의 백성들은 세상에 살아가면서 천상의 나라에 속한 모든 것들을 미리 맛보게 된다. 따라서 성도들의 삶은 이땅에 궁극적인 목적을 두고 살아가는 것이 아니라 타락한 세상에 맞서 싸워야 하며, 그 가운데서 천상의 나라와 모든 것을 완성하게 될 주님의 재림을 소망하게 되는 것이다.

에필로그

[에필로그]

갈라디아서를 묵상하는 동안 갈라디아 지역의 여러 교회들을 향한 사도 바울의 단호한 모습과 따뜻한 마음을 동시에 느낄 수 있었다. 당시 교회에 속해 있던 성숙한 성도들은 당연히 그의 말씀을 기꺼이 받아들이고 그에 순종해야만 했다. 그것은 결코 쉽지 않았을 것이지만 그렇게 하지 않으면 안 되었다.

우리는 갈라디아서가 1세기의 여러 교회들뿐 아니라 지상의 모든 교회에 주어진 진리의 말씀이라는 사실을 잊어서는 안 된다. 즉 오늘날 우리 시대 교회들 역시 갈라디아서에 기록된 말씀을 가감 없이 그대로 읽고 받아들여야 한다. 그것을 위해서는 갈라디아 교회와 우리 시대에 투영된 모든 형편들에 대하여 냉철한 자세를 유지해야만 한다.

갈라디아서 내용 가운데 상당 부분이 우리 시대 교회와 중첩된 실상을 보게 된다. 현대문명과 문화에 익숙해진 우리 시대는 전반적으로 타협과 혼동의 시대라 말할 수 있다. 세상의 복잡한 가치관들이 하나님의 자녀들의 삶 가운데 가까이 밀착되어 있기 때문이다. 그와 같은 형편은 지상 교회를 세속화시키는 역할을 하게 된다.

따라서 세상에 존재하는 참된 교회들은 예리한 말씀의 검으로 교회와 성도들을 둔감하게 만드는 세상으로부터 들어온 오염된 사상과 관습들을 과감하게 도려낼 수 있어야 한다. 거룩한 그리스도의 신부인 교회로서 그렇게 하지 않으면 안 된다. 그런 엄격한 과정을 통해 교회의 순결을 유지하도록 해야 한다.

그럼에도 불구하고 우리 시대의 소위 주류 기독교는 세상과 타협하며 그것이 마치 교회가 해야 할 일인 듯 주장하고 있다. 세상의 눈높이에 맞추고 세상의 가치관을 수용해야만 세상과의 대화가 가능하다는 세속주의가 성행한다. 그런 자들은 그것이 마치 교회가 지니는 사명인양 생각하고 있다.

그러나 하나님의 교회에 맡겨진 사명은 결코 그런 것이 아니다. 세상 사람들을 더 많이 얻기 위해서 세상과 같이 되어야 한다는 논리가 교회 가운데서 정당성을 띨 수 없다. 그와 같은 변명은 종교적인 욕망에 기초한 세속주의에 지나지 않는다. 하나님의 진리는 세상의 변천에 상관없이 항상 동일한 의미를 지니고 있기 때문이다.

말세지말末世之末에 존재하는 참된 교회들은 갈라디아 교회에 주어진 말씀을 귀담아 들어야 한다. 성경을 멀리한 상태에서 생성된 종교적인 이성과 신앙적인 체험은 도리어 위험할 수밖에 없다. 그 모든 것들은 반드시 계시된 말씀을 통해 해석되지 않으면 안 된다. 따라서 우리는 항상 성경에 기록된 모든 교훈들을 삶의 중심에 두고 살아가야만 한다.

주님의 재림이 얼마 남지 않은 각박한 시대에 살아가는 성도들이 천상의 나라를 간절히 바라보는 지혜를 가지기를 간절히 소망한다. "아멘 주 예수여, 오시옵소서!"

성구색인

〈신 약〉

〈구 약〉